探究中国特色预防犯罪之路

TANJIU ZHONGGUO TESE
YUFANG FANZUI ZHI LU

冯树梁 著

法律出版社
LAW PRESS · CHINA
北京

图书在版编目(CIP)数据

探究中国特色预防犯罪之路 / 冯树梁著. -- 北京 :
法律出版社, 2022
ISBN 978 - 7 - 5197 - 6556 - 9

Ⅰ. ①探… Ⅱ. ①冯… Ⅲ. ①预防犯罪 - 研究 - 中国
Ⅳ. ①D917.6

中国版本图书馆 CIP 数据核字(2022)第 049764 号

探究中国特色预防犯罪之路
TANJIU ZHONGGUO TESE YUFANG FANZUI ZHI LU

冯树梁 著

策划编辑 周丽君
责任编辑 周丽君
装帧设计 汪奇峰

出版发行 法律出版社
编辑统筹 法律应用出版分社
责任校对 晁明慧　王　皓
责任印制 刘晓伟
经　　销 新华书店

开本 A5
印张 10.5　**字数** 235 千
版本 2022 年 5 月第 1 版
印次 2022 年 5 月第 1 次印刷
印刷 三河市龙大印装有限公司

地址:北京市丰台区莲花池西里 7 号(100073)
网址:www.lawpress.com.cn
投稿邮箱:info@lawpress.com.cn
举报盗版邮箱:jbwq@lawpress.com.cn

销售电话:010 - 83938349
客服电话:010 - 83938350
咨询电话:010 - 63939796

书号:ISBN 978 - 7 - 5197 - 6556 - 9　**定价**:56.00 元
凡购买本社图书,如有印装错误,我社负责退换。电话:010 - 83938349

▲ 2021年11月7日北京初降大雪　作者于家中留影

▲ 时任司法部部长张军接见作者。中为司法部预防犯罪研究所所长高贞

▲ 作者做学习十九大精神的汇报发言

▲ 会场之景

▲ 作者与预防犯罪研究所高贞所长在其办公室合影

▲ 2016年9月2日在预防犯罪研究所进行学术交流

▲ 2016年9月2日学术交流会后与全体同志合影留念

▲ 2019年7月8日在预防犯罪研究所就“枫桥经验”进行学术交流

▲ 2011年6月河南省永城市考察后作者在会上发言

▲ 2012年12月3日作者在河南省禹州市进行考察调研后于市公安局合影

▲ 2020 年 8 月 29 日下午第二次访谈留影。右起：河南警官学院院党委宣传部副部长屈慧君、中国政法大学皮艺军教授、作者、河南警官学院翟英范教授

▲ 2021年5月26日预防犯罪研究所领导到作者家中祝贺作者90岁生日留影。后排右起：办公室主任沈青、人事处处长孙翠华、所长高贞、副所长高文、办公室调研员李进文；前排右起：作者、作者老伴、人事处唐田

▲ 2022年春季，预防犯罪研究所领导到作者家中探望。前排右起：作者、作者老伴；后排右起：人事处处长孙翠华、所长高贞、副所长高文、办公室副主任张志明

序　言

犯罪学家的使命与担当

——读冯树梁先生《探究中国特色预防犯罪之路》

高　贞*

冯树梁先生于90岁高龄之际，决定整理自己十多年来的论文、讲稿、序言、书评等文字材料，形成一部大体展现自己学术思想体系形成过程的学术专著，也为推动“探究中国特色预防犯罪之路”再担一份责，再出一份力。我有幸对全部书稿先睹为快，受益匪浅，感悟良多，其中启发我思考最多的是：一个犯罪学家的使命是什么，又该如何担当使命，从冯先生几十年的犯罪学研究历程中或可得到答案。

一、胸怀“国之大者”

胸怀“国之大者”，是习近平总书记多次在重要讲话中对党员干部提出的明确要求。冯树梁先生，这位16岁就参加革命的老共产党

---

* 司法部预防犯罪研究所所长、研究员。

员、党培养的中国本土的犯罪学家，特殊的人生经历使其不断学习和实践胸怀"国之大者"。冯先生的犯罪学研究从来就是以国家经济社会发展大势为背景和依据，从与国家整体发展的关联中找寻犯罪的原因和规律，找寻犯罪治理的对策和路径。

冯先生的学术研究起步于国家哲学社会科学"七五"重点项目《中国现阶段犯罪问题研究》，在该项目研究过程中，正处20世纪80~90年代，面临改革开放后同步出现的经济迅猛发展和犯罪大幅度上升的现象，学界普遍以同期国外犯罪学理论观点，如"同步论""代价论""阵痛论"解释两者的关系，甚至提出要减少犯罪就要放缓经济发展速度。在项目中也出现了"由于改革开放，由于发展商品经济而犯罪不断上升……"一类的说法。随着项目研究的深入，冯先生认为不能不加分析地把犯罪增长归因于改革开放和发展经济，他多次在全国性的研讨会上阐明自己的观点："要注意原因、条件和相关因素之间的联系和区别""不能轻易地把这种联系看成是因果性联系""犯罪是社会诸多因素相互作用的结果"等，并写成《罪因体系刍议》一文，对犯罪成因做了较为全面的分析，成为项目主要成果之一，对于正确认识经济发展与犯罪增长关系提供了有力的理论支撑。[1]

冯先生始终抱着"紧跟时代的步伐进行力所能及的研究是义不容辞的职责和义务"，特别是紧跟党中央的重大部署。早在20世纪90年代初，他就著文称："紧跟改革开放步伐，不断提高科研写作水平"[2]，1994年11月参加由中央综治办在广州市举行的全国33城市社会治安综合治理的理论研讨会上提交的论文《社会治安综合治理的五大理论基础》中提出：犯罪与反犯罪的斗争就是系统间的抗衡，实质上是"和平时期的战争"。此后，他紧跟

---

〔1〕 冯树梁：《罪因体系刍议》，载《犯罪与改造研究》1991年第1期。

〔2〕 冯树梁：《紧跟改革开放步伐 不断提高科研写作水平》，载《犯罪与改造研究》1993年第1期。

国家发展大的时间节点跟进研究预防犯罪的中国之路：2008年撰写了《预防犯罪的中国之路——为纪念改革开放30周年而作》；2009年撰写了《探索犯罪与预防犯罪研究之路——为庆祝新中国成立60周年而作》；2018年撰写了《中国预防犯罪研究回眸与前瞻——为纪念改革开放40周年而作》；2020年撰写了《学习"枫桥经验"探究中国特色预防犯罪之路》[1]。冯先生注重中国特色预防犯罪之路的探究，正是基于"道路是党的生命，预防犯罪之路是中国特色社会主义道路的一个组成部分"的认识，随着中国特色社会主义道路的不断前进，预防犯罪之路的探究也"因时因地制宜，与时俱进"。[2]

据冯先生讲，最初起意写作《中国犯罪学话语体系初探》一书是从媒体报道中得来的灵感。当时习近平总书记和党中央提出，哲学社会科学要构造中国风格、中国气派、中国特色的话语体系。于是他把党的号召同有生之年再为学科发展做点奉献的夙愿结合起来，当即确定要完成这个主题的研究，坚信"如果能概括出中国犯罪学话语体系，进入国际学术舞台进行交流，岂不是既可以彰显中国的学术气派，又可以为世界的反犯罪斗争做点奉献。"[3]录入本书最新的一篇文章《从弘扬传统文化到"国家安全学"的设置将助力预防犯罪理论研究迈上新台阶、作出新贡献——为庆祝党的百年诞辰而作》，主张"预防犯罪理论研究也

〔1〕 冯树梁：《预防犯罪的中国之路——为纪念改革开放30周年而作》，载《犯罪与改造研究》2009年第4期；冯树梁：《探索犯罪与预防犯罪研究之路——为庆祝新中国成立60周年而作》，载《犯罪与改造研究》2009年第10期；冯树梁：《中国预防犯罪研究回眸与前瞻——为纪念改革开放40周年而作》，载《犯罪与改造研究》2019年第2期；冯树梁：《学习"枫桥经验"探究中国特色预防犯罪之路》，载《犯罪与改造研究》2020年第2期。

〔2〕 冯树梁：《我们的研究充满阳光——写作〈中国犯罪学话语体系初探〉的心路历程》，载《犯罪与改造研究》2016年第11期。

〔3〕 冯树梁：《我们的研究充满阳光——写作〈中国犯罪学话语体系初探〉的心路历程》，载《犯罪与改造研究》2016年第11期。

必须适应形势,作出必要的调整,最重要的是要与国家安全学挂钩,配合国家安全学的开展,作出更多的奉献。"[1]这再次体现出冯先生的犯罪学研究始终紧扣党和国家重大部署,始终紧跟时代步伐。

二、注重拓宽视野

犯罪是自古就有的一种社会现象,犯罪问题是各个国家、各个时代社会问题的极端反映,犯罪学是一门跨时空、包容性、全方位和多层次的学科,涉及国家、社会、自然的方方面面。由此决定了犯罪学家的视野必须是广阔的、高远的,既要有国际视野,又要有历史视野,还要有多学科、多层次视角。冯先生提出"从大视野、大历史的角度去探讨犯罪及其预防"的思路,[2]因此,他的犯罪学研究特点就是古今中外、众多学科广泛涉猎。

历史视野是冯先生犯罪学研究的"王牌",深厚的古文功底是他作为研究者的最大优势,对中华文化的深情感悟是他犯罪学研究的精神之源。在他看来,中国当代预防犯罪思想都可追溯到中华文化源头。他根据史家的研究认为,中国建立完备的社会治安综合治理体系源于《礼记·乐记》中的"礼乐刑政"综合为治的思想,中国构建独特的全面研究犯罪规律的犯罪学传承了以研究自然规律和社会规律为主题的《道德经》,他在《中国现阶段犯罪问题研究》中所进行的中(5年)长(10年)期犯罪预测三次反馈检验,是从世界上最早的"预测学"《易经》中获取了智慧。冯先生最津津乐道的是,他将《孙子兵法》运用于犯罪问题研究,取得很多创新的概念和理论,这是外国同类学科中鲜有的。比如,他

---

〔1〕 冯树梁:《从弘扬传统文化到"国家安全学"的设置将助力预防犯罪理论研究迈上新台阶、作出新贡献——为庆祝党的百年诞辰而作》,载《犯罪与改造研究》2021年第7期。

〔2〕 冯树梁:《学习十九大 再上一层楼——学习贯彻党的十九大精神》,载《犯罪与改造研究》2018年第3期。

提出了同有组织犯罪、暴恐犯罪等超常规犯罪的斗争是准军事斗争，是系统间的抗衡，可称为"和平时期的战争"的论点；提出了五条《孙子兵法》与反暴力恐怖犯罪战略，进一步概括为善战"十要"与战术"十策"，以《孙子兵法》的"善战""完胜"的思想为指导，避免在同犯罪做斗争过程中犯"致命的错误"，以减少伤亡。值得一提的是，经冯先生多年努力，1998 年 10 月在北京举行的第四届《孙子兵法》国际研讨会军制组正式宣布："将社会治安和预防犯罪列入《孙子兵法》在军事以外领域'应用研究的一个内容、一个领域'。"让《孙子兵法》和中国的预防犯罪经验同步登上国际舞台，这是冯先生运用中华文化研究犯罪问题的重要贡献。[1]

全球视野是冯先生犯罪学研究又一特点。他认为，通过不同国家犯罪学的比较研究，鉴别研究得失，才能够看清楚研究方向，取得良好的研究成果。早在 2003 年他就出版了专著《中外预防犯罪比较研究》，以中国预防犯罪的特色为基点，同苏联、俄罗斯、欧美主要国家、日本等国家预防犯罪模式进行比较，涉及预防犯罪的基本模式、基本规律、基本理论、基本实践等内容，首次归纳了世界五种预防犯罪模式，对于借鉴国外经验，寻求中国特色预防犯罪之良方展开了高水平的比较研究。[2] 冯先生的很多论文和著作都涉及对国外犯罪学的研究和借鉴。冯先生非常注重通过国际研讨会直接与国外专家学者进行面对面的深入交流。比如，2010 年他在参加"全球化时代犯罪与刑法国际论坛"会议期间，与美国著名犯罪学家路易斯·谢莉交流，就经济发展与犯罪的关系进行讨论，认为她的"同步论""代价论"结论也许有理，但

---

〔1〕 冯树梁：《从弘扬传统文化到"国家安全学"的设置将助力预防犯罪理论研究迈上新台阶、作出新贡献——为庆祝党的百年诞辰而作》，载《犯罪与改造研究》2021 年第 7 期。

〔2〕 冯树梁：《中外预防犯罪比较研究》，中国人民公安大学出版社 2003 年版，第 1 页。

不适用中国实际,双方取得共识。[1] 冯先生在谈到"专业与外语的关系"时,认为"外语是专业的一个'翅膀'",以他自己的亲身经历为例,他曾同波兰著名犯罪学家布·霍维斯特,德国著名犯罪学家汉斯·施耐德,俄罗斯犯罪学家达尔戈娃等有过学术交流,因为都懂俄语,所以很有收获,"若借助翻译就逊色多了"。[2] 冯先生的国际视野不仅体现在研究方法上,还体现在他的研究志向和目标上,他认为"当今中国正走向世界舞台的中心,正面临'东学西渐'的形势。希望本所有更多的同志能成为走上世界学术舞台的专家学者。"[3]

多学科涉猎与交叉研究助力冯先生的犯罪学研究不断创新。冯先生以政治学、经济学、文化学、生态学、社会学、历史学、语言学、刑法学、军事学(孙子兵法)等哲学人文社会科学和自然科学的最新理念研究犯罪问题,努力避免以法学或社会学单一学科研究犯罪学的局限性。基于多学科理论,他适时发表了《社会生态安全——犯罪学的一个新起点——在第六届中国犯罪学高层论坛开幕式上的讲话》,提出"在党的十八大关于推进生态文明建设的指引下,从犯罪学的角度去研究社会生态安全问题可能是犯罪学的一个新起点";发表《生态犯罪学论纲》,倡导建立"生态犯罪学";发表《公民素质与越轨(犯罪)行为——从传统犯罪学走向前犯罪学的一个新标志》[4],主张加大"越轨学——前犯罪学"

---

[1] 冯树梁:《我们的研究充满阳光——写作〈中国犯罪学话语体系初探〉的心路历程》,载《犯罪与改造研究》2016 年第 11 期。

[2] 冯树梁:《我们的研究充满阳光——写作〈中国犯罪学话语体系初探〉的心路历程》,载《犯罪与改造研究》2016 年第 11 期。

[3] 冯树梁:《学习十九大 再上一层楼——学习贯彻党的十九大精神》,载《犯罪与改造研究》2018 年第 3 期。

[4] 冯树梁:《社会生态安全——犯罪学的一个新起点——在第六届中国犯罪学高层论坛开幕式上的讲话》,载《河南警察学院学报》2013 年第 6 期;冯树梁:《生态犯罪学论纲》,载《河南公安高等专科学校学报》2007 年第 5 期;冯树梁:《公民素质与越轨(犯罪)行为——从传统犯罪学走向前犯罪学的一个新标志》,载《河南警察学院学报》2014 年第 6 期。

的研究;通过研究分析“后现代主义思潮”,学习借鉴提出“后现代犯罪学”的概念。可以说,正是多学科视野让冯先生的学术生命长青。

三、坚持系统观念

习近平总书记高度重视加强系统观念,把系统观念运用于治国理政各领域,习近平法治思想中系统观念也是贯穿始终的科学方法,党的十九届五中全会提出坚持系统观念并将其作为具有战略性、全局性的基本原则。犯罪治理作为国家治理的重要内容,研究犯罪问题必须坚持系统观念。作为一名犯罪学家,冯先生主张犯罪学研究必须体系化、系统化(系列化),他的全部研究工作始终坚持系统观念。

冯先生于1991年曾发表一篇论文《试论理论研究之系列化发展》,其中提出,“理论研究要逐步从零散的位点上向体系化或系列化发展。只有把事物作为一个相互联系的体系进行研究,才能揭示事物的本质。零散的研究只能反映事物的现象或个别本质。”在他看来,“零散的研究好比是一块块五颜六色的花布,只有把它联在一起,形成一个有机构成体系,才是一件百衲衣。这不是简单地相加,而是通过寻求其内在联系和规律实现的。”他反复倡导走体系化研究之路,这既是适应新时代的需要,也是个人研究经验的总结。[1]

第一,从文化源头上探寻系统化思维的依据。他认为,《周易》“天人合一”的整体思维就是把自然界和人类社会视为一个整体。《孙子兵法》从整体出发,分析和把握同战斗胜负有关的一切条件,并把它们视为一个整体,这也是我国系统科学整体功

〔1〕 冯树梁:《学习十九大 再上一层楼——学习贯彻党的十九大精神》,载《犯罪与改造研究》2018年第3期。

能思想的重要源头。[1]

第二,将系统观念运用到研究犯罪原因和犯罪规律中。一是提出犯罪原因是一个体系的观点。在现阶段犯罪问题课题调查当中,针对大量的数据证明,犯罪大幅度上升的情况,很多学者将原因归结于改革开放和发展市场经济。冯先生则力主把犯罪原因当作一个体系,分门别类地进行分析研究,挖掘根源,理清主次,不能笼而统之地进行犯罪归因。通过系统化研究发现,有的因素与犯罪是条件性关系,有的则是相关性关系,这样就说清楚了不能将改革开放和发展经济归结为犯罪上升的原因。二是研究提出刑事犯罪规律。在课题研究中,冯先生系统地分析总结各地提出的各种犯罪规律之后,把犯罪规律归纳成四大规律,即起伏律、因果律、消长律和辐射律。犯罪原因体系论和四大刑事犯罪规律是冯先生对中国犯罪学的两大贡献。[2]

第三,将系统观念运用到研究犯罪预防和治理的对策中。冯先生沿着罪因论和规律论的研究轴线锲而不舍地深入研究,提出犯罪原因体系论、总结了刑事犯罪的四大规律、提出中国社会治安综合治理的五大理论基础和预防犯罪的五大指导规律等。他在《学习"枫桥经验"探究中国特色预防犯罪之路》文章中通过对"枫桥经验"的历史背景、人文环境、重大意义进行综合考察和判断,深入分析"枫桥经验"与预防犯罪的关系,指出"枫桥经验"在基层治理、国家治理和全球治理中独具价值,成功地开辟了一条中国特色预防犯罪之路。在总体国家安全观指引下,围绕新时代"枫桥经验"的战略意义,通过在"三农"领域展开,向城镇社区治理延伸,纳入建设美丽中国、平安中国的架构之中,将可能形成新

---

〔1〕 冯树梁:《从整体论到"整体作战法"的成功运用——河南省"平安禹州"考察实录》,载《河南警察学院学报》2013 年第 2 期。

〔2〕 皮艺军:《高起点 不间断 重实践——冯树梁先生访谈》,载《河南警察学院学报》2015 年第 1 期。

时代的预防犯罪体系。

第四,将系统观念运用到构建犯罪学、预防犯罪学话语体系和学科体系中。在《中国犯罪学话语体系初探》一书中,冯先生以综合反映论、综合治理论、犯罪规律论、犯罪预测论、生态犯罪论、超常规犯罪论为支撑点,从整体上观察犯罪现象的复杂性,分析犯罪多因素和研究犯罪对策的多元化和战略性,为构建中国犯罪学话语体系提供坚实的理论基础。[1] 他还从"理论研究的系列化、体系化"出发,主张"全社会的预防、有目标有针对性的预防、重新犯罪预防(防患于未然、防患于将然、防患于已然)三者必须联系起来,在战略谋划上、战役战术性操作上必须联系起来,最终形成学科体系,形成合力,形成体系化预防战略和战役战术措施,这样,有中国特色、中国风格、中国气派的预防犯罪学才能形成,才能筑牢防控一体化的铜墙铁壁"。[2]

四、立足中国国情

冯先生总结自己的学术成功经验,就是"高起点、不间断、重实践是三个缺一不可的研究方法"。[3] 高起点,指的是他第一次进入犯罪学研究就有机会主持国家社科重点项目;不间断,指的是他几十年如一日,无论是离休赋闲在家还是经历病痛折磨,无论是得到支持还是得不到支持,对犯罪学的研究从未停止过;而重实践,则是贯穿他整个犯罪学研究的全过程和取得众多独创性成果的成功密码。

冯先生强调,学术理论界最重要、最紧迫的问题仍然是需要

---

〔1〕 周长康:《一部新犯罪学的问世——评冯树梁先生的〈中国犯罪学话语体系初探〉》,载《犯罪与改造研究》2017年第6期。

〔2〕 冯树梁:《从弘扬传统文化到"国家安全学"的设置将助力预防犯罪理论研究迈上新台阶、作出新贡献——为庆祝党的百年诞辰而作》,载《犯罪与改造研究》2021年第7期。

〔3〕 皮艺军:《高起点 不间断 重实践——冯树梁先生访谈》,载《河南警察学院学报》2015年第1期。

根植本土、立足实践，重视调查研究，而非坐而论道；扎扎实实，而非心浮气躁；吸收借鉴外来成果，而非照抄照搬、亦步亦趋，走自己的路，构建自己的学术理论体系。[1] 据他介绍，他具体组织实施的国家重点哲学社会科学项目《中国现阶段犯罪问题研究》，一开始就确定了“在母亲的土地上，一步一个脚印，扎扎实实，辛勤耕作，在自己的土地上结出自己的果实”的研究路径和风格，一直延续到现在。稍微了解他的研究经历就知道，他所主导的科研项目都体现出这种立足国情、注重实践的学术态度和作风。

在主持课题研究中注重实践。首先，从选择参与研究的人员上保证课题的务实性。在主持《中国预防犯罪方略》课题中，冯先生借助他在公安工作的优势，联合公安第一线有较丰富的实践经验和研究能力的老同志参与课题，《中国预防犯罪方略》的撰稿人，都是结合自己的工作领域承担相关的部分，而且都是自己亲自撰写，所以非常符合实际。其次，研究过程中注意查阅历史资料，特别是历年犯罪统计数据和实证调查中获得的数据，保证研究成果建立在大量数据资料的基础之上。最后，重视从实践中提炼出自己的理论观点。明确课题研究不是为了写文章，而是实实在在地搞调查研究，用事实和数据回答问题，并从实践中提炼出一些重要的理论观点。他提出的关于犯罪原因是一个体系的观点、关于刑事犯罪规律的概括、关于经济增长与犯罪增长并非因果联系的构思、刑事案件立案的“三三制”等，就是在实际调查中诞生的。正是从实践中得来的真实素材和数据，保证了他的研究成果具有科学性与可靠性，发挥了对社会实践的引导作用。

---

〔1〕 高贞主编：《欣欣岁月——预防犯罪研究所成立30周年》，法律出版社2015年版，第48页。

在紧密联系实际开展课题研究的同时,冯先生特别注重日常的调查研究工作。据他讲,离休后多次到基层一线进行调研,了解实践中的新情况、新问题,保证自己的思考与实践的发展不脱节。当听说河南省禹州市的社会治安由乱而治,公安工作有许多创新发展,冯先生不顾80岁高龄外出的风险,毅然决然地参与到对禹州市治安的调研工作中来,写出了《从整体论到"整体作战法"的成功运用——河南省"平安禹州"考察实录》。[1] 这类对地方的考察于冯先生来讲是常态,他曾多次到浙江省考察调研,多角度总结"枫桥经验",发表《学习"枫桥经验"探究中国特色预防犯罪之路》[2]等多篇文章,他也因对"枫桥经验"进行理论概括,成为枫桥学派的代表人物之一。[3]

冯先生一直以来都在不遗余力地促进"犯罪学本土化","研究中国犯罪问题、解决中国犯罪问题,建立中国自己的犯罪学理论。"[4]他立足中国国情,以持之以恒、注重实践的行动诠释了自己的信念。

五、实现犯罪学研究的价值

犯罪学家担当使命最终如何体现呢?一方面,是通过他的研究成果实现对国家、对民族、对人民的贡献;另一方面,则是将他的科研经验和专业精神传承下去,引导、推动犯罪学研究不断向前发展。

锲而不舍深耕犯罪学领域几十年,冯先生著作等身,先后出

---

〔1〕 冯树梁:《从整体论到"整体作战法"的成功运用——河南省"平安禹州"考察实录》,载《河南警察学院学报》2013年第2期。

〔2〕 冯树梁:《学习"枫桥经验"探究中国特色预防犯罪之路》,载《犯罪与改造研究》2020年第2期。

〔3〕 周长康:《枫桥学派是怎么形成的——三评冯树梁先生的〈中国犯罪学话语体系初探〉》,载《犯罪与改造研究》2018年第2期。

〔4〕 高贞主编:《欣欣岁月——预防犯罪研究所成立30周年》,法律出版社2015年版,第48页。

版了5本专著，每一本都有极高的学术价值。他的专著《中外预防犯罪比较研究》和《中国刑事犯罪发展十论》，都产生了广泛的社会影响；《中国犯罪学话语体系初探》，是一本犯罪学领域开荒之作，是构造中国风格、中国气派、中国特色的犯罪学话语体系的重大理论成果，使中国特色犯罪学走向国际学术舞台迈出了重要一步。此外，他主编的《中国预防犯罪方略》是中国预防犯罪史上第一部七十余万字的巨著，填补了我国预防犯罪研究领域的空白。发表论文100余篇，涉猎犯罪学领域方方面面，记录了他每个阶段的独立思考。有学者评价他的研究是"集中国犯罪预防研究之大成，使后来者不能不有更上层楼之仰慕。"[1]由于成绩突出，曾被中国犯罪学学会授予"十年犯罪学杰出贡献奖"。

正因为冯先生的犯罪学研究立足国情、注重实践，所以他的理论成果必然具有实践价值，无论是在组织课题研究中对实务工作的影响，还是通过中外高层论坛发声中的影响，他提出的犯罪原因体系论，刑事犯罪的四大规律，预防犯罪的五大指导规律，中国社会治安综合治理的五大理论基础，预防之路、研究之路、发展之路"三路"体系，以及"寻求战胜犯罪的最大公约数，寻求减少犯罪、减少受害、减少损失的最小公倍数"的犯罪学总体研究的终极目标等一系列创新观点和理论，对实践的推动作用是实实在在的，其能量不可低估。

冯先生不仅自己全身心投入犯罪学研究，而且很关注、忧心犯罪学研究的未来发展，所以，他一边自己身体力行默默耕耘，一边总结自己的研究经验，连同他的专业精神一起，为后学的成长提供了坚实的阶梯，其引导和激励作用是巨大的。冯先生经过梳理，为我国的犯罪学研究总结了若干基本经验。

---

〔1〕 皮艺军：《中国犯罪学家推介——冯树梁先生》，载《河南警察学院学报》2015年第1期。

如何从整体上看待我们的预防犯罪理论研究工作呢？冯先生认为，“不论是从整体上、全局上讨论我们的研究方向和目标、谋划全局性工作安排，还是筹划某个方面、某个领域、某些具体课题，有几点不应忘记：一是胸怀‘国之大者’的大国情怀与担当，与我们的大国国情与地位相适应；二是与百年未有之大变局的天下大势相适应，不能局限于一时一地的情势而左右我们的视野；三是犯罪学或预防犯罪学，本质上都是交叉学科，必须重视学习和积累多方面的知识和经验，不能拘泥于一个方面的专业知识；四是我国在同形形色色的刑事犯罪作斗争，特别是在反暴恐犯罪做斗争中，已经积累了相当丰富的经验，应注重总结研究。”〔1〕

除此之外，他还总结了一些具体的研究方法，主张重视各科研方法交叉使用，如调查研究、比较研究、总结研究、综述研究；在思想方法上，主张独立思考、独立写作、自成风格，思想脉络一以贯之，努力形成体系，不搞碎片化；力求多读多写多想，吸收多方知识和智慧，尤其要重视传统文化的学习和研究，重视史学学习和研究；重视科研心得体会交流，以增强科研信心和力量。

冯先生对后学的激励更重要的还体现在“使命”教育上，在司法部预防犯罪研究所的一次讲座中，他针对一些同志困惑于“是否坚守学术研究”的思想状况，谈到“学者的使命志在中华民族，在于长久的传承，而不能计较一时一事的得失，不能有等价交换式的功利思想。”

使命的传承是最要紧的传承。冯树梁先生决定出版本书，用他自己的话说，是要在有生之年“为自己几十年的学术生涯做好收尾工作”，因为这些文稿记录了冯先生近十几年犯罪学研究的渐进性思考成果，很多独立性、创新性观点，甚至不乏填补空白之

〔1〕 冯树梁：《从弘扬传统文化到“国家安全学”的设置将助力预防犯罪理论研究迈上新台阶、作出新贡献——为庆祝党的百年诞辰而作》，载《犯罪与改造研究》2021年第7期。

作,并且已形成完整的体系性预防犯罪理论,如果任由这些文稿处于分散无序的状态,则随着时间的推移势必有被淹没遗忘的可能,这其中有的成果是作者作为唯一的知情者所作,具有极珍贵的史料价值。基于这些考虑,梳理文稿的工作不仅必须且十分迫切,而这项工作别人无法替代,所以冯先生不顾自己年迈体衰、病痛缠身的困状,奋力一搏,奉献出这部珍贵作品,实现他为中国特色预防犯罪事业和犯罪学建设尽一份力量的心愿。这本书见证了一名老共产党员和一名中国本土犯罪学家的使命担当,也让所有犯罪学研究者学有榜样。

2021 年 5 月 26 日,为祝贺冯先生 90 诞辰,司法部预防犯罪研究所全体同志赠送纪念相册扉页书写:“您用一颗赤诚之心诠释出爱党爱国的博大情怀;您用一杆勤奋之笔写出了预防犯罪的累累硕果。这,就是您光辉灿烂的九十芳华!”这是同事们对冯树梁先生客观准确的评价,也是他丰富厚实的学术生涯的真实写照。

2022 年 1 月

作者敬言

本书是近十年来发表的论文集。从 2008 年我提出“中国预防犯罪之路”这一概念后，我的研究重点便由一般地研究预防犯罪问题转向重点研究中国特色预防犯罪之路这个主题，故书名曰《探究中国特色预防犯罪之路》。这些论文的内容虽各有侧重，但又相互联系。根据法律出版社资深编辑周丽君同志的建议，采取以章节分类组合的编排方式，以增强其固有的关联性、层次性、整体性与学术性，显示出系统性特征。

本书的突出之处和意义在于：

第一，在各个重大历史节点上，进行长跨度、大容量的总结性研究。如改革开放 30 周年，新中国成立 60 周年，中国共产党成立 90 周年，改革开放 40 周年，直到 2021 年党的百年华诞。有的论文侧重理论建构，有的侧重实践调查分析，有的从理论与实践的结合上分析其发展趋向，故名曰“三路探索”。我历来以研究规律性和因果性为主线，为更贴近“中国特色”，我提出了“问道于路”一词，意即从中国特色中寻求犯罪规律与成因。这是本书突出之处之一。

第二,本书关于全国犯罪趋势中长期预测的3篇反馈检验的论文具有填补学术空白的意义,因为迄今为止,不论在学界还是实务部门,这类文章还是一个空白。这是本书突出之处之二。

第三,关于毛泽东谈《李塑传》的纪实,具有珍贵的史料价值,因为一个历史故事能见证如此宏大的历史背景是罕见的,作者作为亲力亲为的唯一知情者,提供的实录是不可替代的。这是本书突出之处之三。

第四,提出新时代的"枫桥经验"开辟了一条中国特色预防犯罪之路的观点,有一定独到见地的理论意义。关于新时代"枫桥经验"与预防犯罪的关系,许多学者提出了种种独到的理论观点,本书是其中一家之言。这是本书突出之处之四。

第五,关于全球反恐概念、态势与战略,是2011年写的全球化时代犯罪与刑法国际论坛的纪略,10余年后来看,具有可供进行今昔对比研究的价值,可为10余年前提出的问题提供现实的答案:关于反恐态势,同10余年前一样,美国依然是以反恐之名,行霸凌天下之实,把中东一些主权国家变成了一个个的"烂摊子"。在阿富汗"反恐"20年,2021年8月,以美国仓皇大撤退,塔利班"闪电般"夺权而告终。10余年前论坛提出,美国是否开始衰落?10余年的历史证实,答案是肯定的。这是本书突出之处之五。

习近平总书记指出,道路问题是最根本的问题。"路漫漫其修远兮,吾将上下而求索。"中国特色预防犯罪之路和对它的探究都是漫长之路。学习党的十九大,更上一层楼,意在强调要登高望远,扩大视野;谈心路历程,意在增强研究者的信息和力量,这都需要通过不断调整思维方法和创新研究方法来实现。多年来,我采取了"三路"并举、双向延伸的做法。所谓"三路"并举,就是研究之路、实践之路与发展之路一并考察;所谓双向延伸,就是一方面向多维度、多学科延伸。例如，联系弘扬传统文化、联系国家一级学科“国家安全学”等；另一方面向开辟新领域、新范畴、新方向延伸，如生态犯罪预防、越轨行为预防、“由乱而治”的典型调查——我80岁时曾赴河南省永城市、禹州市调查，前者为皮艺军、翟英范主编的《大融合》一书作序，后者为“整体作战法”撰文进行了总结分析。

这些做法使研究路子越走越宽，拓展了研究空间，而不是在羊肠小道上徘徊。我们的研究充满阳光。但愿我这些粗浅的、初级的研究意见和建议能起到一点承前启后的启迪作用。

为了较全面地展现我的学术生涯，本书增加了3个附录：附录之一，是将我历来的授课、作序与书评附上。由于授课次数较多（约20次），只选了有代表性的3篇。附录之二，是对我的近期反响，包括有关报道、访谈和评论。附录之三是我的研究成果表。

最后，我最想告诉读者的话，就是我从一个16岁参加革命的初中二年级上学期的学生，而后上大学、留学苏联，直到今天位于学者行列，完全是党培养的结果。而离休后的20余年来，之所以“离而不休”，坚持研究工作至今的基本动力就是，为了在有生之年以行动回报党的培养之恩。这二十余年恰恰成了我研究工作的黄金时期，我的5本书（含本书）都是在这一时期完成的。这要仰仗于研究所这个平台，仰仗于研究所的领导和同志们的全力支持。没有这个平台，即使有志于学，也无用武之地。尤其应当由衷地感谢以高贞同志为所长的领导班子和全体同志近10年来的热情支持和全力帮助，这使我的研究工作得以富有成效地顺利进行至今。他们非常体谅年迈学者的困难，本书的一切出版事宜，经所领导研究，得到了杂志社常务副主编李芙同志的热心支持，专门委派童海浩博士全程负责此事。在这里，我要特别道一声：辛苦了，谢谢你了，童海浩同志！应我的请求，高贞所长亲自动笔为本书和之前出版的《中国犯罪学话语体系初探》一书写序。序言别开生面,将我历来的表现和研究成果密切结合起来,进行系统的分析与评价,鲜活生动,贴近实际,是难能可贵的评估报告,这给我的学术生涯画上了一个完美的句号。我虽受之有愧,但深感欣慰、备受鼓舞!再次感谢党、感谢研究所集体、感谢高贞所长!

“文章千古事”〔1〕,敬请读者不吝指正!

冯树梁

2022年1月

---

〔1〕 杜甫诗句。

目录

第一章

中国特色预防犯罪之路的内涵及理论研究

一、预防犯罪的中国之路

——为纪念改革开放30周年而作

中国的犯罪学是随着国家改革开放的步伐而展开的,2008年是我国改革开放30周年,中国的犯罪学研究也大体是这个年龄。当前各条战线、各个方面都在总结回顾30年走过的历程。笔者作为一个长期主攻预防犯罪研究的犯罪学研究人员,仅将个人在研究过程中的一些认识和心得体会归纳为8个方面的问题,以兹纪念改革开放30周年并求证于专家学者、业内人士和广大读者。

这8个方面的问题涉及预防犯罪实践中的热点问题和理论上的重点问题,并从一个侧面反映了中国预防犯罪事业的主要特色和大体走向,是一条科学发展之路,故名之曰《预防犯罪的中国之路》。

(一)中国预防犯罪的"三大理论支点"

什么是中国预防犯罪的理论支点?这是个有待探讨的问题。笔者个人认为,在改革开放30年过程中所形成的关于犯罪增长与经济增长关系的理论,关于犯罪是各种社会矛盾和消极因素综合反映的理论,关于社会治安必须走综合治理之路的理论,应是中国预防犯罪的三大理论支点。因为在中国改革开放之初的若干年内(大约是10年,主要是从20世纪80年代初到90年代初)刑事犯罪呈大幅度上升趋势,一时间,国内外犯罪学理论大多归因于经济的增长,特别是美国犯罪学家路易丝·谢利(Louis Shelley)关于犯罪与经济同步增长的理论和法国社会学家迪尔凯姆关于犯罪是社会为了可能的进步而付出的代价的观点等更有着广泛的影响。此事引起我党和国家最高领导层的关注,1994年江泽民同志曾批示政法部门就“经济的发展和刑事犯罪案件的上升到底应该是一种什么关系?”问题展开调查。各种调查结果,特别是江苏省公安厅对苏南地区和福建省公安厅对福建省沿海经济发达地区的调查结果显示,经济增长与犯罪增长之间有密切关系,但不是必然的因果关系,并不是经济发展犯罪必然增长。此外,有资料显示,联合国召开的历届预防犯罪和罪犯待遇大会,经过多年争论也有一个较为一致的看法:不能简单地把犯罪的增加归结为经济发展和现代化。[1]

经过这些调查和争论使我们对犯罪增长与经济增长关系的理论有了一个主导性认识(但不是唯一认识),不再停留在“同步论”“代价论”的认识位点上。国外的犯罪学理论对我们是有重要参考借鉴意义的,但必须经过符合本土实际的调查研究,才能较为准确地解释发生在本土上的犯罪现象。

那么,犯罪大幅度上升是由什么因素决定的呢?不管是官方调查还是犯罪学研究较为一致的意见是:犯罪增长是由各种社会矛盾和消极因素的综合反映决定的。这些社会矛盾和消极因素有的与犯罪构成因果关系,有的是促使犯罪动机和目的变为犯罪

---

〔1〕 郭翔:《国际社会预防和控制犯罪战略措施概述》,载《青少年犯罪研究》1995年第3/4期合刊。

行为的条件，有的是容易滋生犯罪的相关因素（如失业、失学、社会保障不到位等），构成一个多层次、多结构的犯罪成因体系。也就是说，犯罪增长是由诸多元素决定的，而不是由经济增长这个单一元素决定的。

社会矛盾的多样性决定了综合治理的必然性。既然犯罪是由诸多社会矛盾和消极因素的综合反映决定的，因此，采取打击、防范、教育、管理、建设、改造等多种手段进行综合治理，便是顺理成章之事了。综合治理的基本思想是1979年8月中央批转的为解决青少年违法犯罪问题的一个报告中提出来的（但当时还没有使用“综合治理”这个词），1981年5月中央批转的五大城市治安座谈会纪要中第一次正式提出“社会治安综合治理”方针，嗣后，经过10年的基本经验总结，1991年2～3月党中央、国务院，全国人大常委会先后颁布了《关于加强社会治安综合治理的决定》（以下简称两个《决定》），以法律的形式将社会治安综合治理的方针固定下来，并于当年3月成立了中央综治委。1997年9月党的十五大进一步指出：“加强社会治安综合治理，打防结合，预防为主……”明确了打和防的关系，结束了一段时期内打防关系上的徘徊状态。这表明，社会治安必须走综合治理之路，综合治理必须走“打防结合，预防为主”之路。这样，一个从理论到实践、从成因论到对策论的预防犯罪体系即社会治安综合治理体系就在中国的土地上形成了。“春风拂槛露华浓”[1]，这是改革开放的春风吹拂的结果。

在这里需要说明的一点是，关于犯罪是多种因素决定的观点，关于对社会治安应采取综合治理的办法的观点，在国外的一些犯罪学论著中也有类似的观点，但是它们未能从理论转化为预

〔1〕 李白《清平调》三首，其一：“云想衣裳花想容，春风拂槛露华浓……”“露华浓”，形容牡丹花的鲜艳。

防犯罪实践。例如,波兰犯罪学家布鲁伦·霍维斯特认为,犯罪是由"各种因素系列的综合体"决定的。[1] 在苏联的犯罪学理论中也有关于要对犯罪进行政治的、经济的、思想的、法律的、组织的综合治理的理论。[2] 笔者在1986年曾写过一篇短文介绍此事,登在当时的《中国人民公安大学学报》上,时过境迁,此文已难查找。苏联解体后,即不再见有"综合治理"的提法。

(二)预防犯罪中"三级预防"的汉语诠释

预防犯罪是一个由"隐"到"显"的过程,一圈圈地逐渐缩小范围,可称为"三级预防"或"三圈预防"。对三级预防的诠释却是"和而不同"[3]的,即在基本一致的前提下各有不同特点。例如,美国将预防犯罪分为三个层次:第一个层次是以公众参与为主的一般预防;第二个层次是以正规的刑事司法系统为主的针对表现出明显的越轨行为之潜在危险的个人和环境,主要涉及青少年;第三个层次是矫正,以减少和防止重新犯罪。[4] 苏联将预防犯罪分为两个基本的水平——全社会预防和专门预防,四个范围——全社会范围、某些社会群体(如未成年人)、具有否定行为的人、特定的犯罪人。[5] 但概括起来也是三个层次,即一般预防、针对具有潜在危险性的人和环境的预防、特殊预防(打击和改造犯罪人)。我国犯罪学界对于"三级预防"并无统一的界定。笔者个人认为,预防犯罪的全过程,用我国简洁的语言来表达,无

---

〔1〕 [波兰]布鲁伦·霍维斯特:《犯罪学的基本问题》,冯树梁等译,国际文化出版公司1989年版,第78页。

〔2〕 [苏联]B. K. 茨维尔布利等主编:《犯罪学》,曾庆敏等译,群众出版社1986年版,第130页。《同危害社会治安行为作斗争》,巴库1983年俄文版。

〔3〕 《论语·子路》。

〔4〕 [美]史蒂文·拉布:《美国犯罪预防的理论实践与评价》,郭建安等译校,中国人民公安大学出版社1993年版,第199~203页。

〔5〕 [苏联]B. K. 茨维尔布利等主编:《犯罪学》,曾庆敏等译,群众出版社1986年版,第135~137页。

非是在“三个层次”上做文章：防患于未然，防患于将然，防患于已然。防患于未然，就是防止犯罪的发生，是严格意义上的预防。防患于将然，就是将危险性苗头解决在萌芽状态或将突发性事件处置在始发阶段，化险为夷，转危为安。这个层次常常是一种临战状态的犯罪预防，对于挽救即将失足者，对于保护人民生命财产的安全，对于维护社会稳定和地区安宁，极具重要意义。防患于已然，就是打击惩罚已经发生的犯罪，震慑犯罪，以刑去刑，改造矫治犯罪者，预防重新犯罪。三个层次上的预防是相互联系、互为条件的，三个层次上的预防都处理得好，才构成完整意义上的预防犯罪概念。[1]

“三级预防”对于预防青少年违法犯罪问题具有特别重要的意义。通过综合治理最大限度地将青少年违法犯罪问题阻止在防患于未然和防患于将然两个层次上是预防青少年违法犯罪问题的理想目标、核心内容和中心环节。《预防未成年人犯罪法》设“不良行为”和“严重不良行为”两道坎，其意义亦在于此。所以笔者把防患于未然、防患于将然、防患于已然称为预防青少年犯罪的三条战略防线。[2] 在改革开放的春风吹拂下，我国的犯罪学研究首先是从青少年犯罪研究起步的，并取得了长足的进展。

治罪理同治病。近些年来医学界也提出了“三级预防”的概念：一级预防亦称病因预防；二级预防是临床前期预防；三级预防即临床预防，及时治疗，防止发展。2008 年 11 月在杭州市举行的“治未病”高峰论坛上又提出，“治未病”分三个层次：未病先防着眼于未雨绸缪；既病防变着力于防止疾病进一步发

---

〔1〕 冯树梁：《中外预防犯罪比较研究》，中国人民公安大学出版社 2003 年版，第 37 页；冯树梁：《论预防犯罪》，法律出版社 2008 年版，第 45、49～54 页。

〔2〕 冯树梁：《试论预防青少年犯罪的战略防线》，载冯树梁：《论预防犯罪》，法律出版社 2008 年版，第 49～54 页。

展;瘥(chài,病愈)后防复,防止疾病复发。[1] 观其实质,也是防患于未然、防患于将然、防患于已然三个层次。如同"治未病"是医学上的最高理念一样,"治未罪"也应成为犯罪学上的最高理念。

(三)预防犯罪"三大领域"构想

根据改革开放30年来犯罪的发展变化情况,笔者认为,犯罪应划分为"三大领域",即"常规犯罪"(或曰"传统犯罪",属于传统安全的范畴)、"超常规犯罪"(或曰"非传统犯罪",属于非传统安全的范畴)、"生态犯罪"。三者既有区别又是相互联系和转化的。这种划分有利于分别立法和采取有针对性的防治措施。

所谓"常规犯罪"("传统犯罪")是指一般刑事案件,也就是通常所说的多发性犯罪。多发性犯罪的种类和排序因犯罪情况的变化而变化,从历史上看,1991年公安部将8类犯罪列为多发犯罪,依次为:盗窃、抢劫、诈骗、伤害、强奸、拐卖人口、杀人、流氓。1997年《刑法》第17条所指出的故意杀人、故意伤害致人重伤或者死亡、强奸、抢劫、贩卖毒品、放火、爆炸、投毒等8种罪行属于严重刑事犯罪,但仍然是常规犯罪。

所谓"超常规犯罪"("非传统犯罪")是指反映当代犯罪突出特点的有组织犯罪、恐怖主义、邪教、分裂势力等犯罪,它们的突出特点不仅在于"犯罪"更在于"有组织"。这几种犯罪相互有区别而又混合交叉,有组织犯罪、邪教、分裂势力都可以制造造成大量人员伤亡的恐怖主义活动,而恐怖主义活动也必然是有组织的。正因为它们都是有组织的,是一个系统,所以笔者将它们与政府和人民之间的对抗称为"系统间的抗衡",抗衡的手段是准

[1] 《疾病未到,预防先行》,载《光明日报》2008年1月28日,第11版;田雅婷、董齐、叶辉:《古老命题焕发新活力》,载《光明日报》2008年12月1日,第2版。

军事的,可比喻为"和平时期的战争"。[1]

所谓"生态犯罪"是一种新型犯罪,是指人类自工业文明以来新出现的"生态危机"中所表现出来的种种犯罪行为,大多是尚未称为犯罪的犯罪。危害对象是生态平衡,是人类赖以生存的地球家园,归根结底,是人类自己及地球上的一切生命。它破坏的是人与大自然的关系,但最终还是反映了人与人、人与社会的关系。生态犯罪具有当事人的多元性和交叉性,犯罪后果的潜伏性和不可逆性,举证犯罪事实的困难性和技术性,犯罪危害的叠加性和累进性等特点。以往犯罪学主要研究人与人、人与社会关系上的犯罪,笔者认为,这只是犯罪学的一半,而另一半则是危害更为严重、关乎人类及一切生命之存亡的生态犯罪。例如,震惊全国的以生态为名而疯狂破坏森林生态的"贵州生态园"案件,犯罪分子被判了同类罪名中的最高刑期,然而被砍伐的大片珍稀而古老的植物和被破坏了的土壤结构却难以修复。[2] 生态犯罪的这种不可逆性更说明了将它单列出来加强早期预防的特殊重要意义。2005 年笔者写了《生态犯罪学论纲》一文表明了个人观点。[3]

关于预防犯罪的三大领域的划分,虽只是一种学术研究的构想,但同时又是客观存在的,并在方针政策措施上已经显现出区别对待的种种迹象和日益强烈的单独立法的呼声(如呼吁专立《反有组织犯罪法》等)。实际上,我国从一开始就对黑恶势力、黑社会性质的犯罪组织采取"露头就打,不留后患"的正确方针,近几年又紧锣密鼓地采取了种种保护生态环境的政策措施。在改革开放的大背景下,三大领域的犯罪学研究都将会焕发出新的活力。

---

〔1〕 冯树梁:《论预防犯罪》,法律出版社 2008 年版,第 104~105 页。
〔2〕 参见 2008 年 11 月 22 日中央电视台《焦点访谈》。
〔3〕 冯树梁:《论预防犯罪》,法律出版社 2008 年版,第 245~257 页。

(四)预防犯罪中"三律预防"的作用

"三律"是指法律、纪律、约律。法律既是惩罚犯罪的工具也是预防犯罪的手段。我国实行"依法治国"方针,对于法律、法规的作用是大家所熟悉的。对于纪律、约律在预防犯罪中的作用则较为生疏,研究得也不够。实际上,对许多以身试法的人来说,纪律是预防犯罪的第一道闸门,尤其是公职人员从腐败到犯罪大都是从违纪开始的。例如,广西壮族自治区从 1999 年以来有 4 位自治区政府主席、副主席"落马"犯罪,都是从严重违纪开始的。党有党纪,政有政纪,军有军纪,严把纪律关,提高遵纪意识,减少犯罪机遇,已证明是预防犯罪,特别是预防职务犯罪的有效手段。约律,也就是乡规民约,在历史上曾发挥过重要作用。汉刘邦与民约法三章,就是一种官与民的约律形式。约律具有通俗易懂、简单明了、便于操作执行等优点,是一种值得重视的传统手段,一些地方在社会治安综合治理中已在试行约律的作用。所以研究"三律"在预防犯罪中的作用是研究有中国特色的预防犯罪事业的一个重要课题。

(五)预防犯罪中"三化"的作用

笔者将矛盾转化、环境净化、打防控一体化概括为"三化"。其核心是化解矛盾,这是中国预防犯罪之路的又一大特色,也是中国传统文化的一大特点。

1. 矛盾转化

在中国传统文化中充满了事物可转化的思想。在"群经之首""大道之源"的《周易》中说:"观乎人文,以化成天下""德博而化。"意思是,文化的作用就是通过教育感化成就天下,德育普及了就能感化人。《庄子·逍遥游》中说:"北冥有鱼,其名为鲲。化而为鸟,其名为鹏。"《山海经》中说:"夸父与日逐走,道渴而死。弃其杖,化为邓林。"前者是形态的转化,由鱼变成了鸟,生物学已证实,一部分鱼的确演化成了鸟,后者是由"死机"转化为

“生机”。毛泽东同志在《矛盾论》中说：“神话中的许多变化，例如《山海经》中所说的‘夸父追日’……乃是无数复杂的现实矛盾的相互变化……的主观幻想的变化。”按我国的文化传统，即使当矛盾发展到动武的激烈程度时，也主张化干戈为玉帛，以“排难解纷”为传统美德。20 世纪 60 年代，毛泽东同志曾在与公安部负责人的谈话中提到战国时期有个叫鲁仲连的人为赵国排难解纷的故事，当时领导指定笔者将《史记·鲁仲连列传》加以注释在公安系统内部发行参阅。1963 年 11 月，毛泽东同志批示推广学习浙江省诸暨县(现为市)的“枫桥经验”“作为教育干部的材料”。“枫桥经验”的要旨就是就地化解矛盾，做到了“小事不出村，大事不出镇，矛盾不上交”，把大量矛盾纠纷解决在基层，解决在萌芽状态。“枫桥经验”和被誉为“东方经验”的人民调解工作都是颇具中国特色的预防犯罪经验。近几年中央提出要严格贯彻宽严相济的刑事政策，其目的亦在于最大限度地化解矛盾、减少对抗、促进和谐，最大限度地遏制、预防和减少犯罪，维护社会稳定。

2. 环境净化

矛盾是产生在一定的空间里面的，环境就是矛盾的空间。环境如何，对于矛盾是生成还是化解，有至关重要的作用。以“枫桥经验”为例，就是重在净化环境、净化心灵，以净化促“化解”。在当今世界，从心灵环境到自然环境，“净化”与“污染”已成为两个截然对立的概念，最终决定着人类生存与发展的两种命运、两种前途。净化生存环境，反对形形色色的污染，对于保护人类生存环境、减少滋生犯罪的土壤和条件都有重要意义。

3. 打防控一体化

同前面“两化”比较起来，这是一个比较专业的术语。然而它从预防犯罪的角度看，同前面“两化”是紧密联系的，是相辅相成、互为条件的。打防控一体化是在“打防结合，预防为主”战略方针指引下所逐渐形成的一个较为完整的工作体系,其特点是把几个方面的功能结合起来,达到既能因鱼张网,适时打击犯罪,又能张网以待,有效地防止和控制犯罪的目的。各地在实际操作中,有不同的具体形式和做法,大体上是由阵地控制网络、群防群治网络、治安管理网络三个网络构成。其具体运作模式,笔者在《中外预防犯罪比较研究》一书中做了一些归纳,可供参考。[1]

(六)预防犯罪中"三基"建设的意义

这里说的"三基"建设是指基层组织建设、基层基础工作建设、基层治安防范网络建设。中国革命的成功就是建立在扎根基层、依靠基层、巩固基层的基础之上的,从而实现了"农村包围城市"的革命成功之路。新时期,中国预防犯罪之路的一大特色仍在于夯实基础,确保稳定。21世纪初,中共中央、国务院下发了《关于加强社会治安综合治理的意见》,明确要求"加强基层基础建设,把社会治安综合治理各项措施落实到基层"。同时,各地继续开展基层平安创建活动。基层基础建设是整个社会稳定的基础,是社会治安综合治理的第一道防线。基层治则天下安,基础牢则大局稳。"枫桥经验"成功的秘诀之一就是牢牢抓住了基层这个最广袤的矛盾空间和基层这个人数最多的矛盾载体层,排查隐患,超前工作,把大量矛盾纠纷解决在了基层。

基层是个完整的概念。它包括基层的各种组织建设,基层的群众工作和各项业务工作建设,基层的治安网络化建设——其实质就是基层的打防控一体化建设。改革开放后,借助于外来的"社区"一词,极大地丰富了基层基础建设的内容,诸如"社区警务""社区矫治""社区预防""社区控制"等。

据媒体报道,近期在一些地方发生的突发性群体事件,如贵

---

〔1〕 冯树梁:《中外预防犯罪比较研究》,中国人民公安大学出版社2003年版,第329~332页。

州省瓮安县发生的严重打砸抢事件,湖南省张家界市某街道办事处发生的爆炸案等,都和这些地方的基层组织状况和基层基础工作状况有关,主要是未能正视和正确而及时地处理矛盾、化解矛盾,因而提出了"基层危机"的概念。"知屋漏者在宇下,知政失者在草野"。基层建设问题着实应当引起高度重视,[1]这也是改革开放中的一个永恒的主题。

(七)预防犯罪中的"三大规律"探索

笔者说的"三大规律"是指犯罪发生和发展的规律、指导预防犯罪的规律以及其他犯罪规律。

什么是规律?经典的解释是:"规律就是关系……本质的关系或本质之间的关系。"[2]为什么要研究犯罪规律?经典的回答是:"一定的原因按照特殊的规律性在产生一定的犯罪行为。"[3]所以,马克思主义认为,科学研究的任务就是要揭示客观事物的规律性并用于指导人们的实践活动。我们党倡导研究犯罪规律:"对发生的各类案件特别是典型案件,对治安工作面临的突出问题,必须注意分析,善于举一反三,以取得规律性认识,更好地实现标本兼治。"[4]

规律,按其内容分为自然规律、社会规律、思维规律;按其作用范围分为普遍规律和特殊规律。[5] 犯罪规律应属于社会规律中的特殊规律。

改革开放以来对于犯罪规律的研究有了突破性进展,其主要标志是:在此之前的犯罪学论著中只见有关于犯罪的时日、季节

---

〔1〕 毛晓刚:《重视突发事件背后的"基层危机"》,载《北京日报》2008年7月13日,第8版。

〔2〕《列宁全集》(第38卷),人民出版社1957年版,第161页。

〔3〕《马克思恩格斯全集》(第1卷),人民出版社1956年版,第623页。

〔4〕《江泽民在全国社会治安工作会议上的讲话》,载《人民日报》2001年4月3日,第1版。

〔5〕 刘延勃等主编:《哲学辞典》,吉林人民出版社1983年版,第387页。

性规律的研究，而自国家“七五”规划期间（1986～1990 年）由公安部牵头完成的国家重点社科研究项目《中国现阶段犯罪问题研究》提出了关于犯罪发生和发展的四大规律（刑事犯罪规律）后，出现了新的局面，在相继问世的一些犯罪学论著中又提出了指导预防犯罪的规律和其他一些犯罪规律。

1. 关于犯罪发生和发展的四大规律（刑事犯罪规律）

这是《中国现阶段犯罪问题研究》课题根据大量的调查研究资料对新中国成立以来犯罪状况进行全面总结而提出来的，填补了我国犯罪学研究上的一个空白。1995 年出版的由康树华、王岱、冯树梁主编的《犯罪学大辞书》对其给予充分肯定并分 4 个条目全部加以引用。这四大规律从宏观上反映了犯罪现象是怎样发生和发展的：犯罪的消长率，说明犯罪是在社会消极因素和积极因素的消或长的过程中产生和升降的；犯罪的因果律，说明在犯罪的发生和发展过程中，只有一部分消极因素与犯罪构成必然的因果性关系；犯罪的辐射率，说明产生犯罪的消极因素并不只限于当地的，而有些是从别的地方传播感染而来的；犯罪的起伏率，说明犯罪的发展并不是呈直线状，而是时起时伏波浪式发展变化的，所以形成了新中国成立以来的 5 次犯罪高峰（新中国成立初期 1 次，20 世纪 60 年代三年困难时期 1 次，“文化大革命”时期 1 次，改革开放初期 1 次，20 世纪 90 年代初 1 次）。也有学者认为，“文化大革命”的犯罪增长具有很大的政治性，不算一次刑事犯罪高峰。每个规律都有其内在结构和特点。[1]《中国现阶段犯罪问题研究》课题还对犯罪时日、季节规律作了进一步研究，这样，关于犯罪的发生和发展的规律一共是五大规律。

---

〔1〕 冯树梁：《我国犯罪现象的几个规律》，载俞雷等主编：《中国现阶段犯罪问题研究》总卷，中国人民公安大学出版社 1993 年版，第 181～187 页。

2. 关于指导预防犯罪的五大规律

笔者提出，犯罪发生和发展的规律同指导预防犯罪的规律是有区别的。军事理论证实，有战争发生和发展的规律，也有指导战争的规律，同刑事犯罪作斗争道理是相通的，因而在总结实际经验的基础上提出了指导预防犯罪的五大规律：矛盾律、人本律、基础律、综治律、兼治律。其基本原理是：犯罪是各种社会矛盾的综合反映，因而预防犯罪必须牢牢把握住"矛盾"这个核心环节；人，是各种矛盾的载体和解决矛盾的动力，因而预防犯罪必须围绕着人作矛盾的良性转化工作；矛盾及其载体均集中于基层这个空间，因此预防犯罪必须着眼于基层，在基层基础建设上下功夫；矛盾及其载体的多样性决定了综合治理的必然性，因此预防犯罪必须走综合治理之路；综合治理的核心是一打二防，以防为主，因此预防犯罪必须既靠法的威慑力，又靠德的感化力，即德法兼治。所以这五大规律是一个相互衔接的链条。[1] 当然这只是一家之言，既源于实际经验，又源于思考，是"经验规律"与"思维规律"相结合的产物。

3. 其他犯罪规律

近些年在一些犯罪学论著中还提出了一些有别于上述刑事犯罪规律和指导预防犯罪的规律，这说明关于犯罪规律的研究在不断向前发展。例如，周路教授主编的《当代实证犯罪学新编——犯罪规律研究》一书中提出了：犯罪人构成规律、犯罪动机规律、犯罪行为规律、犯罪类型规律、重新犯罪规律、犯罪预防规律等。该论点是建立在对天津市的犯罪调查的基础上的，是以实证为依据的，实际上也是"经验规律"与"思维规律"相结合的产物，是非常有意义的，是否具有普适性则有待实践检验。当然任

〔1〕 冯树梁：《中外预防犯罪比较研究》，中国人民公安大学出版社 2003 年版，第 133～173 页。

何规律都是与时俱进而不是一成不变的。

在国外,也有关于犯罪规律研究的报道。1992 年 6 月 24 日,俄罗斯犯罪学家、俄罗斯内务部研究所所长列兹维赫来华访问,在公安部礼堂做关于“预防和控制犯罪问题”的学术报告中曾提到一个规律:失业上升 10%,犯罪上升 3.4%。[1]

(八)预防犯罪中的“三战”研究值得重视

所谓“三战”研究是指战略、战役、战术研究。这本来是些军事术语,现逐渐广泛应用于其他领域。其一,同刑事犯罪作斗争实质上是一个准军事领域,特别是同有组织犯罪、恐怖主义的斗争越来越具有明显的军事斗争性质,因而对于“三战”的研究也越来越显示出其必要性。其二,预防犯罪本身就是一个从战略到战役、战术的完整链条,也就是说,既要研究预防犯罪的全局性战略性问题,也要研究其中的战役性和战术性问题,例如,“严打”和各种形式的专项斗争、专项治理就是战役问题。战术,是战略问题的具体化。“打防结合,预防为主”的战略方针必须具体化为战术性措施和行动方可贯彻执行,所以战术研究也是必不可少的。其三,对于战略问题必须从全局的宏观的战略高度去认识和理解,才能把握其本质,如果从局部的战役、战术的角度去认识和理解战略问题则会失之偏颇。反之,如果把战役、战术问题拔高到战略问题去认识,也会产生偏差,造成认识上的误区。本书所归纳的上述 8 点均属战略性问题。中央一再强调各条战线、各个领域都要加强对战略问题的研究,这对于犯罪学研究是同样适用的。

《孙子兵法》是最早提出战略问题的军事名著。其基本原理也可用于研究预防犯罪的战略问题及相应的战役、战术问题。在 1998 年由孙子兵法研究会举办的第四届孙子兵法国际研讨会上

---

[1] 此说仅凭笔者的记录,未查到正式出版的书刊记载,仅供参考。

军事科学院军制部研究员季德源同志代表军制部小组明确表示："将社会治安和预防犯罪列入孙子兵法在军事以外领域应用研究的一个内容、一个领域。"也就是说，纳入孙子兵法学科体系。换言之，就是管户口的同意上户口了。这也是笔者将孙子兵法运用于预防犯罪研究所争取到的一个结果，盼有来者为之继。

结束语

刑罚的目的在于预防。犯罪学研究的核心是预防犯罪。然而预防犯罪研究却举步维艰，迄今为止关于预防犯罪的专著和学者依然寥若晨星。通过《扁鹊见蔡桓公》的历史故事似可窥其一斑。故事的梗概是：

战国时期的名医扁鹊拜见蔡桓公，站了好一会儿，说："您有病在皮肉之间，如果不医治，恐怕将要严重起来。"桓公回答说："我没有疾病。"扁鹊退出后，桓公说："医生喜欢治疗没有病的人，想借这个来表功！"过了 10 天，扁鹊又拜见蔡桓公，说："您的病已经到了肌肉里面，如果不医治，将要更加严重。"桓公不理睬，扁鹊退出，桓公不大高兴。又过了 10 天，扁鹊再次拜见桓公，说："您的病已经发展到肠胃里了，如果不医治，将要更加严重。"桓公还是不理睬。扁鹊退出后，桓公不高兴。过了 10 天，扁鹊望见了桓公转身就往回走。桓公特地派人去问他，扁鹊说："病在皮肉之间，用药湿敷或热敷，药力是能够达到的；在肌肉里面，是针灸的力量能够达到的；在肠胃里面，是火齐(jì)汤的力量能够达到的；在骨髓里面，那是主管生死命运的神决定的，没有办法医治。现在病已在骨髓里面，我因此不请求给他治疗了。"过了 5 天，桓公周身疼痛，派人到处寻找扁鹊，他已经逃到秦国去了。桓公就这样死去了。[1]

医学中的"治未病"和犯罪学中的"治未罪"有相通的道理：

---

〔1〕 故事见《韩非子・喻老篇》暨《史记・扁鹊仓公列传》。

都具有事先看不见、摸不着、不易检验和衡量的"隐性"特征和"老虎吃天,无从下口"的"泛性"特征,都需要有一个被认识、被接受、被重视的过程。然而"治未病"和"治未罪"作为一种发展潮流却是确定不移的。世界卫生组织在《迎接21世纪的挑战》的报告中指出:"21世纪的医学,不应继续以疾病为主要研究对象,而应以人类健康作为医学研究的主要方向。"[1]中国医学中"上工治未病"的理念正越来越受到世界医学界的关注。同样道理,犯罪学中的"治未罪"从21世纪开始也必将逐渐成为主流研究目标,在改革开放的春风吹拂下,预防犯罪之路将越走越宽。

(原载《犯罪与改造研究》2009年第4期)

---

[1] 《迎接21世纪的挑战》,载《大众健康报》2008年5月9日,第1版。

二、探索犯罪与预防犯罪研究之路

——为庆祝新中国成立60周年而作

新中国成立后,在改革开放新时期,我国的犯罪与预防犯罪研究走出了一条具有中国特色的研究之路,积累了丰富的经验。值此隆重庆祝新中国成立60周年之际,笔者作为一个研究单位的研究人员觉得有责任以自己亲见亲闻亲历的感受谈谈对这条研究之路主要特点的认识,以彰显新中国在学科建设上的辉煌成就于万一,或许亦可裨益于未来学科的发展——至少可留一点第一手资料和第一时间的感受。

(一)新中国犯罪与预防犯罪研究之路的阶段性特点

"研究之路"是一个"全程"概念,必然显现阶段性特点。阶段性特点是随着社会治安形势对理论研究的呼唤和理论为现实斗争服务的要求而显现出来的。笔者认为,以改革开放为起点,随着党的"解放思想、实事求是"的思想路线的深入开展,新中国的犯罪与预防犯罪研究之路也经历了三个发展阶段。

1. 第一个发展阶段

在学术上可形象地比喻为“破冰”或“解冻”阶段。简言之，就是冲破犯罪学上的“外来论”“残留论”以及社会主义社会、社会主义制度或制度下产生不产生犯罪的理论“禁区”的问题。这些论点主要源于苏联犯罪学理论的影响。到20世纪80年代中期，随着苏联犯罪学界对这些“禁区”的“解冻”，其对我国犯罪学理论的影响也渐趋淡化，但影响痕迹仍时隐时现。例如，1987年出版的曹漫之主编的《中国青少年犯罪学》一书中仍有这样的内容：“社会主义制度不仅不会产生犯罪，而且是预防、减少乃至消灭犯罪的根本保证。”关于苏联“解冻”的过程，笔者曾归纳为“三部曲”（有的书上在引用时，说这是苏联犯罪学家的意见，这是一个误会），大致是：从20世纪50年代到70年代，认为“犯罪不是由社会主义的社会关系产生的，而是由从前的社会经济形态‘来到’社会主义的”。到20世纪80年代，开始认识到，仅仅把发展的社会主义阶段的犯罪说成是“残留的”，是粉饰现实生活和现实的社会关系。到1989年，苏联犯罪学权威 И. И. 卡尔佩茨（Karl Petz）著文指出：“犯罪现象对于社会主义来说是一种具有社会特征的合乎规律的现象，其原因根源于我们社会发展的矛盾和缺陷。”也就是说，承认犯罪现象源于社会主义社会自身，主要的并不是外来的，也不是残留的。随着思想的“解冻”，犯罪信息的透明度也增强了。大约是从1988年开始的数年内，苏联曾系统地公布全苏及各加盟共和国的犯罪统计，笔者曾逐年加以翻译，刊登在《犯罪与改造研究》杂志上。这实际也是从理论到行动“解冻”的一种反映，但嗣后苏联解体了。但作为历史却留给我们许多思考：特别是苏联对于黑社会长期的讳疾忌医，造成了巨大隐患，是一个历史性教训。

显然，不冲破理论“禁区”，很难有面对现实的犯罪学研究。然而，观其实质，“禁区”涉及的主要是政治问题（怕给社会主义

“抹黑”)，并无太多的学术内涵。在我国改革开放的大形势下，随着“禁区”被冲破，迎来了犯罪与预防犯罪研究的高峰阶段。

2. 第二个发展阶段

发生在20世纪80年代中期到20世纪90年代初期的这一段研究之路应是第一个高峰阶段。其明显标志是国家立项的三个重点社科研究项目的出现:“六五”期间的《中国青少年犯罪学》研究项目、“七五”期间的《中国社会治安综合治理的理论与实践》研究项目及《中国现阶段犯罪问题研究》项目。这三个项目各有特色，但又共同反映了我国在学科建设上紧密配合形势需要、集中力量集体攻关的共性特点，从根本上说集中反映了社会主义制度在学科建设上的优越性。

这一阶段的历史背景是，改革开放伊始，社会犯罪猛增，社会秩序一度处于非正常状态。特别是青少年违法犯罪问题引起了党和国家的高度关注，中央发出了“全党动手，齐抓共管”一类具有综合治理思想的号召，到1981年5月中央批转的五大城市治安座谈会第一次正式提出“社会治安综合治理”方针，作为解决全国治安问题的基本方针。于是，研究青少年犯罪问题和研究社会治安综合治理问题便提上了日程，两个国家重点课题也应运而生。两者均是专家学者云集，其最终成果便是曹漫之主编的《中国青少年犯罪学》(群众出版社1987年版)和王仲方主编的《中国社会治安综合治理的理论与实践》(群众出版社1989年版)。两者都是本领域的开篇之作，康树华等主编的《犯罪学大辞书》中对其作了这样的评价:《中国青少年犯罪学》的出版“推动了青少年犯罪问题的研究，提供了一本教育、挽救和改造违法犯罪青少年的良好教科书”(《辞书》第1177页)。《中国社会治安综合治理的理论与实践》“不仅对国家制定社会治安综合治理对策提供了一定的理论依据，而且也为进一步解决社会治安中的实际问题提供了一些可供选择的方案”(《辞书》第1183页)。

当此之时,犯罪学研究中一个亟待解决的大问题,便是犯罪统计不实问题。这也是各国犯罪学研究中普遍存在的老大难问题(所谓犯罪"隐数"或"暗数")。犯罪统计不实必然会严重影响理论结论的正确性和对社会治安形势评估的准确性。当时我国犯罪统计面临的情况是;一方面,"文化大革命""砸烂公检法"造成统计上的残缺不全;另一方面,出现了严重的立案不实问题(在公安系统通常称为"水分")。因此,弄清犯罪统计底数,纠正立案不实,回到实事求是的思想路线上,客观地认识和评价中国现阶段的犯罪问题,便成为犯罪学理论研究中的一项重大而迫切的任务。由公安部牵头,20 个省、市公安机关参与完成的"七五"规划国家重点社科研究项目《中国现阶段犯罪问题研究》课题在这方面作出了突出贡献。

这个课题把犯罪统计调查研究的范围定位在上限始自新中国成立初期下限预测至 2000 年。换句话说,在新中国成立 60 周年中有 50 多年是在它调查研究的范围之内。通过查阅公安部历年的犯罪统计以及最高人民法院、最高人民检察院提供的资料,通过对连续 3 年 2.5 万多个个案调查和连续 3 年 300 多个公安派出所立案不实问题的调查,基本上弄清了新中国成立以来的犯罪统计底数,制成了从 1950 年到 1990 年全国刑事案件发案数量和发案率的曲线图,并在此基础上总结出了刑事犯罪现象规律等理论结论。调查规模之大是空前的,数据的可信度和权威性迄今仍是无可比拟的。曾有社科院的一位学者说,这个课题的一组数据可以改变一个观点。康树华等主编的《犯罪学大辞书》中说,这个课题"最大的贡献是为中国犯罪学研究奠定了基础"(《辞书》第 1184 页)。笔者认为,这个基础首先就在于该课题对中国现阶段犯罪的真实状况所作的调查分析,从而为犯罪学理论研究奠定了真实的基础。所以,无论是研究新中国成立以来的犯罪问题,还是研究中国犯罪学史,这个课题所提供的调查统计资料都是难能可贵和不可多得的重要依据。

较遗憾的是,在当时条件下这个课题是在半封闭状态下,即在公安系统内部进行的,其最终成果(公安部总卷及各省、市分卷)及其配套资料(文集)又是在公安司法机关内部发行的,因此,资料占有面有很大局限性,很多需要资料的专家学者及读者并不占有资料更难以占有全套资料,而今时过境迁,全套资料早已无存,要想补上这个缺口已属不可能之事(其间曾提出修改再版,经过讨论因条件限制未能如愿)。

笔者作为这个课题的知情者(笔者是报经社科院批准的两个项目负责人之一,是公安部课题编委会副主任、编委兼编辑部主任,负责全程组织实施),觉得有责任与义务对于该课题较为突出且与犯罪学研究有密切关系的几个问题略加介绍。

第一,20 世纪 90 年代出现了又一个犯罪高峰,刑事案件(实际上应称为“刑事立案案件”)从 1988 年的 82.0 万起猛增至 1989 年的 197.1 万起、1990 年的 221.6 万起、1991 年的 236.5 万起,其原因一方面是客观上刑事案件有大幅度增长,另一方面与公安部有关业务部门与该课题大力协作配合纠正立案不实有很大关系。公安部王芳部长在全国人大会议上的一个报告中提到了这一点。那么,案件增长与纠正立案不实的比例关系各占多少呢?可以参照“三三制”的比例加以推断。所谓“三三制”,是该课题以抽样调查方法连续 3 年每年调查 300 多个公安派出所以及进行一些典型调查(如湖北省枝江市全部派出所的调查)所得出的结论,即在发案总数中,群众未报案、公安机关未立案和已立案各占 1/3。一般案件和重大案件的立案真实度是不一样的,在大力纠正立案不实的情况下,到 1990 年重大案件的立案真实度达 80% 左右。

第二,犯罪的总体研究,有助于把握刑事犯罪的总体状况与趋势;犯罪类型的研究,则有助于决策部门制定有针对性的防范措施。而两者的结合,又为深化犯罪原因研究和犯罪预测预估奠定了基础。该课题以分层定比抽样的方法连续3年对25,368个6类多发性案件(杀人、伤害、抢劫、强奸、诈骗、盗窃)进行了调查,认真分析了犯罪类型的特点、原因、手段、部位、时间、作案成员状况及被害人状况等,进一步证实了犯罪的季节、时日、地区等规律性,堪称犯罪类型研究的一个范例。

第三,该课题进行了全国和地区性中长期犯罪趋势预测。中期预测限定在1990~1995年,长期预测到20世纪末即2000年。1996年中期预测期限届满,笔者曾以《二十世纪末社会治安趋势预测》为题著文,[1]对预测结果加以对比研究,结果表明,不论是全国的还是12个省、市的预测内容与实际情况相当接近。这说明,只要犯罪统计底数清楚,预测是可能和可信的。

第四,同其他一些课题比较起来,这个课题的显著特征是它的基础性(基础性调查形成基础性资料,为犯罪学研究奠定资料基础)、基层性(深入基层,依靠基层力量,调查基层情况,各地课题撰稿人大多来自基层)、基本性(通过基础性资料和基层情况调查,解决的是一些基本性问题,如案件总量、犯罪高峰、犯罪趋势、犯罪规律等基本问题)。走的是一条依靠行政力量推动、依靠基层力量支撑、深入实际、调查研究、凭数据说话的研究之路。

第五,该课题留给我们的不只是理论成果,其间所表现出来的负责精神也是一个突出之点。首先是领导重视,认识到位。公安部接受任务后,号召公安机关"当作分内大事来抓"(王芳部长语),认为"我们面临一大堆的问题,有实际问题,有理论问题,攻一攻是非常必要的"(主管全国治安工作的俞雷副部长语)。其次是组织到位。从上到下成立了从公安部到参加课题的20个

---

〔1〕 此文载《公安研究》1997年第2期;又见《论预防犯罪》,法律出版社2008年版,第69~76页。

省、市公安机关的“三结合”的领导班子和工作班子(编委会和编辑部),保证了课题有序开展。最后是思想到位。参加课题的千余人,特别是基层公安干警表现出了不计名利、不辞辛劳、兢兢业业的奉献精神和战斗精神,出现了不少感人事迹。这些精神因素是该课题得以顺利完成的根本保证。

关于该课题的总体概况,笔者当时曾写过两篇综述文章,〔1〕可供参阅。

3. 第三个发展阶段

主要发生于20世纪90年代初、中期。这一阶段突出以预防犯罪研究为主要内容,是预防犯罪研究的高峰阶段。在此之前,虽然也有几本关于预防犯罪的专著问世,〔2〕但由国家或部门立项以集体攻关的形式开展对预防犯罪的大规模的调查研究,这是一个新的开端。其主要标志是:“七五”国家哲学社会科学基金项目《中国重新犯罪研究》(李均仁主编,法律出版社1992年版);司法部部级项目《中国预防犯罪方略》(冯树梁主编,法律出版社1994年版);“九五”国家哲学社会科学重点科研项目《中国预防犯罪通鉴》(魏平雄、欧阳涛等主编,人民法院出版社1998年版)。这3个项目中的前两个项目是由司法部预防犯罪研究所主持的,后一项目中该所也有骨干力量参与,应该说,作为一个专业研究机构,本所对于预防犯罪研究是有重要贡献的。

《中国重新犯罪研究》的要旨在于预防重新犯罪。它以充分的调查研究为基础,“填补了我国预防重新犯罪研究领域的理论

〔1〕《中国现阶段犯罪问题研究》综述(一),原载《公安大学学报》1989年第1期暨《中国人民大学书报资料中心(社会学版)》1989年第2期;综述(二),原载《公安大学学报》1990年第2期两篇文章均见《论预防犯罪》一书,法律出版社2008年版,第305~326页。

〔2〕许肇荣编:《犯罪预防学》,吉林大学出版社1984年版;王玉才、张战云主编:《预防犯罪学》,求实出版社1989年版。

空白”(见司法部部长蔡诚所作的序)。它进行了为期 5 年的抽样调查和普查,先后参加调查研究的省、市、自治区有 27 个,干部有 1 万余人,被调查的对象 16 万余人,获取了极为可贵的资料,这是自新中国成立以来从未进行过的系统的调查研究。它同前述《中国现阶段犯罪问题研究》课题一样,充分体现了以调查为前提,靠数据资料说话的具有中国特色研究之路的一大特点。

《中国预防犯罪方略》是我国犯罪学史上第一本大部头的从战略和全局高度研究预防犯罪的专著,并具有一定的承前启后的意义。所谓承前,是参与本课题的骨干成员基本上是《中国现阶段犯罪问题研究》课题的老班底,他们处在公安第一线,掌握第一手资料。它开辟了一些从未研究过的新领域,如单位内部、铁路、交通、海上、航空、山区、林区、水网地带的犯罪预防等,参与研究的也都是这些领域掌握第一手资料的实战人员,从而保证了内容的实在性和实用性。参与过《中国现阶段犯罪问题研究》课题又参与本课题的原公安部刑事侦查局副局长董锺行同志认为,《中国预防犯罪方略》实际上也弥补了《中国现阶段犯罪问题研究》对策部分研究的不足。所谓启后,是嗣后出版的《中国预防犯罪通鉴》的主编魏平雄教授和欧阳涛研究员在此课题启动之初,曾当面向笔者明确表示:《中国预防犯罪通鉴》是受《中国预防犯罪方略》启发而启动的,其基本框架结构是《中国预防犯罪方略》的扩大和延伸。

笔者应邀参加了《中国预防犯罪通鉴》的撰稿和统稿工作,认为该专著进一步丰富了预防犯罪的内容,把预防犯罪研究向前推进了一大步。这是研究之路的连续性和可持续性的反映(《中国预防犯罪通鉴》的具体内容在此从略)。

但是,从《中国预防犯罪方略》到《中国预防犯罪通鉴》,其基本框架乃是纵横交错、面面俱到的一种模式,再按这种模式进行研究,也只是内容多少的问题,应考虑新的研究模式。可供选择的模式之一,是从预防犯罪的基本防控模式、基本规律、基本理论、基本实践入手,进行总结概括,这样更贴近应用,更便于掌握,难度当然也更大一些。其研究范围可以是一国的,既可以是各主要国家的,也可以只研究其中一个方面。作为一种尝试,拙著《中外预防犯罪比较研究》一书(中国人民公安大学出版社 2003 年版),采取的便是这种研究模式,由于“一人之思,迟速天悬”,研究的深度和广度都是远远不够的。

应当强调的是,在上述几个发展阶段中还有一些有影响的犯罪学论著问世,如康树华教授主编的《犯罪学通论》(北京大学出版社 1992 年版)和《犯罪学大辞书》(甘肃人民出版社 1995 年版)等。本文不是全面总结,难免挂一漏万。

(二)新中国犯罪与预防犯罪研究之路的连续性、可持续性和开放性特点

1. 逻辑上的理论链条的形成问题

综观我国犯罪学的一些主要理论观点,都是从现实中提炼出来的,因而在客观上形成了一个丝丝相扣的逻辑上的理论链条,具有连续性、可持续性和开放性特点。其逻辑关系大致可表述如下:

既然犯罪的产生不是“残留的”也不是“外来的”而是在现实存在的社会中产生的,那么,产生的原因是什么呢?由于改革开放后我国经济迅猛增长,与此同时,犯罪率也大幅度上升,因而关于经济增长与犯罪增长关系问题的讨论便首先提上了日程。其基本结论有两点:其一,经济增长与犯罪增长有密切的关系,但不是必然的因果关系;其二,犯罪现象的产生,不是单一的经济因素或其他因素决定的,而是各种社会矛盾和消极因素的综合反映,是各种综合性因素决定的“综合征”,并且这些综合因素之间不是平行的、杂乱无章的,而是存在于一个有层次、有结构的体系之中,即罪因体系。这样,以综合对综合,社会治安综合治理便成为解决社会治安问题、预防和减少犯罪的必然选择和必然趋势。社会治安综合治理的基本内容是一打二防,因而必须走“打防结合,预防为主”之路。

这些理论观点是从政府文件到犯罪学论著中的主流或主导观点(但不是唯一观点),并且其中任何一个观点都不是终极的,而是连续的、可持续发展的。例如,关于犯罪原因的综合反映论和关于社会治安综合治理论,两者是紧密联系不可分割的。“综合反映”到底囊括哪些因素,其变数如何?决定着综合治理“综合”到多大程度,多大范围?将“综合”二字延伸到哲理层面上,还可以引发更深层次的思考。例如,我国现代著名哲学家、思想家张岱年认为,康德之所以能创造出一个新的哲学体系,就得益于他善于“综合”。他说道:“康德综合了经验论和理性论,于是为哲学开了一个新纪元。”他认为,“综合”并非简单地合并、合拢、相加,而是“新的创造”。[1] 正所谓再多的小舢板捆绑在一起也不是航空母舰,看来,“综合”不在于量而在于内在运行机制的合理性。当今,我国的社会治安综合治理工作在实践中不断获得重大进展,探索综合治理新道路,积累了越来越丰富的经验,从而为学者提供了广阔的理论研究空间。

研究之路的连续性和可持续性还在于“事在人为”。仅举一例:浙江省公安厅原治安处处长周长康同志从 20 世纪 80 年代中期主动请缨参与《中国现阶段犯罪问题研究》课题研究,具体主持了浙江课题组的研究工作,而后又参加了《中国预防犯罪方略》课题的研究,自此至今,尔来二十有余年矣,从未间断犯罪问题研究,成果颇丰,且带动了一方学术研究氛围。

2. 理论结论的客观性和比较研究的必要性问题

从以往的研究路子看,有两点经验值得重视,也是保持研究之路的连续性、可持续性和开放性的必要条件。

---

〔1〕《张岱年哲学思想研究》,载《光明日报》2009 年 6 月 23 日,第 11 版。

第一，理论结论的客观性问题。经验证明，一切理论结论均应以时间、地点、条件为转移，不可一概而论，笼统而言，这样方可保证其客观性。例如，关于经济增长与犯罪增长的关系问题，我们说的结论是建立在本土调查的基础上，而且主要是对我国东南沿海经济发达地区的调查，而影响广泛的美国当代犯罪学家路易丝·谢利在《犯罪与现代化》一书所得出的"同步与代价"的结论是建立在"全球性的资料证明"的基础上，所以，我们既不能把该书的结论套在我们的国情上，也不能以我们的结论推翻该书的结论。

《中国现阶段犯罪问题研究》课题坚持了这种客观性态度，把关于这个问题的观点全摆出来，供持续研究参考。该课题当时的主要观点是："正相关论"，其中包括经济增长犯罪增长的"同步增长论"和经济发展犯罪先增后降的"阵痛论"和"代价论"；"非因果关系论"认为经济发展从根本上给社会治安带来积极效应，犯罪增长不是经济发展的必然结果；"有限关系论"认为犯罪是诸多因素相互作用的结果，经济因素只是其中之一；"折射论"认为经济增长与犯罪增长之间交织着复杂的因素，特别是价值观念与道德观念的因素，经济对犯罪的关系只是一种折射反映，非直接作用[见《中国现阶段犯罪问题研究》综述（一）]。经过进一步论证和调查，特别是1994年根据江泽民同志的批示，根据对苏南地区和福建省沿海的调查，"非因果关系论"逐渐居于主导地位。

为了保持学术的严肃性，当出现同一问题两种调查结果时应加注明。如日本战后经济腾飞时期犯罪是上升还是下降就有两种数据资料证明着两种不同的说法。在《中国预防犯罪方略》一书中即加以注明（见该书第9页）。

学术问题历来是允许有不同意见存在的，但应以调查数据为依据，以客观实际为标准。近几年来，出现“犯罪有益论”“腐败有益论”“相对主义犯罪观”的论调，认为“犯罪具有促进生产力进步的积极功能或价值”“经济发展和社会发展是无限的，犯罪率必将会无止境地上升”“犯罪已经不仅仅是一种正常现象，而且是一种有益的社会现象”“犯罪是社会的‘排气孔’和‘减压阀’”“腐败是改革的润滑剂，能够推动社会变革”云云，如此“理论结论”，不知何所依据？

第二，比较研究的必要性问题。任何理论观点都不是空穴来风，而是相互有一定的历史渊源关系。“他山之石，可以攻玉”，通过比较可资鉴得失、辨方向。比较研究是在信息时代、开放社会搞科研的必要手段。

综观西方关于犯罪成因的理论，大多持多元论观点，主要是二元论和三元论。从启蒙思想家的主要代表人物孟德斯鸠开始就认为产生犯罪的主要原因有三：气候因素、心理因素、社会因素（社会风气、人口密度、政治制度、法律状况等）。古典犯罪学派的主要代表人物贝卡里亚认为，犯罪的主要原因在于经济因素（贫富悬殊、生活绝望等）和恶的法律（过于严酷的刑罚）。实证犯罪学派的代表人物龙勃罗梭认为，犯罪原因既有自然方面的因素（气温、时令因素），也有社会方面的因素（人口、生活状况、经济条件、宗教信仰等），但他更强调了遗传因素，形成了他的“天生犯罪人论”。实证犯罪学派的另一代表人物菲利则是三元论者，他把犯罪原因归结为人类学因素、自然因素和社会因素，认为无论任何犯罪，都是这三种因素相互作用的结果。犯罪社会学派的李斯特则是二元论者，认为犯罪原因是由社会原因和个人原因共同造成的，其中更应注重社会因素，特别是贫穷问题。现代波兰犯罪学家布鲁伦·霍维斯特的观点距离我们的综合反映论更近一些，他认为，犯罪“是由各种因素系列的综合体所决定的”。[1]

我国的犯罪成因理论，从 20 世纪 30 年代严景耀教授的《中国的犯罪问题与社会变迁的关系》一书（正式出版时间为 1986 年）开始，便确立了二元论观点。在雷洁琼先生为之作的序言中做了这样的概括："景耀运用历史唯物主义的观点和方法研究犯罪问题，根据实际调查分析犯罪原因，结论是人们走上犯罪道路不完全由个人生理或心理缺陷或变态，犯罪都是社会环境的产物。"[2] 在当时条件下，严景耀教授不仅收集了 12 个省的监狱和 20 个城市的犯罪统计资料，而且亲自到监狱去当一名志愿"犯人"和犯人共同生活，收集第一手资料，从而得出超越时代的理论结论。

改革开放 30 年来我国关于犯罪原因的论述更加详尽而又贴近本土实情。现仅以两本书中的两段论述为例说明之。

"违法犯罪作为一种社会病态，是一种社会综合征。产生这种社会病态的综合征的原因，是一个多元、多层次、多变量的动态系统。其中，既有社会政治、经济、思想、文化、法制等因素，又有犯罪主体心理、生理、行为等因素；既有主观因素，又有客观因素；既有消极因素、腐败因素，又有积极和健康的因素在发展过程中不可避免的副作用；既有直接的因素，又有间接的因素。而且种种因素都不是孤立地起作用，而是在过程中相互起作用。"[3]

"犯罪现象是一种复杂的社会现象，它同社会各个方面有着纵横交错的联系，是经济、政治、文化、科技、教育、宗教等领域诸多社会矛盾的综合反映。所以犯罪原因也是多方面的，它们构成

---

〔1〕［波兰］布鲁伦·霍维斯特：《犯罪学的基本问题》，冯树梁等译，国际文化出版公司 1989 年版，第 78 页。

〔2〕严景耀：《中国的犯罪问题与社会变迁的关系》，北京大学出版社 1986 年版，第 4 页。

〔3〕王仲方主编：《中国社会治安综合治理的理论与实践》，群众出版社 1989 年版，第 154～155 页。

了一个相互联系、相互渗透、相互作用、相互制约,具有多层次结构,多功能机制和多变量动态的罪因体系。"[1]

《中国现阶段犯罪问题研究》课题一开始就把横向比较列为重要研究内容。《中国预防犯罪方略》《中国预防犯罪通鉴》都设专编或专门一部分进行比较研究,都是可取的经验。

(三)新中国犯罪与预防犯罪研究之路的未来特点——重视"治未罪"的特点

目前犯罪学面临的研究形势是,犯罪研究领域日益扩大,研究对象更趋复杂,预防犯罪的任务更加任重而道远。仅以刑法所规定的罪名为例,据统计,从 1979 年刑法到 1997 年刑法,新增设的罪名为 181 个,占总罪名 406 个的 44.6%,大部分罪名都是第一次在刑法中规定。何况犯罪学所应研究的犯罪是"罪前"的,远远超出刑法的规定。特别是以"三股势力"为源头所制造的恐怖活动和严重暴力犯罪,以及各种形式的有组织犯罪,更是迫切而重大的研究课题。新疆维吾尔自治区乌鲁木齐市"7·5"打砸抢烧严重暴力犯罪事件就留给我们太多的思考。总体犯罪态势表明,犯罪学研究的宏观战略方向,比任何时候更应强调定位于:将隐患消灭在萌芽状态,将矛盾处置在始发阶段,最大限度地防止纠纷变为冲突,小问题变为大问题,一般问题变为政治问题,个别问题变为群体问题,治安案件变为刑事案件,努力防止给"三股势力"留下可乘之机。与此同时,一条重要经验不能丢:始终保持对于严重刑事犯罪的高压态势,适时予以严厉打击。

我国关于预防犯罪增强忧患意识的思想理论底蕴丰富而深厚。从《周易》中的"思患而豫(预)防之"、老子《道德经》中的"为之于未有,治之于未乱",一直到我们党关于正确处理人民

---

[1] 俞雷主编:《中国现阶段犯罪问题研究》(总卷),中国人民公安大学出版社 1993 年版,第 189 页。

内部矛盾问题的一系列论述,都是我们取之不尽的理论宝库。近两年,我国古典医学上的一句名言"上工治未病",正成为医学界讨论的热门话题并转变为医学方向的理论焦点。鉴于医学中的"治未病"与犯罪学中的"治未罪"有几乎完全相通的道理,笔者曾建议将此思想借用于犯罪学研究,将"治未罪"作为犯罪学研究的核心问题和最高目标。"治未罪"一词更清楚地体现了从源头上、苗头上抓预防和控制犯罪的战略目标。从长远看,这应是犯罪与预防犯罪未来研究之路的一个新特点。

任何关于"治未罪"的理论研究成果和经验积累最终都要以法律法规的形式固定下来。因此,研究过程也始终是一个为立法提供充分依据的过程,特别是预防犯罪法。我国第一部预防犯罪法是《预防未成年人犯罪法》。在制定该法过程中,立法者制定此法相当认真细致,对学者的意见非常重视。在讨论过程中,从法的名称到具体内容都作了反复认真修改。2009 年 7 月在《预防未成年人犯罪法》颁布 10 周年座谈会上,全国人大常委会副委员长兼秘书长、中央综治委副主任、中央综治委预防青少年违法工作领导小组组长李建国指出:深入实施预防未成年人犯罪法要把握四项要求,从完善配套法规规章、解决重点难点问题、营造良好的社会文化环境、改进法制宣传教育等方面推进预防未成年人犯罪工作。[1]

结束语

"路漫漫其修远兮,吾将上下而求索。"研究之路是一个永无止境的发展与创新过程。一国有一国的研究路子,一个学科有一个学科的研究路子,一地有一地的研究路子,一个人有一个人的研究路子,各有侧重,各有特点,既有共性,又有个性,各有其传承与发展的历史渊源。任何创新之路总是以原有基础为起点的,因

---

〔1〕 载《光明日报》2009 年 7 月 3 日,第 2 版。

此,学习、考察、比较、借鉴前人走过的路子是提高科研水平的必由之路。

第一,“和而不同”(孔子语)与“不同而和”(庄子思想)的思想方法。前者在于说明,在基本一致的前提下,显示出不同特点;后者在于说明,在各有特点的基础上寻求共同之处。综观各式各样的研究之路,大体上不外是这两种情况,我们可以从中寻求对自己有用的契合点。

第二,“意义”重于事件,“思考”重于结论的观点。当代解释学大师伽达默尔曾说:“历史理解的真正对象不是事件,而是事件的‘意义’。”也就是说,历史当然要回忆,但简单的回忆还不是历史,历史研究的最高兴趣是在于理解历史事件的“意义”。〔1〕易中天教授为《真秦始皇》一书所作的序言中提出一个观点:“结论是不重要的,重要的是思考。”〔2〕意思是说,许多结论已经过去了,留下的是从结论中引发的思考。我们且不去评论以上这两个观点的正确性如何,但从触类旁通的角度也可借以提示我们:回顾以往的犯罪与预防犯罪的研究之路,重要的不在于那些既往的事件,而在于汲取其中的“意义”,重要的不在于以往的理论结论,而在于这些结论所引发的“思考”。

开拓科研新路,任重而道远。“敢问路在何方?路在脚下。”

(原载《犯罪与改造研究》2009 年第 10 期)

---

〔1〕 转引自叶朗:《谈历史感——读李岚清〈突围〉》,载《光明日报》2009 年 1 月 31 日,第 4 版。

〔2〕 载《光明日报》2009 年 3 月 3 日,第 11 版。

三、中国预防犯罪理论建设的新发展

——为庆祝中国共产党成立 90 周年而作

2011 年是党中央、国务院，全国人大常委会先后颁布关于加强社会治安综合治理的两个《决定》20 周年，又是中国共产党成立 90 周年，是各个领域、各个方面都在进行大总结、大回顾的一年。实践之路常新，理论之树常青。20 年的创新实践，带来理论上的创新发展。笔者作为一名研究人员，仅将初步的学习心得体会归纳如下，以纪念中国共产党成立 90 周年。

（一）“成功之路”是对 20 年综治经验的高度概括和评价

我国的社会治安综合治理工作起步于社会治安状况处于危难之时，成长于改革开放风起云涌之际。从提出综合治理的思想（1979 年）和概念（1981 年），到两个《决定》以法律的形式固定下来（1991 年），再到宣布为“成功之路”（2011 年），大体是经历了三个大的发展阶段。从“根本出路”（两个《决定》中语）到“成功之路”，是一个巨大的历史飞跃，是党建设中国特色的社会主义事业中的重大实践和理论创新。

怎样理解成功之路呢？笔者的理解是，成功之路是通向成功之路而不是大功告成之路，是新阶段的开始之路而不是终极之路。解决我国社会治安问题、维护社会大局稳定的历史使命仍任重而道远，仍应“安不忘危”“治不忘乱”“思患而预防之”（均《周易》中语）。成功之路的主要标志，是我国始终保持社会大局稳定，成为世界上社会治安最好、群众安全感最高的国家之一。

我国能找到一条通过综合治理解决社会治安问题的成功之路大体有两点原因：一是党的统一领导；二是社会主义制度的优越性。这两条是通向成功之路的基本保证。试比较，当年苏联也曾明确提出，实行“政治的、经济的、思想的、法律的和组织的综合治理的方针”，[1]但是1991年苏联解体后，社会制度变了，在俄罗斯即不再见有“综合治理”的提法。美国各州律令不一，政出多门，也难以实行全国统一的综合治理措施。所以，维护党的执政地位，维护社会主义制度，才能维护住这条成功之路。坚持不懈地走这条成功之路，才能达到长治久安的目标。

由此可见，社会治安综合治理的成功之路是政治安全、国家安全、社会安全相统一之路，是综合安全观战略的体现，三者互为条件，相互支撑，缺一不可。首先是政治不能乱，国家不能乱，政治乱了，国家乱了，社会安全也就无从谈起。

（二）“八个坚持”是对20年综治经验的规律性认识和发展

对综合治理的规律性认识是“八个坚持”，即“坚持围绕中心、服务大局；坚持以人为本、服务为先；坚持统一领导、协调联动；坚持专群结合、依靠群众；坚持打防结合，预防为主；坚持标本兼治、重在治本；坚持重心下移、固本强基；坚持与时俱进、改革创

---

〔1〕［苏联］B. K. 茨维尔布利等主编：《犯罪学》，曾庆敏等译，群众出版社1986年版，第130页。

新”。“八个坚持”囊括了社会治安综合治理的基本方针、政策、原则，系统而明确地反映了20年来社会治安综合治理所取得的巨大工作成就和理论成果。最后落脚于“与时俱进、改革创新”是意味深长的，表明我国综合治理成功之路既是“与时俱进、改革创新”的结晶，又是一个“与时俱进、改革创新”的永续过程。

列宁指出，“马克思认为理论的符合于现实是理论的唯一标准”。[1] 我国有的学者认为，理论无国界，但好的理论必须立足国情，服务于广大人民群众的利益。[2] 笔者认为，“八个坚持”有两个基本点：一是符合我国国情，二是服务于广大人民群众的利益。这两点也是理论研究工作者应坚持的研究方向。

我们党历来十分重视理论建设，重视理论的引领作用。陈冀平同志在专访中明确指出，“希望《光明日报》充分发挥自身优势，多关注社会治安综合治理理论前沿的研究，充分发挥理论对实践的引领作用”。笔者认为，引领作用就是旗帜，就是方向。理论前沿就是实践对理论最为迫切的呼唤。社会治安怎样体现以防为主就是一个理论前沿问题。

（三）“打防结合，预防为主”战略方针的确立是20年综治经验的结晶

综合治理，一打二防。摆正打与防的关系，是综合治理的核心问题。从20世纪90年代初的“打防并举”到1997年党的十五大确立“打防结合，预防为主”的方针，是综合治理史上的一个历史性转折，它表明，社会治安必须走综合治理之路，综合治理必须走“打防结合，预防为主”之路。

1.对预防犯罪特征的再认识

预防犯罪，为什么研究起来难，做起来更难呢？这同它的本

---

〔1〕《列宁选集》（第1卷），人民出版社1960年版，第30页。

〔2〕李肇星：《史鉴清明——理念温暖——喜读李慎明同志新著〈全球化背景下的中国大党建〉》，载《光明日报》2010年6月5日，第6版。

质特征有关：一是事先看不见、摸不着、不易检验和衡量的“隐性”特征；二是“老虎吃天，无从下口”的“泛性”特征。与打的“显性”特征和“特定性”特征形成明显对比，从而使打与防的工作难度、工作绩效、角色定位、社会评价等也截然不同。治安同治病，重温医学上的两个历史故事可以清楚地看到这一点。

故事之一，《扁鹊见蔡桓公》。战国时期的名医扁鹊见蔡桓公，站了好一会儿说：“您有病在皮肉之间，如果不医治，恐怕将要严重起来。”桓公回答说：“我没有病。”扁鹊退出后，桓公说：“医生喜欢治疗没有病的人，想借这个来表功！”过了10天，扁鹊又拜见蔡桓公，说：“您的病已经到了肌肉里面，如果不医治，将要更加严重。”桓公不理睬，扁鹊退出，桓公不大高兴。又过了10天，扁鹊再次拜见桓公说：“您的病已经发展到肠胃里了，如果不医治，将要更加严重。”桓公还是不理睬。扁鹊退出后，桓公不高兴。

过了10天，扁鹊望见了桓公转身就往回走。桓公特地派人去问他，扁鹊说：“病在皮肉之间，用药湿敷或热敷，药力是能够达到的；在肌肉里面，是针灸的力量能够达到的；在肠胃里面，是火齐(ji)汤的力量能够达到的；在骨髓里面，那是主管生死命运的神决定的，没有办法医治。现在病已在骨髓里面，我因此不请求给他治疗了。”

过了5天，桓公周身疼痛，派人到处寻找扁鹊，他已经逃到秦国去了。桓公就这样死去了。[1]

故事之二，《魏文王与扁鹊对话》。魏文王问名医扁鹊：“你家兄弟3人，都精于医术，到底哪一位最好呢？”扁鹊答道：“长兄最好，仲兄次之，我最差。”文王又问：“那为什么你最出名？”扁鹊说：“我长兄治病，是治病于病情发作之前。由于一般人不知道他事先能铲除病因，所以他的名气无法传出去，只有我们家的人才

---

〔1〕《韩非子·喻老篇》暨《史记·扁鹊仓公列传》。

知道。我仲兄治病,是治病于病情初起之时。一般人认为他只能治轻微的小病,所以他的名气只及于本乡里。而我扁鹊治病,是治病于病情严重之时。一般人都能看到我在经脉上穿针放血,在皮肤上敷药等大手术,所以以为我的医术高明,名气因此响遍全国。"文王说:"你说得好极啦。"〔1〕

前一个故事说明,早期预防,"治未病",虽然十分重要,但不容易被认识,被接受。

后一个故事说明,治病如同治安一样,也有三个层次:防患于未然,防患于将然,防患于已然。层次越高(防患于未然),"隐性"越高,越不容易被认识,越难以与绩效名气挂钩。预防医学上的难点与预防犯罪学上的难点情同一理。

2. 克服预防犯罪"隐性"和"泛性"特征的新启示

第一,关于衡量社会治安状况的标准问题。历来有软硬标准之分,硬指标主要是以发案率、破案率来衡量。由于种种原因对统计数据的影响,硬指标并不能完全反映客观实际,但它是看得见、摸得着、可以衡量的,是显性的;软标准,首先兴起于国外的群众安全感指标,这是一种看不见、摸不着的主观心理感受,但却往往能较真实地反映公众对社会治安状况的评价,因此,越来越受到重视。我国也采取了这一指标,并创新性地提出了群众满意度的指标。满意度与安全感都是主观心理感受,但满意度的内容比安全感更宽泛一些,两项指标并用,可以较为完整地反映出群众对社会治安状况的评价,补充了硬指标的不足,体现了"以人为本,服务为先"的原则。一个人民满意的民警,一个人民满意的派出所,一项人民满意的工作,比统计数字更能说明问题。这是将预防犯罪的"隐性"变为"显性"的创新发展。

---

〔1〕 参见《鹖冠子》。此书传为我国战国时期楚国隐士鹖(hè)冠子所作。其人居深山,以鹖为冠。本书内容以老子道德之说为主,杂以刑名之学,又是兵书,在军事史上有一定地位。全书分上中下3卷,计19篇。

第二,关于预防犯罪的战略方向问题。预防犯罪的“泛性”特征决定了很难用量化指标去规范它的战略方向,指明它的战略目标。有两个“最大限度地”和两个“从源头上”,即“最大限度地增加和谐因素,最大限度地减少不和谐因素”“从源头上预防和减少社会治安问题,从源头上预防和化解矛盾纠纷”。毫无疑问,两个“最大限度地”和两个“从源头上”都是严格意义上的预防,涉及范围都很广,但它却体现了“标本兼治、重在治本”、“重心下移、固本强基”、抓源头、抓苗头、抓基层、抓基础的原则,突出了将矛盾纠纷解决在内部、解决在基层、解决在萌芽状态的成功经验,因而从宏观上是可以把握的战略方向和目标。

第三,关于两个“机制体制”问题,即“健全矛盾联调、问题联治、平安联创的工作机制”“健全人民调解、行政调解、司法调解相结合的大调解工作体系”。这是综合治理的具体化形式,这两个“机制体制”的工作做好了,可以直接促进两个“最大限度地”和两个“从源头上”的实现。

以上三点实际上是一个环环相扣、相互制约、互为条件的逻辑链条,从顺向和逆向两个方向上都可以看出其内在的逻辑性。从顺向上看,群众安全感和满意度高了,必然是两个“最大限度地”和两个“从源头上”做得比较好,从而减少了治安问题和化解了矛盾纠纷,同时也是两个“机制体制”的作用落实得好。从逆向上看,两个“机制体制”的作用落实得好,必然能从源头上解决问题,从源头上把问题解决了,当然也就体现出了两个“最大限度地”,从而提升群众的安全感和满意度。这一顺一逆的分析,可以发现一个有意思的现象:当顺向分析时,两个软指标把两个“最大限度地”和两个“从源头上”这样的战略要求变成了战术操作;当逆向分析时,两个“机制体制”把两个“最大限度地”和两个“从源头上”这样的战略要求变成了战术操作,起到了以两头带中间的作用。简言之,这些环节把战略方向和战术操作结合起来,最终可以达到最大限度地预防和减少犯罪的目的。

我国的社会治安综合治理已经形成一个较为完整的工作和理论体系,以上各个环节是这个体系的组成部分,其丰富的底蕴大可深入挖掘。

以上这个逻辑链条的作用过程,还可以用犯罪规律加以验证。20 世纪 90 年代国家立项的重点社科研究课题《中国现阶段犯罪问题研究》总结出了犯罪的“起伏律”“消长律”“因果律”“辐射律”,再加上犯罪学中早已在研究的季节时日规律,共是五大犯罪规律。“起伏律”说明在一定时期内犯罪总量总是升降变化的;这种变化决定于一定时期内社会上积极因素和消极因素彼消此长的变化,是谓“消长律”;其中有些因素与犯罪构成因果关系,是谓“因果律”;有些消极因素是土生土长的,有些是外来的,是谓“辐射律”;犯罪总是受一定的季节时日影响的,是谓季节时日规律。可见,犯罪规律之间也是有一定内在联系的。这些规律对于实现上述逻辑链条是有重要参考价值的。

打与防的关系是辩证的统一。综合治理是综合使用各种手段,而不是平均使用各种手段,在一定时期、一定情况下,在“打防结合,预防为主”的总前提下,打的手段也可以唱主角,起主导作用。例如,对于严重刑事犯罪要始终保持高压态势,对于黑恶势力必须露头就打,除恶务尽,不留后患。

我国的社会治安综合治理独立于世界民族之林,独具特色,独一无二,是党的理论建设的重要组成部分和创新发展。

（原载《犯罪与改造研究》2011 年第 7 期）

四、理论建设的广袤天地

二十年来的实践证明,社会治安综合治理不仅是一条解决社会治安问题的成功之路,而且也为理论建设开辟了一个崭新的广袤天地,综合治理实践中所蕴含的丰富经验是取之不竭、用之不尽的理论资源。笔者近二十年来主要从事犯罪与预防犯罪研究,其间得到了中央政法委、中央综合治理办公室领导和同志的热情鼓励、有力支持和精心指导,顺利地完成了所承担的课题研究任务,学到了自己所不熟悉的东西。值此纪念两个《决定》颁布二十年之际,谨将亲历的感受与体会写出来,以兹纪念。

(一)亲历的课题指导与支持

1994 年由法律出版社出版的《中国预防犯罪方略》一书是改革开放以后我国第一部大型预防犯罪专著。它以点面结合、纵横交错的新结构,几乎囊括了预防犯罪的方方面面、各个领域,反映了综合治理工作的一些新经验、新成果,适应了现实斗争对理论引领作用的呼唤。该书出版后获得了较高的评价和广泛引用。我国著名法学家高铭暄教授在为第九届年度“中国图书奖”(1994 年)写的推荐意见中认为:“本书是当前我国法学界关于预防犯罪的一部有分量、有深度、有新意的大型专著……全书观点正确,材料翔实,内容丰富,结构严谨,层次分明,无论对预防犯罪的实际工作还是理论研究,都作出了很有价值的贡献。”据悉,当时中央党校举办的多期“社会治安综合治理研讨班”将其列为指定教材,在有些高校的相关教学中被列为必读参考书。

搞研究工作的人都有一个共识:搞好研究工作的第一要素是领导的重视与支持。本书作为俯瞰全国治安问题的创新之作,其成功的奥秘首先就在于政法领导机关的重视与支持,主要表现为:

第一,从不同角度给予支持的中央政法委、中央综合治理办公室的领导和同志有 7 位之多:时任中央政法委书记的任建新同志为本书题词;时任中央政法委秘书长的束怀德同志为本书顾问;中央综合治理办公室主任陈冀平同志从始至终给予热情鼓励和支持;时任中央综合治理办公室副主任的姜耀珊同志则直接帮助策划,提供资料,审阅了部分重要章节;时任中央综合治理办公室副主任的徐伟华同志和研究室主任林中梁同志作为鉴定专家参加了鉴定工作,提出了许多中肯的意见。此外,该书第 34 章“盛泽之路”是中央政法委研究室的同志直接撰写的(署名“郑法言”);当时负责宣传工作的王霖霖同志也帮助做了许多协调联络工作。这样的领导阵容实在是难能可贵的,使该书在宏观把握上有了可靠保障。

第二,在关键问题上帮助把关。预防犯罪研究的一个核心问题是摆正打与防的关系。该书成书时间正是 20 世纪 90 年代初犯罪进入一个新的高峰时期。当时,对于打与防的认识,实际上处于一种徘徊状态。在方针上是“打防并举”,但在实际上却出现了重打轻防、只打不防的问题,在一段时间内似乎不能理直气壮地谈预防为主的问题。直到 1997 年党的十五大明确提出“加强社会治安综合治理,打防结合,预防为主”的方针,这种徘徊状态才告结束。

第三,综合治理工作的实践经验为理论创新提供了坚实的物质基础。书中提炼出的一些新的理论概括,时时伴随综合治理的步伐,仰仗综合治理的经验。例如,关于什么是预防犯罪及其方略问题。该书概括为:“预防犯罪乃是一个综合多种力量、运用多种手段,采取各种措施,以防止、控制和减少犯罪及重新犯罪的举措体系。这些举措,就其性质而言,有战略的、战术的、策略的、方法的等;就其内容而言,有政治的、经济的、行政的、法律的、文化的、教育的、技术的等。综其性质与内容,可总称为预防犯罪方略。”又如,关于预防犯罪体系的领导机制,该书认为,就是社会治安综合治理的领导机制。全书将预防犯罪与综合治理融为一体,突破了原来预防犯罪中的一些提法,明确了有中国特色的预防犯罪思想就是综合治理的思想。显然,没有综合治理的背景和资源,这些是不可能做到的。

(二)亲闻的理论教益

在信息社会,理论信息是十分重要的,我们可以从中获得启迪和教益。这几则理论信息是:

1. 关于社会治安趋势预测问题。大约是在 20 世纪 90 年代初,听中央综合治理办公室的同志讲,乔石同志曾说过,预测是社会治安中的一个薄弱环节(大意)。这句话引起笔者深深的思考:笔者是主攻预防犯罪研究的,“凡事预则立,不预则废”,无预测何来预防?尽管个人无力去回应这一号召,但启发笔者做了两件事:第一,写了《二十世纪末社会治安趋势预测》一文,提交给了 1996 年在成都市举行的全国 33 城市社会治安综合治理研讨会;第二,2010 年又写了《中国主要犯罪趋势预测》一文,刊登在司法部的《犯罪与改造研究》杂志上(2010 年第 10 期)。这两篇文章是以公安部所承担的国家课题《中国现阶段犯罪问题研究》所进行的犯罪中长期预测(中期1991～1995年,长期1996～2000年)的结果和公安部历年刑事立案统计及2008年4月10日所发布的犯罪信息为主要参照系进行推估的。其结果至少可说明两点:一是公安部课题当年的预测是贴近后来发生的实际情况的,是较为准确的,例如,进入21世纪以来犯罪处于新的高发期,每年刑事立案都在400万起以上,实际上当年的预测已经测到了这种趋势;二是预测是可行的,并非高不可测的。预测作为一个方法性环节,能引起高层领导同志的关注,这说明高层领导在总览全局进行战略决策时感到了预测的非凡意义。

2. 关于"综合"的内涵及其合理程序问题。当年多次听中央综合治理办公室的领导同志讲,综合治理的优势和难点都在于"综合"二字。大约是在20世纪90年代初,束怀德同志曾对笔者说,综合治理综合到多大程度才算合理,希望加以研究。笔者把这句话记在了笔记本上,并时时关心有关综合机制的各种论点,可惜未能作为专题调查研究。但有几条基本原理可供思考:第一,"综合"不是数量的简单合并或相加,而是新的创造;第二,"综合"追求的是"1+1大于2"的效果。这是系统论的基本原理。综合到多大程度,一是决定于对形势的正确估量,即预测问题;二是决定于有利于协同作战,产生更大的战斗力;第三,"综合"要体现统一考虑国家安全、政治安全、社会安全乃至国际安全的综合安全观战略。陈冀平同志接受《光明日报》专访中有一段话很清楚地阐明了这种综合安全观战略,即"社会治安综合治理随着改革开放的发展而发展,她是中国特色社会主义事业的重要组成部分,其总的目标和根本任务是维护党的执政地位,维护国家安全,维护人民群众合法权益,确保社会大局稳定,促进社会和谐和经济发展"。(见《光明日报》2011年4月12日,第4版)由此可见,综合治理综合到何等程度,其标准就是看是否有利于实现这一“总的目标和根本任务”。“综合”二字的确大有学问，很有现实价值，值得作为课题立项研究。

3. 关于“重在管理，重在基础”问题。1997 年在南京市举办的全国 33 城市社会治安综合治理研讨会上，笔者记录了陈冀平同志说的一段话，对此问题做了通俗而精辟的阐述：“人们一讲治安，似乎无可奈何，其实就在于抓，就在于加强管理。所以，要求各省每年拿出一个月的时间分析治安形势，以便有个正确估计，这一点，过去做得是不够的，盲目性比较大。在社会主义市场经济条件下，新问题不断出现，有些问题首先要从自身方面，从领导方面找找原因，比如下岗人员问题不应笼统地放在影响稳定的因素之中，而应当说如果处理不好会成为影响稳定的因素。尽管这些年抓了基层基础工作，但仍然比较薄弱，千万别估计太高，发生案件多的地方，治安不好的地方，往往就是由于基层组织和基础工作薄弱。控制重特大案件，就是要靠基层。”（仅凭个人记录，应以正式记录为准）在这里，陈冀平同志将管理问题、基层建设问题同对治安形势的分析（实即一种预测）密切联系起来，抓住了一段时间内治安问题的要害。记得当时在许多场合，多次听陈冀平同志讲一切问题“重在管理，重在基层”的观点。近来学习中央有关“加强和创新社会管理”的指示精神，包括“十二五”规划纲要、2011 年政府工作报告，联系到社会治安问题，使笔者对陈冀平同志当年的谈话有了新的感悟：治安管理是社会管理的一个重要组成部分，两者的根本目的是一致的。正如胡锦涛同志明确指出的，加强和创新社会管理，根本目的是维护社会秩序，促进社会和谐，保障人民安居乐业，为党和国家事业发展营造良好社会环境。

可见，“重在管理，重在基层”是社会治安综合治理工作中摸索出的一条重要经验和规律性认识。

（三）亲睹的研讨氛围

在 20 世纪 90 年代近十年间，笔者有幸多次参加由中央综合治理办公室举行的研讨会、座谈会等活动，突出的感受有两点：一是所研讨问题具有全局性、战略性，使人有登高望远之感；二是理论密切联系实际，面对现实工作中的新情况、新问题，使人有脚踏实地之感，而不是坐而论道，为理论而理论。列宁指出："马克思认为理论的符合于现实是理论的唯一标准。"这一点，在综合治理办公室举行的研讨会中体现得十分明显。

对于每次全国性研讨会，笔者都坚持会前写论文或会后写综述，虽然也提出了一些问题，如关于社会治安综合治理的理论基础问题（1994 年）、社会治安综合治理的战略策略问题（1998 年）等，但事后看来，都比较肤浅，奉献甚微，实感汗颜。

中央政法委、中央综合治理办公室领导和同志对笔者的支持和帮助是一以贯之的，直到 2008 年陈冀平同志还为笔者的论文集作序，慰勉有加。其间 1997 年还聘笔者为全国政法综治干部培训中心兼职教授，这是一种鼓励。

（原载中央社会治安综合治理委员会办公室编：《中国特色平安路——社会治安综合治理二十年纪念文集》，中国长安出版社 2011 年版，第 84 页）

五、中国预防犯罪研究回眸与前瞻

——为纪念改革开放40周年而作

(一)科学的春天

改革开放以来,特别是党的十八大以来,中国的哲学社会科学研究同自然科学研究一样处于科学的春天,尤其是习近平总书记关于哲学社会科学发展全面、深刻、明确、具体的系列论述,必将推动我国的哲学社会科学研究进入一个新的历史发展时期。值此改革开放40周年之际,各行各业、各个领域都在总结历史经验、明确前进方向,作为一名从事犯罪与预防犯罪研究三十多年的老科研工作者,笔者也有责任参与其中,略尽微薄之力。总结探索是永无止境的。每回顾总结一次,认识总会前进一步,既有利于开拓未来的研究,同时也是一种史料积累。故此,借改革开放40周年的东风,把笔者从事科研工作的心得体会再加梳理,以期助益构建“等闲识得东风面,万紫千红总是春”[1]的大好科研局面。

---

〔1〕 (宋)朱熹:《春日》。

(二)笔者所亲历的科研实践

笔者个人从事犯罪问题与犯罪学研究的历程基本上是与改革开放同步的,重点是研究预防犯罪问题,这主要是由笔者的工作职责决定的。大体情况是:以20世纪80年代中期笔者在公安大学具体组织实施国家"七五"规划期间(1986~1990年)由公安部承担的国家哲学社会科学重点研究项目《中国现阶段犯罪问题研究》为起点,之后1989年调入司法部预防犯罪研究所(原名预防犯罪与劳动改造研究所)至离休为止,尔来三十余年矣,笔者不受在职与离休的限制,始终未曾中断研究,研究的内容一直以预防犯罪为主题。从笔者出版的书名上可以看出这一点:《中国预防犯罪方略》《中外预防犯罪比较研究》《论预防犯罪》《中国刑事犯罪发展十论》《中国犯罪学话语体系初探》——后两本书虽然未冠以"预防"二字,但中心思想前后一以贯之。[1]

《中国刑事犯罪发展十论》是对上述《中国现阶段犯罪问题研究(总卷)》及各省市公安分卷成果的另一种形式的总结,可以说是一个缩略本,并有所补充,目的是在原有总卷、分卷已销售告罄情况下仍能使学界通览其成果、延续其作用。至于这个课题的学术理论价值,《犯罪学大辞书》称,"这个课题的完成为中国的犯罪学研究奠定了基础"。有学者说:它是犯罪学研究本土化的里程碑和犯罪学实证研究的龙头;也有学者认为,这个课题的规模是空前的。这些评价是中肯的。但是如果社会上看不到其成果(原为公安司法机关内部发行),怎能反映其学术价值呢?这就是笔者写《中国刑事犯罪发展十论》的意义。

《中国犯罪学话语体系初探》一书,是响应习近平总书记号

---

〔1〕 冯树梁主编:《中国预防犯罪方略》,法律出版社1994年版;冯树梁:《中外预防犯罪比较研究》,中国人民公安大学出版社2005年版;冯树梁:《论预防犯罪》,法律出版社2008年版;冯树梁编著:《中国刑事犯罪发展十论》,法律出版社2010年版;冯树梁:《中国犯罪学话语体系初探》,法律出版社2016年版。

召为构建中国特色学科体系、学术体系、话语体系所作的尝试性研究，也是为笔者个人所认识到的中国犯罪学发展历程，以及笔者个人从事犯罪问题研究三十余年心路历程所作的总结，可称为总结性研究。如果说，《中国现阶段犯罪问题研究》是中国犯罪学的奠基之作、犯罪实证研究的龙头之作，则《中国犯罪学话语体系初探》一书不管水平如何则是中国犯罪学话语体系建设的开先河之作，是司法部预防犯罪研究所创新性理论成果之一。本书的理论框架和内容设计都是前所未有的。2016 年 4 月出版后，笔者写了《我们的研究充满阳光——写作〈中国犯罪学话语体系初探〉的心路历程》一文，[1] 具体阐述了写作本书的动因、框架设计的构思。任何写作框架都没有固定不变的模式，本书框架开篇为导论，然后分基础话语和专业话语两编。基础话语包括理论基础、实践基础、历史文化基础、语言基础 4 章；专业话语分为综合反映论、综合治理论、犯罪规律论、犯罪预测论、生态犯罪论、超常规犯罪论 6 章。这个写作模式只是可供选择的模式之一，它并不是完备的，但是新颖的。笔者觉得其特点主要有二：一是基础话语的内容比较符合以大背景、大视野、大历史去考察一切社会现象的科研要求。习近平总书记在这方面有许多重要论述，指引和启迪我们从"得其大者可以兼其小"的角度去思考问题。例如，该书在导论中从资本的积累积聚、世界动荡不安的根源入手谈犯罪问题，这是任何犯罪学类的书前所未有的，初看似乎跑了题，实际上如果我们从人类命运共同体的高度去考察犯罪问题，只能说这些还远远不够，而不是说远了、说多了。二是 6 个方面的专业话语，基本上反映了中国犯罪与反犯罪斗争的主要内容，故笔者称为支点。正如笔者在本书自

---

〔1〕 冯树梁：《我们的研究充满阳光——写作〈中国犯罪学话语体系初探〉的心路历程》，载《犯罪与改造研究》2016 年第 11 期。

序中所说，6 个支点也大多是笔者多年来不断追踪研究的问题，相继提出了一些理论观点，诸如犯罪原因是一个体系；犯罪规律应分为犯罪发生与发展的规律和指导预防犯罪的规律；犯罪增长与经济增长并非因果性关系；罪因体系和犯罪规律是犯罪预测的两大杠杆；集镇县市为预防犯罪纽带；生态犯罪是“战略性犯罪”，是犯罪学的另一半；“三股势力”和有组织犯罪、网络犯罪等是超常规犯罪，同超常规犯罪斗争的性质是准军事斗争，是系统间的抗衡，可比喻为“和平时期的战争”；《孙子兵法》可应用于犯罪学研究领域等观点。[1]

局部反映整体，一滴水可反映大千世界。2008 年改革开放 30 周年时，笔者写了《预防犯罪的中国之路——为纪念改革开放 30 周年而作》一文；[2] 2009 年，新中国成立 60 周年时，又写了《探索犯罪与预防犯罪研究之路——为庆祝新中国成立 60 周年而作》一文。[3] 两文均收入《中国刑事犯罪发展十论》一书附录，集中反映了笔者对改革开放以来反犯罪斗争实践与理论研究的整体性认识，并在《中国刑事犯罪发展十论》第 10 章“犯罪发展论”中归纳为犯罪学“三路”：预防之路、研究之路、发展之路。

（三）问道于路的“三路”探索

所谓问道于路，就是从走过和正在走的路子中探索规律性认识，即“道”。所谓“三路”，预防之路主要指实践，研究之路主要指理论，发展之路主要指实践与理论统一的全过程和总趋势。

1. 预防之路

我们做理论研究必须密切关注实践之路，不能只是就理论说

---

〔1〕 冯树梁：《中国犯罪学话语体系初探》，法律出版社 2016 年版，第 4 ~5 页。

〔2〕 冯树梁：《预防犯罪的中国之路——为纪念改革开放 30 周年而作》，载《犯罪与改造研究》2009 年第 4 期。

〔3〕 冯树梁：《探索犯罪与预防犯罪研究之路——为庆祝新中国成立 60 周年而作》，载《犯罪与改造研究》2009 年第 10 期。

理论,坐而论道。我们的认识应是从实践中提炼出来,反过来又指导实践。而我们的实战部门即业务部门必须以正确的认识去指导、支配自己的行动,才能取得更大更好的成效。这是一个人尽皆知的常理。

中国的预防犯罪之路,也就是“知行合一”的实践之路,是怎么走的呢?笔者在纪念改革开放30周年的《预防犯罪的中国之路》一文中将其归纳为“八个三”,即8个方面,每个方面都是3点。一是中国预防犯罪的“三大理论支点”:关于犯罪增长与经济增长并非因果关系的理论,关于犯罪是各种社会矛盾和消极因素的综合反映的理论,关于社会治安必须走综合治理之路的理论。在这里,知和行、认识和实践的关系是十分明显的,理论决定着不同的工作指导思想:认为犯罪增长是由于经济增长还是由于各种社会矛盾和消极因素的综合反映,在制定政策和采取措施时的工作思路是明显不同的。二是“三级预防”的汉语诠释。在许多国家,犯罪学的一个共识是认为预防犯罪是一圈圈缩小范围的“三级预防”,但具体而言有不同诠释。笔者认为,用汉语诠释最为简单明确:防患于未然,防患于将然,防患于已然。含义是:防患于未然,是严格意义上的预防,是全社会性的、无特定目标的;防患于将然,是将危险性苗头处置在萌芽状态或将突发性事件处置在始发阶段,化险为夷、转危为安;防患于已然,就是预防重新犯罪。头脑里装着“三级预防”概念,就会在工作实践中关注三者之间的关系,如从已犯罪者身上检验反馈一、二级预防中应改进的措施。三是预防犯罪“三大领域”构想。这也是笔者个人对实践的一种归纳,认为预防犯罪表现在“三大领域”:“常规犯罪”(或曰“传统犯罪”,属传统安全范畴)、“超常规犯罪”(或曰“非传统犯罪”,属非传统安全范畴)、“生态犯罪”(也属非传统安全范畴),三者既有区别又相互联系和转化。这种划分有利于分别立法、采取针对性措施。四是预防犯罪中“三律预防”的作用。

“三律”指法律、纪律和约律。当前，纪律和约律预防的作用已逐步得到发挥。五是预防犯罪中“三化”的作用。笔者将矛盾转化、环境净化、打防控一体化概括为“三化”，其核心是化解矛盾，这是中国预防犯罪之路的又一大特色，也是中华传统文化的一大特点。六是预防犯罪中“三基”建设的意义。这里的“三基”建设，指基层组织建设、基层基础工作建设、基层治安防范网络建设，也是颇具中国特色的预防犯罪措施。七是预防犯罪中“三种规律”探索。这里的“三种规律”，指犯罪发生与发展的规律、指导预防犯罪的规律、其他犯罪规律。学界同人均知，以前的犯罪学主要研究季节时日规律。承担国家社科重点项目《中国现阶段犯罪问题研究》期间，笔者首次归纳出了刑事犯罪发生与发展的四大规律：犯罪的消长律、犯罪的因果律、犯罪的辐射律、犯罪的起伏律。此后，又提出了指导预防犯罪的五大规律：矛盾律、人本律、基础律、综治律、兼治律。关于犯罪规律，《中国刑事犯罪发展十论》《中国犯罪学话语体系初探》两书均有专章论述。八是预防犯罪中的“三战”研究值得重视。笔者认为，这是预防犯罪实践和研究中的一个薄弱环节，在《中国犯罪学话语体系初探》中亦有专门论述。上述“八个三”共 24 条，大体概括了改革开放以来防治犯罪的基本工作内容，也可视为中国预防犯罪的一个框架体系。

2. 研究之路

《探索犯罪与预防犯罪研究之路》一文中，笔者试图对新中国成立以来犯罪与预防犯罪研究的基本状况作一概括，主要分三个发展阶段。初期阶段主要是“破冰”，打破了社会主义制度下是否产生犯罪的理论禁区。这一阶段大量吸收借鉴苏联和西方犯罪学著作。中期为中国特色犯罪学和预防犯罪研究的蓬勃发展阶段，主要标志是 20 世纪 80 年代中期到 20 世纪 90 年代初期由国家立项的三个国家社科重点研究项目的出现：“六五”期间的《中国青少年犯罪学》研究项目,成果由曹漫之主编,1987 年出版;"七五"期间的《中国社会治安综合治理的理论与实践》研究项目,成果由王仲方主编,1989 年出版;"七五"期间的《中国现阶段犯罪问题研究》项目,成果由俞雷主编,1993 年出版。此后,突出了以预防犯罪为主要研究内容,可以说是预防犯罪研究的高峰阶段,主要标志是三部预防犯罪专著的出版:李均仁主编的《中国重新犯罪研究》,1992 年出版;冯树梁主编的《中国预防犯罪方略》,1994 年出版;魏平雄、欧阳涛等主编的《中国预防犯罪通鉴》,1998 年出版。魏平雄、欧阳涛两教授亲口对笔者说过,该书是受《中国预防犯罪方略》一书启发而启动,是其延伸和扩大。所以,笔者在文中谈到,"作为一个专业研究机构,司法部预防犯罪研究所对于预防犯罪研究是有重要贡献的。"站在改革开放 40 周年和即将到来的新中国成立 70 周年时间节点上,司法部预防犯罪研究所的重要贡献是不应被忘记的。

笔者在文中谈到,犯罪与预防的未来发展特点是"治未罪",这一点在国际犯罪学界也有共识,但 10 年过去了,这方面的研究是比较少的,不少学者认为目前整个犯罪学研究现状处于"低谷"和"困境"之中。令人欣慰的是一批中青年学者,以各种论坛的形式推进犯罪学的发展。在这种情况下,司法部预防犯罪研究所《中国犯罪学话语体系初探》一书的出版,能否起到一点补漏于万一的作用,尚待实践检验。

3. 发展之路

这是笔者在《中国刑事犯罪发展十论》一书提出的一个概念,意在长距离全程展望中国犯罪学学科建设的未来发展。《中国犯罪学话语体系初探》的出版,算是向学科建设、学术建设、话语建设的"三大建设"迈出了一步。

在科学的春天,只要努力,既然能走出第一步,就必定能走出第二步、第三步,这个思维逻辑就是"四个自信"——道路自信、理论自信、制度自信、文化自信的一体化。有了对已走过的道路的自信,就会“沿溪行,豁然开朗,忽逢桃花源”。2018年6月,中央专门对知识分子、科研工作者发出了新的号召,这也反映了新时代的呼唤,这就是中组部、中宣部印发的《关于在广大知识分子中深入开展“弘扬爱国奋斗精神、建功立业新时代”活动的通知》,以及中共中央办公厅印发的《关于进一步激励广大干部新时代新担当新作为的意见》,为科研工作注入了新的活力和动力。笔者作为一名知识分子、一位科研工作者、一个老干部,应该有所思考。

(四)新时代呼唤下的思考

面对党的号召和新时代的呼唤,笔者思绪联翩。想到钱学森之问,想到邓稼先,想到郭永怀,正是以他们为代表的知识分子为“两弹一星”所作的杰出贡献才使帝国主义不敢再像百年前那样任意欺负我们。回顾历史,知识分子群体始终走在探索救亡图存道路的前列,鲁迅先生称之为民族的脊梁。与前辈崇高的爱国精神和丰功伟绩相比,只觉自己如此渺小,感慨无限。思之再三,感慨不是目的,行动才是最佳选择。论及年华,近据报载,著名雷达专家王越先生已86岁,与笔者同庚,仍坚持给本科生上课。首架无人机总设计师文传源先生已是百岁老人始终坚持在教学科研第一线。论本领和贡献,笔者同他们无法相比,但他们不服老的精神值得学习和实践。主要有两点思考:一是扩大研究视野;二是注重从优秀传统文化中汲取智慧和力量。

1.扩大研究视野,调整战略方向,是历史的必然

回顾改革开放40年来的中国犯罪问题与预防犯罪问题的研究史,研究视野和内容是在不断扩大的。如上所述,最突出的三部奠基之作:《中国青少年犯罪学》《中国社会治安综合治理的理论与实践》《中国现阶段犯罪问题研究》,以及反映中国预防犯罪研究高峰的三部开创之作:《中国重新犯罪研究》《中国预防犯罪方略》《中国预防犯罪通鉴》,是我们继续前进的始点和基础,应

当加以珍视并不断总结分析。《中国现阶段犯罪问题研究(总卷)》曾提出:"所采取的对策措施,多属于'事后'的犯罪控制较多,'事前'的预防较少;治标较多,治本较少。"[1]本在哪里?新的战略方向在哪里?新时代为我们提供了新的启示。

(1)从总体国家安全观去解析。总体国家安全观是以人民安全为宗旨,以政治安全为根本,统筹外部安全和内部安全、国土安全和国民安全、传统安全和非传统安全、自身安全和共同安全于一体的国家安全体系,是保障国家安全的总体系、总战略。很明显,预防犯罪的任务即寓于其中:从国内看,我国仍处于社会转型期,各种矛盾错综复杂交织在一起,对国家安全和社会稳定形成新挑战;从国际看,霸权国家不断制造矛盾。政权安全、社会安全、人民安全是密不可分的。一个国家的政权被外来势力摧毁了,社会就会处于分崩离析状态,人民就陷入生命财产毫无保障的苦难之中。总体国家安全观是国家大战略,预防犯罪研究是其中一个组成部分,部分不能脱离整体。从总体国家安全观可以推进到国家间安全观,乃至形成"亚洲安全观""全球安全观"的安全观系列;从一国社会治理体系可以推进到与国际社会协商完善的全球治理体系,进而推动构建人类命运共同体。看来,预防犯罪这个世界性难题,只有纳入"总体国家安全观""全球安全观"和全球治理体系之中,才能找到较为完备的答案。

(2)从人类命运共同体去解析。把人类命运共同体同预防犯罪联系起来,的确是个新鲜命题,但并非异想天开,因为中华民族有两个"独一无二"。第一个,从中华文化追求的"协和万邦""天下为公""天下大同"到今天的人类命运共同体一以贯之,在世界上是"独一无二"的;第二个,从《周易》的"思患而豫(预)防之"、

---

〔1〕 俞雷主编:《中国现阶段犯罪问题研究(总卷)》,中国人民公安大学出版社1993年版,第417页。

老子的“为之于未有，治之于未乱”到今天的“标本兼治、重在治本”“打防结合、预防为主”直至构建人类命运共同体，这在世界上也是“独一无二”的。犯罪，归根结底是社会不和谐因素、不稳定因素、消极因素、破坏因素造成的。各种犯罪都与经济分配关系有关。所以孔子提出“不患寡而患不均”。我国最有资格、最有条件从深层次上去研究预防犯罪问题。因为我们在中国特色社会主义建设新时代，正在做精准扶贫、“一个人也不能落下”，这是亘古未有的大举措、大气魄、大变革，这将有利于解决滋生犯罪的根源；而构建人类命运共同体将惠及全球，有利于预防和减少全球的犯罪问题。如果有一天，我们能在“寻求战胜犯罪的最大公约数，寻求减少犯罪、减少受害、减少损失的最小公倍数”[1]上作出一定贡献，那就不仅是一般的学术贡献，而且可能最终形成构建人类命运共同体框架下的有世界性意义的开创性的预防犯罪新篇章——新时代的预防犯罪学。它将大幅度提高我国在这一领域的国际学术地位和影响力，使我国的预防犯罪研究走在世界前列。小研究所也可以办大事情，关键是要真正把研究方向调整到构建人类命运共同体的大序列、大战略之中，审慎地看待和扬弃习俗性的特别是西方犯罪学的研究老套路。当然，那是一个无须指责的反映当时历史烙印的研究路子，随着新时代的到来必须进行创造性转化和发展，而我国恰恰具有这样得天独厚的条件，循着“一带一路”去摸索社会治安和预防犯罪的变化轨迹，肯定会有新的启发、产生新的思路。

构建人类命运共同体，携手共建更加美好的世界，正是各国人民的共同心声、共同夙愿，也为全球治理体系变革指明了方向。而“一带一路”建设是构建人类命运共同体、建设美好世界的重要途径。犯罪是破坏人类社会和谐安宁的一大毒瘤，要从根本上

---

〔1〕 冯树梁：《中国犯罪学话语体系初探》，法律出版社2016年版，第444页。

消除和减少滋生犯罪的土壤和条件,治本之策显然就寓于构建人类命运共同体的进程之中。

新时代呼唤新的全球治理方案。在这种大背景下,习近平总书记准确把握时代新特点、新趋势,积极推动构建人类命运共同体,倡导共商共建共享共赢的全球治理方案,开启了全球治理的崭新篇章,具有重大的里程碑意义。在这个方案中,一切不和谐声音和破坏性因素都在克服和消除之列,将预防和减少各种形式犯罪的专题研究输入其中是历史的必然,也是我们应尽的职责。那么,如何操作?笔者认为,首先还是从深入学习开始,先知而后行;其次是战术性跟进,因为任何战略构想都必须以战术行动充实之、践行之;最后是将不同的战术性课题合成,形成分层次、有结构的战略内容体系。笔者在纪念改革开放 30 周年文章中曾提出预防犯罪研究应重视战略、战役、战术"三战"研究,并主张预防犯罪分成常规犯罪、超常规犯罪、生态犯罪"三大领域",就是这个意思的萌发。

(3)从战术性跟进和形成内容体系上去解析。党的十九大报告中"体系"二字出现了五十多次,其中有非常深刻的内涵,需要我们认真领会和琢磨。以预防犯罪这个专门研究领域而论,我们研究过的许多课题都是战术性的,这是必然的;需要进一步关注的是,应在一以贯之深入研究下去形成内容体系,并与战略方向挂钩,为实现战略方向服务,这样才能提高其应用价值、学术价值。一定不能停留在知识快餐和碎片化位点上。在笔者个人三十多年研究历程中,从提出"罪因体系"观点到撰写"话语体系"一书,都是在尝试、践行这个道理。

什么叫战术性跟进?任何一种战略思想、战略部署、战略目标的达成,必须通过无数的战术行动实现之,研究预防犯罪问题亦然。我们的战术构成,首先就是犯罪现象,而犯罪现象具体表现为刑法罪名和犯罪学的犯罪类型,因此我们的战术跟进首先就是从研究各种刑法罪名和犯罪类型开始。分类是为了更好地研究,分类也是与时俱进的。关于刑法学与犯罪学的关系,一段时间内曾有谁是第一学科、谁包含谁的争论。笔者的主张是"罪刑并研,相得益彰。"

分类、分学科不是分家,要力戒画地为牢、作茧自缚。居里夫人得过物理、化学两个诺贝尔奖,她本人就主张不分物理、化学只要是问题她就研究。我国一位著名学者也提出,"我研究的是一条整鱼,为什么一定要分成鱼头和鱼尾呢"?我们的预防犯罪研究,无论是预防犯罪还是预防重新犯罪是一个完整链条,战术上可以有所侧重但战略上不能割裂开来,不能只研究鱼尾不研究鱼头。经常举办跨学科研讨会,学科间互相汲取营养,这是颇有裨益的。经济全球化时代,犯罪表现在各个领域、各个方面,只用自己那点儿专业知识是说不清楚的。我们在考察犯罪现象时需要从大视野、大背景、大历史角度去着眼。

以《中国现阶段犯罪问题研究》和《中国预防犯罪方略》从分类谋划到整体完成的过程为例,简述一下,可供参考。在《中国现阶段犯罪问题研究》课题谋划中,关于什么是"现阶段"?设计的时间跨度是50年。"现阶段"就是课题的战略目标,战术跟进就是犯罪状况、成因、预测和对策。对犯罪现象的分析是按大的历史发展阶段来划分的。例如,新中国成立之初主要是旨在颠覆新政权的反革命犯罪;20世纪60年代初的三年暂时困难时期主要是"偷青吃青"、宰杀耕牛等偷窃犯罪;"文化大革命"期间主要是打砸抢致人死伤类犯罪,但由于公检法机关被砸烂,并无准确统计;改革开放后犯罪种类繁杂,基本上都与社会转型、经济转轨相联系,是新中国成立以来的犯罪高发阶段,其中也呈现两个不同阶段,即初期的培育商品经济阶段和后来的发展社会主义市场经济阶段,一个共同的尖锐问题是:为什么一边是经济发展另一边是犯罪增长?课题组主流看法和笔者个人的看法是一致的:经济增长与犯罪增长有密切关系，但不是因果性关系。这与后来的1994年中央领导同志向政法部门提出调查“经济的发展和刑事犯罪案件上升到底应该是一种什么样的关系”命题的调查结论是一致的。关于这个问题，笔者在1989年发表的《浅谈经济增长与犯罪的关系》一文及《中国犯罪学话语体系初探》一书中均有表述。[1] 对于犯罪现象的分类调查研究，通常称犯罪现状研究。《中国现阶段犯罪问题研究》课题将杀人、伤害、强奸、抢劫、诈骗、盗窃6类刑事案件确定为调查重点，并将2.5万多件个案确定为调查对象，将五十多种犯罪原因确定为调查范围。事后看，该课题的战术跟进表现为对犯罪状况和原因的精准分析，从而为预测奠定了基础。就是说，“大背景”和“打基础”是该课题战术跟进的主要成功点，至今仍有借鉴意义。战略制定和战术跟进两词，听起来比较陌生，借用一下军事常识就很容易理解了。该课题的“四大块”结构是一个内容体系，这是公安机关第一次承担如此大规模的社科理论研究项目，“四大块”结构易被理解接受，但这种内容体系也要与时俱进做创新性转化。笔者虽是这个体系的首倡者之一，但此后主编和撰写的著作都没有再采用“四大块”体系，如《中国预防犯罪方略》是采取纵横交错、面面俱到的内容体系；《中外预防犯罪比较研究》是以基本概念、基本理论、基本实践、基本规律、基本防控模式为内容体系；《中国刑事犯罪发展十论》是归纳十个重点研究问题为内容体系；《中国犯罪学话语体系初探》则分为基础话语和专业话语两编，旨在总结概括新中国成立以来反犯罪斗争的基本经验和理论。

总体国家安全观、“一带一路”建设、构建人类命运共同体，开辟了新时代新天地，也为预防犯罪研究开辟了新路径新思路，

---

[1] 冯树梁：《浅谈经济增长与犯罪的关系》，载冯树梁：《论预防犯罪》，法律出版社2008年版，第182~185页；冯树梁：《中国犯罪学话语体系初探》，法律出版社2016年版，第228~236页。

躬行之,必将有新作为。“善除害者察其本,善理疾者绝其源。”考察犯罪之源,正是预防犯罪研究之本。

2. 从中华优秀传统文化中汲取智慧和力量,是一切社会科学研究的基础

党的十九大报告指出,必须“推动中华优秀传统文化创造性转化、创新性发展”。《平“语”近人——习近平总书记用典》,对我们是一场生动活泼的教育课,也应引发我们更多的思考。2017年1月,中共中央办公厅、国务院办公厅印发了《关于实施中华优秀传统文化传承发展工程的意见》,说明对中华优秀传统文化的创造性转化、创新性发展已进入工程实施阶段,而不是口头上说说而已。具体到预防犯罪研究领域应该怎么做呢?

为什么说历史是人类最好的老师、历史是通向智慧的路径、历史是经验与智慧的百科全书、历史研究是一切社会科学的基础呢?从我们身边事就可以得到一些印证。《中国现阶段犯罪问题研究》这个课题,首先正是因为它把“现阶段”的时间跨度延伸到了历史之中、定格在了半个世纪之内,换句话说就等于研究新中国的犯罪学史,是对50年间犯罪与反犯罪斗争历史经验的总结,所以能从历史的起伏变化中总结出5次犯罪高峰,概括出犯罪现象的四大发生与发展规律,并把众说纷纭的犯罪原因纳入一个体系进行研究。由于对犯罪的历史脉络和原因体系梳理得比较精准,也为犯罪预测打下了基础,预测结果经笔者三次反馈检验是基本符合实际的。

怎样体现“话语体系”?实际上就是从历史经验中总结出来理论知识体系。一个时代、一个社会、一个国家都有自己的社会科学体系。史学家认为,孔子总结了夏、商、周以来约1500年的历史文化,成为中国文化史上第一个集大成式的人物。朱熹对孔子以后的儒学又进行了总结、继承和发展,时间跨度大约也是1500年,成为第二个集大成式的人物。对于我们社科研究者来说,基本任务

就是用中国话语解读中国的理论与实践。具体到犯罪学或预防犯罪学,它是社会科学大体系中的一个分支体系。笔者认为我们已有条件开始构建中国的预防犯罪学术话语体系。这个条件,一是要把我们的研究置于大视野、大背景语境之中;二是要树立历史眼光,把研究置于大历史语境之下——这是中华民族得天独厚的条件,五千年文明一以贯之,博大精深、举世无双。笔者在《中国犯罪学话语体系初探》一书用了近5万字表述中国的历史文化传统仍是九牛一毛,自觉历史知识还不够、历史与现实融通还不够。知识素养的提高,仍在于学会读史通史用史。司马迁用了19年时间写出《史记》,得出结论:“究天人之际,通古今之变。”

在博大精深、浩如烟海的中华优秀传统文化中,“天人合一”“知行合一”这两句话越来越受到特别关注与高度评价。国学大家钱穆晚年认定“天人合一”观是“整个中国传统文化之归宿处”,并深信这是中国文化对世界的重大贡献。据学者统计,近些年习近平总书记有多次提到“知行合一”,正式文件中也时常出现。笔者认为,从“天人合一”到“知行合一”,反映了宇宙运行规律和人的认识与实践规律,从全球治理到个人事业,遵从这些规律就是成功之路,违反这些规律就是失败之途。这些规律非一人之思,是经过千锤百炼的铁律。几千年来,中华民族一以贯之不断丰富其内涵,生态文明时代和人类命运共同体的提出使对“天人合一”的认识达到了高峰,并通过“一带一路”建设实现由理想理念到实施工程的伟大历史性转化。中华优秀传统文化的继承与发展受到了空前重视。

关于“天人合一”。北宋大儒张载首次使用“天人合一”四字,然而“天人合一”思想却是源远流长。被誉为“群经之首、大道之源”的《周易》上说:“夫大人者与天地合其德,与日月合其明,与四时合其序。”这是最早的天人观。庄子曰:“天地与我并生,万物与我为一。天地万物,物我一也。”董仲舒曰:“天人之际,合而为一。”

张载不仅将其更简练地概括为“天人合一”，而且研究宇宙和万物的基本运行规律，提出了气本论。他的学说被称为关中理学，也就是关学；他的“横渠四句”即“为天地立心，为生民立命，为往圣继绝学，为万世开太平”被学者认为是古代知识分子以天下为己任的经典描述，已经寓有把天下民众视为命运共同体的意思。“天人合一”概念，把人视为自然之子，要人们按照自然规律办事；而西方文化则把人视为大自然的主宰，大自然是被征服对象。经过西方工业化过程中对大自然破坏所造成的生态危机，连西方有识之士也把目光投向中国传统文化寻找生态智慧，认为人类要继续生存下去需要回到两千多年前孔子的智慧那里去。

在犯罪学领域，苏联学者已提出了“环境犯罪”概念。党的十八大提出了推进生态文明建设的宏伟纲领，我国已制定了史上最严最强环保法。生态犯罪问题研究也呈现在了我们面前。笔者于 2007 年发表了《生态犯罪学论纲》一文；[1] 2013 年在湖北荆州举行的第六届中国犯罪学高层论坛开幕式上又应邀作了题为《社会生态安全——犯罪学的一个新起点》的发言；[2] 2016 年出版的《中国犯罪学话语体系初探》一书又设《生态犯罪论》专章，表明了笔者的观点。

实际上“天人合一”思想既包括自然生态，也包括政治生态。据说，在联合国教科文组织总部大楼前的石碑上，用多种语言镌刻着这样一句话：“战争起源于人之思想，故务需于人之思想中筑起保卫和平之屏障。”从“天人合一”到构建人类命运共同体的倡议，是保卫和平之思想屏障，也是预防和减少各种犯罪之思想屏障。这，就是我们重读“天人合一”的现实意义。

关于“知行合一”。“知行合一”的提出者是明代中叶的王阳

---

〔1〕 冯树梁：《生态犯罪学论纲》，载《河南公安专科学校学报》2007 年第 5 期。

〔2〕 冯树梁：《社会生态安全——犯罪学的一个新起点》，载《河南警察学院学报》2013 年第 6 期。

明先生，其学说思想被称为心学，“知行合一”是阳明思想的精髓之一，强调的是理论和实践的辩证统一。据说，王阳明一生环境险恶、疾病缠身，但他真心做到了知行合一，既是哲学家、思想家，又是军事家、教育家和文学家。他曾官至兵部尚书，“破山中贼易，破心中贼难”就是他在剿匪实践中总结出来的。据学者研究，王阳明的心学就是致良知，就是听从内心光明的指引，创造人与自身的和谐，就是立志、勤奋、改过、向善，完善自我炼成强大心灵、创造精彩人生。我们应从学习王阳明著述中感悟心学智慧，获取思维启迪和视野拓展，以做到正本清源、守正创新。王阳明提出“仁者要以天地万物为一体”，创造人与自然的和谐，可见“知行合一”与“天人合一”是一脉相承、息息相通的。

“知行合一”虽由王阳明提出，但知行关系论述却源远流长、内涵丰富。主要观点有：孔子、荀子认为，行重于知；《中庸》认为，知行并重；朱熹认为，知先行重；王阳明认为，知行一体，知中就有行，行中就有知，知是行之始，行是知之成。王阳明之后，学界均以“知行合一”为主题。回顾历史，凡做到“知行合一”，事业就成功；没做到“知行合一”，事业就遭受挫折或一事无成。联系到我们做社科研究工作，坚持“知行合一”并一以贯之，总会有所成就。

行稳致远，恒者行远。王阳明再三告诫学子，“志不立，天下无可成之事”“人人皆可为圣贤”。联系到笔者个人的研究风格，简言之就两句话：一是比较注重实践，二是比较有连续性，舍此无他。愿共勉之！

（原载《犯罪与改造研究》2019 年第 2 期）

第 二 章

拓宽中国特色预防犯罪之路的新领域、新范畴

一、学习十九大　再上一层楼

——学习贯彻党的十九大精神

党的十九大提出了“中国特色社会主义进入新时代”的重大论断，新时代、新征程，我们对于“再上一层楼”的内涵也必须有新思考。笔者认为，“再上一层楼”不是零敲碎打，小修小补，而是整体推进，应认清新形势，提出新目标，力争有新作为。一家之言，一孔之见，仅供商榷并请批评指正。

（一）认清新形势，奠定再上一层楼的思想基础

预防犯罪研究所面临的新形势笔者归纳为“两个前所未有”“一个十分难得”：从宏观上，习近平总书记对于哲学社会科学工作高度重视并进行具体指导，前所未有；从中观上，张军部长对于预防犯罪研究所的工作既提出明确要求又提出具体的指导意见，前所未有；从微观上，预防犯罪研究所经过这些年的发展，积累了人才，有发展潜力，是十分难得的；从宏观上，谈到当今我国哲学社会科学的大形势，笔者有一种发自内心的自豪感和幸福感。

1. 什么是哲学社会科学的必由之路？“要加快构建中国特色哲学社会科学，按照立足中国、借鉴国外，挖掘历史、把握当代，关怀人类、面向未来的思路，着力构建中国特色哲学社会科学，在指导思想、学科体系、学术体系、话语体系等方面充分体现中国特色、中国风格、中国气派。”

2. 什么是此路不通？“一切刻舟求剑、照猫画虎、生搬硬套、依样画葫芦的做法都是无济于事的。”

3. 什么是科研成果标准？“理论的生命力在于创新”“哲学社会科学创新可大可小，揭示一条规律是创新，提出一种学说是创新，阐明一个道理是创新，创造一种解决问题的办法也是创新。”

4. 研究视角是什么？“观察当代中国哲学社会科学，需要有一个宽广的视角，需要放到世界和我国发展大历史中去看。”

5. 历史地位是什么？“一个没有发达的自然科学的国家不可能走在世界前列，一个没有繁荣的哲学社会科学的国家也不可能走在世界前列”“坚持和发展中国特色社会主义，哲学社会科学具有不可替代的重要地位，哲学社会科学工作者具有不可替代的重要作用。人类社会每一次重大跃进，人类文明每一次重大发展，都离不开哲学社会科学的知识变革和思想先导。”

6. 必然趋势是什么？“历史表明，社会大变革的时代，一定是哲学社会科学大发展的时代。当代中国正经历着我国历史上最为广泛而深刻的社会变革。这种前无古人的伟大实践，必将给理论创造、学术繁荣提供强大动力和广阔空间。这是一个需要理论而且一定能够产生理论的时代，这是一个需要思想而且一定能够产生思想的时代。”

7. 涵盖哪些内容？“中国特色哲学社会科学应该涵盖历史、经济、政治、文化、社会、生态、军事、党建等领域，囊括传统学科、新兴学科、前沿学科、交叉学科、冷门学科等诸多学科，不断推进学科体系、学术体系、话语体系建设和创新，努力构建一个全方位、全领域、全要素的哲学社会科学体系。”

8. 目前我们在国际社会的话语权状况如何？“在解读中国实践，构建中国理论上，我们应该最有发言权，但实际上我国哲学社会科学在国际上的声音还比较小，还处于有理说不出，说了传不开的境地。”所以，党的十八届三中全会作出决定：“加强国际传播能力和对外话语体系建设”“讲好中国故事，传播好中国声音。”

9. 发现、培养、集聚什么样的人才？“要实施哲学社会科学人才工程，着力发现、培养、集聚一批有深厚马克思主义理论素养、学贯中西的思想家和理论家，一批理论功底扎实、勇于开拓创新的学科带头人，一批年富力强、锐意进取的中青年学术骨干，构建种类齐全、梯队衔接的哲学社会科学人才体系。”

10. 什么是安全观系列？“总体国家安全观”“亚洲安全观”“全球安全观”，其最高境界是“人类命运共同体”。

从中观上，张军部长讲道，“我们所的科研任务就是罪犯改造、犯罪预防吧？这样的科研方向或宗旨不是孤立的，离不开对我们社会的认识，离不开对时代的把握，离不开对国情的了解，更加离不开对党中央和国家中心工作的深刻认识。离开了中国社会，离开了我们的历史文化，研究我们的犯罪预防怎么可能呢？没有对今天时代精神的把握，我们的犯罪预防怎么提出任务？提出的任务是不是空中楼阁，没办法去实现啊！”这“四个离不开”和“两个离开了”深刻而明确地指明了我们所的研究方向。对照习近平总书记关于哲学社会科学的一系列重要讲话与党的十九大报告精神，是完全一致的。笔者在《中国犯罪学话语体系初探》一书中，讲到了一种制度两种命运，中国特色社会主义的形成和发展，资本的来源，世界动荡不安的根源，谁是未来的主人，并用约 5 万字的篇幅讲了中国的历史文化。

笔者非常赞同张军部长用“再上一层楼”一词来表达对研究所的要求。笔者认为,再上一层楼本身就有登高望远的含义。十九大报告开篇就说,要“登高望远、居安思危”。只有站得高,才能看得远,才能知道安在哪里,危在何处？才能从宏观把握上做好我们的研究工作。古人常用一个“楼”字来表达一种境界和情怀,更容易发人深思。大家耳熟能详的王之涣诗句“欲穷千里目,更上一层楼”,表现的是登高才能望远的博大情怀。近代学者王国维借用宋代晏殊词“昨夜西风凋碧树,独上高楼,望尽天涯路”表现的是一种寻求治学之道的思想境界。在座年轻的同志很多,我更希望你们学习南宋辛弃疾的词句:“少年不识愁滋味,爱上层楼。”如果大家都有“爱上层楼”的胸怀,我们再上一层楼的目标就更容易实现了。

从微观上,也就是执行层次上,笔者一直认为,研究所这些年积累了很好的基础,本所的存在大有必要,本所必将大有作为。

(二)确立新的战略目标,作为再上一层楼的支柱工程和标志性成果

登高望远,高在哪里,远在何方？答曰:路就在脚下。古语说,十年磨一剑。预防犯罪研究所已经有三十多年的历史了,应该剑出鞘了。笔者认为可以站在新的历史制高点上,调整研究路子,确立新的战略目标,创造再上一层楼的支柱工程和标志性成果,具体建议是:

1. 对治本安全观进行系统性研究,形成内容体系,出版专著。一花引得百花开,从而带动许多战术性课题的发展。这是再上一层楼的第一个标志。

治本安全观是个充满活力、底蕴丰富的战略性课题,又是一块“硬骨头”。它的本质特征是最大限度地预防犯罪和预防重新犯罪,具体特征至少可分为以下 5 个方面。

第一,理论与实践相结合特征。治本安全观是理论创新又是工作方针，是“知行合一”的产物贯彻了党和国家的一系列方针、政策，如1991年党中央、国务院和全国人大常委会关于加强社会治安综合治理的两个《决定》中确立的“打防并举，标本兼治，重在治本”的方针，1997年党的十五大确立的“打防结合，预防为主”的方针等。它下接地气，总结几十年来的实践经验，点出了提高罪犯教育改造质量、降低重新犯罪率的穴位，指明了解决实际问题的关键环节和要害部位。

第二，价值论特征。实现由“不跑人”的底线安全观向治本安全观的转变，两种做法，两种结果，在价值天平上有天壤之别。记得1998年原司法部肖扬部长为《中国预防犯罪通鉴》一书所作的序言中曾算过两笔账：第一笔账，犯罪发生后，据不完全统计，1993年因犯罪造成的直接财产损失为53.9亿元，1994年为72亿元，每年因犯罪造成的人员伤亡达数万人（这笔账引自笔者写的《二十世纪末社会治安趋势预测》一文，载公安部《公安研究》1997年第2期）；第二笔账，犯罪发生后，据监狱部门统计，罪犯投入刑罚执行和教育改造后，每名罪犯一年平均不少于5000元的消耗，如果每年减少10万人犯罪，就可以节省5亿元。向治本安全观转变，不仅有深远的政治意义，而且有重要的经济意义。

国际犯罪学界有个“二八定律”同样说明减少重新犯罪的意义。所谓“二八定律”是说，20%的罪犯作了80%的案件，这20%的作案者主要是刑满释放人员重新犯罪。在我国，据有关材料称，2004年司法部的一项调查显示：“在重大恶性刑事案件中，刑满释放人员作案率高达70%。”预防重新犯罪的意义由此亦可见一斑。

第三，历史性特征。从历史上看，治本的思想在我国源远流长，有深厚的历史文化积淀，需要从“挖掘历史”的角度进行研究，加深对治本安全观的理解。诸如，“法为制民之本”（《商君书·画策》），“尚贤为政之本”（《墨子·尚贤中》），分清公与私的界限是国家“存亡之本”(《商君书·修权》),分清人民喜好什么,憎恶什么,是法制的“赏罚之本”(《商君书·错法》),“德礼为政教之本”(《唐律疏议》),“民为邦本,本固邦宁”(《尚书·五子之歌》),“欲木之长者,必同其根本;欲流之远者,必浚其源泉”(唐·魏徵《谏太宗十思疏》),如此等等,历史资源十分丰富。

第四,体系化特征。治本安全观本身就是一个综合性结构体系,需要汇聚多方面的知识、智慧和实践经验作出理论解释,诸如概念、内涵外延、内因外因、规律特点、预测预估、比较研究、地域特点、经验积累等,逐渐形成内容体系。

第五,矛盾的可转化性特征。从哲学上讲,治本的实质就是立足于矛盾的可转化性这一哲学命题。“以人为本”,做人的工作,做矛盾的良性转化工作。当年我们在改造末代皇帝和日本战犯中已经验证了这一命题的正确性。今天在社会主义市场经济条件下,面临着矛盾的复杂性、多变性、尖锐性,亟须创新方法和思维方式,以更大的智慧投入,做好矛盾的良性转化工作,以防止和减少重新犯罪。

追溯历史,笔者曾参与1959年新中国成立10周年劳改大画册的编辑工作,曾和当时劳改局的办公室主任董玉锋同志共同起草过初版《辞海》有关劳改工作的词条,劳改工作曾创中国公安史上最辉煌的一页,震动中外,这就是对末代皇帝溥仪和日本战犯改造的成功。能否以此契机再创历史新辉煌呢?世界上的事常常是必然性寓于偶然性之中,千呼万唤不出来的东西常常会突然出现在面前。所以王国维引用南宋辛弃疾的词说明创作成果的获得也是“众里寻他千百度,蓦然回首,那人却在,灯火阑珊处”。罪犯教育改造工作“九曲十八弯”,是个重大难题,能否以治本安全观为突破口,突破“乌江天险”呢?“积土为山,积水为海。”我们所在这方面有30年的研究优势,梳理之,整合之,深化之,以治本安全观为纲,再上一层楼是大有希望的。

2. 以三级预防为基本框架,以因果性、规律性、预测性为主要内容,以体系化为基准线,狱内狱外相结合,预防犯罪与预防重新犯罪相对接,形成一部有中国特色的《预防犯罪学》或《中国特色预防犯罪学学科体系研究》,这是再上一层楼的第二个标志。

一般认为监狱就是用于研究重新犯罪的,其实不然,笔者认为监狱可以用于研究犯罪预防的全过程,它可以产生出实证与思辨相结合的预防犯罪学科体系或犯罪学。1987 年劳改局就组织邵名正教授等撰写出版了一本《犯罪学》。从国际上看,英美法系国家是比较重视犯罪学研究和犯罪学的作用的,美国犯罪学家马文 · E. 沃尔夫根(Marvin E. Wolfgen)就曾是美国前总统克林顿的犯罪学顾问。美国犯罪学偏重在监狱里搞调查研究,重视将犯罪学理论与监狱矫治相结合。日本属大陆法系,将犯罪学放在刑法里面,但日本对于监狱和矫治手段的研究颇有一套值得借鉴的东西。同样是在 1987 年由劳改局组织翻译的日本法学家、犯罪学家菊田幸一的《犯罪学》一书,大部分内容是讲刑事司法政策和犯罪人的处遇问题。本书实际上是一部对西方和日本犯罪和监狱问题理论的综述。这就是说,犯罪问题与监狱问题的研究是不分家的。从预防犯罪的层次结构上看,国际犯罪学界的共识分为三个层次,名曰"三级预防",即无特定对象的全社会的预防、针对各种潜在的危险性因素的预防、防止已经违法犯罪的人重新犯罪,一圈圈地缩小范围,在具体表述上,各国不同的犯罪学家各有千秋、各有长短。笔者个人主张用言简意赅的汉语概括为三句话:防患于未然、防患于将然、防患于已然。

防患于未然,就是全社会的预防,目的是防止和减少犯罪的发生,这是严格意义上的预防犯罪。早期预防、源头治理,是预防犯罪追求的理想目标。为此就要尽量捕捉哪些条件和情况最容易导致犯罪,这在犯罪学上叫"前犯罪学"研究,也就是对犯罪以前情况的研究,如美国犯罪学家萨瑟兰(Saran)提出的家庭与犯罪的6种情况,诸如单亲或残缺家庭、父母愚昧无知、态度专横、失业等,他认为凡具备这6个条件中两个以上的条件就容易出现违法少年。罗大华教授在《犯罪心理学》(第3版)中列了7种最有可能走上违法犯罪道路的人,名曰“虞犯”,诸如不良交往、出入不良场所、参加不良组织、经常逃学和离家出走、携带凶器、环境杂乱、性格有严重缺陷等。皮艺军教授则致力于研究越轨行为与犯罪的关系,诸如人性越轨、道德越轨、法律越轨、诚信越轨等。中外犯罪学研究大都证实,犯罪是风起于青萍之末,大多有一个从潜伏到爆发的渐变过程,弗洛伊德称为“心理爆炸”,诸如从违背家风家训、乡规民约、党规党纪开始走上违法犯罪道路。然而所有这些现象的因果关系只有通过监狱调查才能得到证实。所以,研究防患于未然,监狱是个重要阵地。换言之,源头治理的源头在社会上,答案却在监狱里。

防患于将然,是将危险性苗头消灭在萌芽状态、处置在始发阶段,化险为夷、转危为安,诸如群体事件和突发事件等。这种情况不仅在监狱里存在,而且有些线索就是监狱提供的。

防患于已然,即预防重新犯罪,监狱当然首当其冲。三个层次各有各的规律特点、成因对策,故可考虑作为基本框架。

总之,研究三个层次的预防,都离不开监狱这个平台。重要的一点是,要利用好这个平台,并与犯罪学研究相对接,进行整体性研究。我国20世纪30年代的犯罪学家严景耀先生就是将狱内狱外研究相结合,他带领学生从12个省的监狱记录中抄编统计资料,广泛访问犯人,并对20个城市的犯罪情况进行调查,收集了300多件个案,写出了近代第一部犯罪学专著:《中国犯罪问题与社会变迁的关系》。

基于上述优势,作为一个战略目标,笔者希望本所能完成一部集中外预防犯罪研究之大成的《中国预防犯罪学》。这是再上一层楼的标志性产品。

关于将预防犯罪问题从犯罪学中独立出来成为一门独立学科的主张在苏联就有一些犯罪学家提了出来，其主要理由是认为，预防犯罪是研究犯罪问题的核心和终极目的，犯罪学的诸要素完全可以用“预防”的思想统领起来，当然也不排除犯罪学的存在。

在我国20世纪90年代也曾出版过《犯罪预防学》和《预防犯罪学》两本书，前者是吉林大学作为内部发行的法学教材出版的，后者是原沈阳军区的一些同志编写的，还邀请当时的蔡诚部长作序。

不忘初心，方得始终。根据习近平总书记关于构建学科、学术、话语体系的指导思想，可将预防犯罪的首尾加以对接合拢，构建成中国特色预防犯罪学学科体系。

什么是体系？一切体系论的哲学依据都是恩格斯的那段经典名言：“我们所面对着的整个自然界形成一个体系，即各种物体相互联系的总体。”[1]在党的十九大报告中将体系论发挥到了极致，“体系”二字出现了近50次，诸如“全球治理体系”“国家治理体系”“社会治安防控体系”“社区治理体系”“农村治理体系”“法治体系”“法律体系”“生态安全屏障体系”等。在新时代，各个方面、各个领域，体系化提升、体系化发展，已成为一种大趋势、大潮流。这是科学时代科学发展和可持续发展的必然结果和规律。以理论诠释理论比较抽象，举一个实例就可以具体看到体系化的重大意义。有媒体报道，在上海江南造船厂的一个生产流程画面上同时出现许多种海军舰艇，专家指出，这就是一个完整的海军舰艇编队体系。军事专家张召忠说，当前我国造航空母舰也不需要“外包”，这是连美国也做不到的。这说明我们已形成独立的生产体系，这在战争期间意义重大。

---

〔1〕《马克思恩格斯选集》第3卷，人民出版社1972年版，第492页。

张军部长在“6·30”讲话中提出的“四个离不开”,旨在提醒我们,犯罪预防研究不能脱离方方面面的应有联系,孤立地就事论事搞研究,那样的研究“提出的任务是不是空中楼阁,没办法去实现啊!”从哲学上说,就是体系论。

笔者于1991年曾发表过一篇论文:《试论理论研究之系列化发展》,其中提出,“理论研究要逐步从零散的位点上向体系化或系列化发展。只有把事物作为一个相互联系的体系进行研究,才能揭示事物的本质。而零散的研究只能反映事物的现象或个别本质”。笔者回顾30多年来的研究历程,从提出《罪因体系刍议》(1989年)到写作《中国犯罪学话语体系初探》(2016年出版),从发表论文《试论理论研究之系列化发展》(1991年),到构思“预防犯罪体系”(1994年,见《中国预防犯罪方略》第9章)及论文《论预防犯罪的几个基本问题》(1996年),体系化研究的思想基本上贯穿始终。所以,笔者今天倡导走体系化研究之路,是适应新时代的需要,也是个人经验的总结。零散的研究好比是一块块五颜六色的花布,只有把它连在一起,形成一个有机构成体系,才是一件百衲衣。这不是简单地相加,而是通过寻求其内在联系和规律实现的。

3. 力争由单一的研究功能向研究与智库双重功能迈进,以提高预防犯罪研究所在社科研究领域和国家宏观决策中的地位和影响力,这是再上一层楼的第三个标志。

党的十九大报告中将“加快构建中国特色哲学社会科学,加强中国特色新型智库建设”并提,如果研究所能兼具这双层功能,那将是一个令人瞩目的新局面、新贡献。说到智库,第一时间就会想到兰德公司,它的长项是预测和评估形势趋势,它预测出1950年的朝鲜战争和2001年“9·11”美国世贸大厦遭恐怖袭击事件,最近又对中美海空军力的平衡与失衡问题作出了预测,引起中外学者热议。一段时间内,人们怀疑它预测的准确性是源于情报,后来这一怀疑被否定了。在我国,当年乔石同志就曾说过,犯罪预测是个重要问题也是个薄弱环节。迄今为止,我国最大跨度的犯罪预测仍属公安部在完成国家“七五”规划(1986～1990年)《中国现阶段犯罪问题研究》这个国家重点社科项目期间所作的中(5年)长(10年)期预测,预测到2000年。

公安课题的中长期预测结果如何呢?笔者作为这个课题的具体实施者,决意加以反馈检验。三次反馈检验均证明,预测结果有相当准确性,在此基础上又提出了到2020年的犯罪趋势预估意见,并提出了一个新观点:深入的犯罪原因和犯罪规律研究是用因素分析法和趋势外推法进行犯罪预测的两个杠杆。

事物是可知可测的,关键在于要夯实基础。预测是研究工作中的一个塔尖,没有基础,塔尖往哪里放?科学家李政道曾用一个比喻说明基础理论的重要性:“基础理论是水不是鱼,市场上需要的是鱼,但没有水是养不活鱼的。”

预测的确是块“硬骨头”。但有预测的预防才是更有效的预防。研究犯罪预防应该啃下这块“硬骨头”。古人说,天下事有难易乎?为之,则难者亦易矣,不为,则易者亦难矣。研究功能与智库功能是一条道上跑的车,是相辅相成而不是相悖的,研究越深入,智库作用越能得以发挥,反之,智库作用发挥得越好,越能促进研究工作的深入开展。如果智库作用降临本所,必然带动一批青年专家学者涌现出来,这是再上一层楼的又一个重要标志。

根据以上表述,笔者建议本所从三个突破口“独上高楼”:一是深入研究治本安全观,形成内容体系;二是构建中国特色预防犯罪学学科体系;三是向研究作用与智库作用合一的双重职能方向迈进。以上这些战略目标实现之日,也就是再上一层楼的目标实现之时。

(三)知行合一,持之以恒,积微成著,实至名归,人人皆可成为专家学者型人才

做事做学问的奥秘,说到底就是知行合一,言必行,行必果,持之以恒。毛主席《实践论》的副标题就是论认识和实践的关系——知和行的关系。科研工作是在历史长河中进行,行的效果是在历史长河中显现。

看待社科研究的成果和效益,不能用抹“万金油”、吃“止痛片”的标准去衡量,而要登高望远,放在历史长河中去检验。

稳定心态,排除干扰,坚持自己选定的科研之路不动摇,是出成果、出人才的基本前提。“靡不有初,鲜克有终”(《诗经》语),最初选择的正确性决定心态的稳定性。这种选择有多种元素,如从政还是治学(做政治家还是学者),专业上的爱好,人生价值观,成就感和获得感,做事的难易观等。唯独不能一味围绕个人小利益左摇右摆、举棋不定、浪费宝贵的光阴。有学者说过:“不要让未来的你为你现在的决定感到后悔。”笔者从搞公安业务工作转为从事犯罪问题与犯罪学研究虽然不是个人主观的选择,但一旦进入了这一领域,30 年来从未动摇过,这就是今天能取得一点小成绩的根本原因。

孟子曰:“心之官则思”,认为心是用来思考的。笔者把自己治学的心路历程概括为三句话:高起点(指具体组织实施由公安部承担的《中国现阶段犯罪问题研究》这个国家重点社科研究项目)、不间断、重实践。搞科研最重要的就是可持续性,最忌讳的就是中断,半途而废。“知行合一”的核心:一个字就是干,两个字就是实干。笔者经常引喻唐代诗人李商隐的诗句“春蚕到死丝方尽,蜡炬成灰泪始干”来激励自己活到老、学到老、干到老的决心和毅力。曹操诗曰:“老骥伏枥,志在千里。”笔者并无千里之志,只有为党多做点工作之心,这就是笔者的基本心态。党的工作具体化就是预防犯罪研究所的工作,所以笔者始终围绕预防犯罪这个主题写书写文章。笔者年逾 80 岁,还到河南永城、汝州等地调研,还到苏州大学法学院讲课,也是不间断、重实践的表现。

什么是专家学者?并无统一标准,但社会上似乎有一个无形的标准,它不是谁封的,而是一种客观存在,主要看述学立论的情况,是实至名归。自古将相本无种,谁坚持不懈地努力,专家学者的头衔就会自然而然地落在谁头上。

当今中国正走向世界舞台的中心,正面临"东学西渐"的形势。希望本所能有更多的同志能成为走上世界学术舞台的专家学者。

"积力之所举,则无不胜也;众智之所为,则无不成也。"(《淮南子·主术训》)用我们研究所的集体力量和智慧,"再上一层楼"的目标一定能实现。

(原载《犯罪与改造研究》2018 年第 3 期)

二、从弘扬传统文化到“国家安全学”的设置将助力预防犯罪理论研究迈上新台阶、作出新贡献

——为庆祝党的百年诞辰而作

2021年1月媒体报道，国务院学位委员会、教育部日前印发通知，新设置的“交叉学科”门类，成为我国第14个学科门类，“集成电路科学与工程”和“国家安全学”作为下设一级学科。[1] 有学者认为，这是对我国学科设置方式的重大突破。对此，笔者颇有顿悟，借此党的百年华诞之际，春云抒卷，略陈一孔之见，供商榷。

（一）学习优秀传统文化对于预防犯罪理论研究有哪些启迪智慧、开拓思路的作用

中国传统文化典籍浩如烟海，博大精深，现仅以西方学者普遍公认的中国3张文化名片——《周易》《老子》《孙子兵法》为例，谈谈

---

〔1〕 参见《光明日报》2021年1月15日，第1版。

笔者三十余年来在科研实践中的心得体会，阐明传统文化对笔者的教育和启迪意义。

1. 从《周易》说起，浅谈传承与创新的关系

历史证实，任何工作过程和研究过程都是一个传承与创新的过程。

从宏观上讲，现实中国是历史中国的延续和发展，现实文化是中华民族传统文化的继续和发展，本土化的马克思主义是马克思主义的继承和发展；从中、微观上讲，一种学术思想，一个学科门类，一种观点，也都是在原有基础上的传承与创新，或综合多种学科的成果而产生新的观点，割断历史与现实的联系是不可能诞生真正意义上的科研成果的。所以，任何事业，任何科学研究都需要很好地兼顾传承性和创新性，既一脉相承，又与时俱进。

讲传承与创新，为什么要从《周易》一书说起呢？这是因为《周易》在历史上被誉为"群经之首，大道之源"，要传承中华民族优秀传统文化，自然要从源头上说起。关于《周易》，太史公自序中说"文王拘而演周易"，实际上据史家考证，《周易》由一部主要用于宫廷占卜的书，变成一部哲理性的书主要是孔子的功劳。孔子看到《周易》的时间比较晚，是他在鲁国当了官以后才看到的，但他以"韦编三绝"的治学精神，将儒家的哲学思想融入了《周易》之中，大大提高了其学术价值。所谓"韦编三绝"讲的就是孔子反复研读《周易》的故事，由于看的次数多了，将串联竹简的牛皮绳子一连磨断了好几次，可见孔子对《周易》是经过反复琢磨研究而后加以创新的。从此，"韦编三绝"也就成了鼓励人们勤奋读书、刻苦治学的一句成语。

《周易》由《易经》《易传》组成。作为学科被称为"易学"。自古以来，《周易》被视为中国哲学和文化的源头活水，内容十分丰富，包括强调了人与自然和谐平衡、"天人合一"的宇宙观，阴阳对立统一的辩证思维，"居安思危""思患而预防之"的忧患意

识等,对于我们今天研读更高水平的“平安中国”建设,提高忧患意识、危机意识,加强犯罪预防的源头治理,构建人类命运共同体等,都有重要启迪智慧的作用。

对于《周易》博大精深的内容,历来就是学者们进行多维度探讨的一个重大课题。2005 年 11 月 19 日,电视报道河南省安阳市市委、市政府领导的对于《周易》中《易经》部分的归纳与体会,大意是,他们认为《易经》的内容就是 4 个字:象(现象)、数(数据)、理(推理出规律性的东西)、占(对于不了解的事物求助于占卜,实际上就是预测)。这种归纳,对于研究工作,如对于犯罪问题研究,在程序上和框架设计上确有异曲同工之妙。象,有学者认为,研究犯罪问题就是研究犯罪现象的规律;数,数据出观点,只有通过调查研究的实证,才能确定犯罪现象中的规律性;理,数据加思辨性推理,才能使经验性规律上升到理性规律;占,可视为对犯罪趋势的推估。他们的归纳和笔者个人的理解,虽均系一家之言,但仍不失为是传承中的一点创新意识。历代有不少大学者汲取《周易》中的智慧而推出新作。例如,北宋关中大儒张载的代表作《正蒙》就是在《易传》的基础上写成的,也正是他把从《周易》以来关于人与自然的关系的种种论述概括为“天人合一”4 个字。他的《横渠四句》落脚于“为万世开太平”,很容易使人联想到与“平安中国”建设的传承与创新关系。

《周易》不仅是中国传统文化的一个重要源头,有西方学者认为,对于西方科学家来说也是个启迪的源泉。例如,耗散结构理论的提出者、比利时学者普里高津(Prigojin)认为:“现代新科学的发展,近十年物理和数学的研究,如托姆的突变理论、重正化群、分支点理论等,都更符合中国的哲学思想……中国思想对于西方科学家来说,始终是个启迪的源泉。”普里高津的观点从 17 世纪德国数学家、哲学家莱布尼茨(Leibniz)那里也得到了印证。这件事《辞海》中是这么说的:莱布尼茨“提出了他认为是和中国‘先天八卦'相吻合的二进制，影响到后代计算机技术的发展"。也就是说，莱布尼茨受《周易》中八卦思想（有学者认为，八卦实际上是一种宇宙观）的启迪而发明了二进制，为后来的计算机技术奠定了基础。这类事例说明，传承与创新是没有时间和疆域界限的。

《周易》中说："天行健，君子以自强不息。"把宇宙不断变化运行的自然规律，引入到人类社会中来，呼唤人们仿效大自然的刚健精神，在事业中不畏艰难，自强不息。以此精神，在传承中创新，在实践中升华，必能不断创造辉煌，为建设创新型国家多做贡献。

习近平总书记说："勇于创新者进，善于创造者胜。"[1]我们搞科研工作的也必须遵此法则，砥砺奋进。

2.《老子》

老子的《道德经》是中国哲学史上最早专门研究或至少是以规律问题为主题的一部伟大著作。[2]可以说，中国古代的规律观是以老子的《道德经》为代表的。《老子》一书充满了"生态智慧"，在人类进入生态文明时代的今天，备受中西方学者重视，并从中汲取生态智慧用于保护生态，进行生态建设。

马克思主义认为，科学研究就在于揭示事物的因果性和规律性。笔者从事犯罪学研究三十余年来，一直以探究犯罪的因果性和规律性为主线，并提出了一些自己的观点，其中也颇受《老子》这部伟大著作的启迪。

第一，在国家重点课题《中国现阶段犯罪问题研究》总成果撰写过程中，在各地公安机关分课题研究成果的基础上，笔者归纳总结出了中国刑事犯罪现象发生与发展的四大规律：起伏律、消长律、因果律、辐射律，并进一步对每个规律归纳总结出了3个特征，以助于分析运用这些规律。

---

〔1〕 习近平：《在纪念中国人民志愿军抗美援朝出国作战70周年大会上的讲话》（2020年10月25日）。

〔2〕 华岗：《规律论》，人民出版社1982年版，第5页。

第二，提出了指导预防和控制犯罪的5个规律：矛盾律、人本律、基础律、综合律、兼治律。这是凭个人经验与心得而提出的，可称为“经验规律”。

第三，提出了“规律链”的概念。笔者认为上述两个方面的规律是一个完整的链条，只有同时掌握和运用这两个方面的规律，才能达到矛盾纠纷源头治理、“上工治未病”的目的。

第四，在长期研究犯罪因果论和规律论的基础上，笔者体会到，深入、持续的犯罪因果和规律研究可形成犯罪预测两大杠杆，进而提出了犯罪预测的“杠杆论”，这在犯罪预测的因素分析法和趋势外推法上表现明显。

第五，提出了“拾起犯罪学的另一半”的概念，意即以往的犯罪学只研究人与人、人与社会的关系，而忽视了人与自然的关系，而这一半是关乎人类生存与发展的大事情。因此，笔者倡导构建“生态犯罪学”并发表了《生态犯罪学论纲》一文，表明了笔者的基本想法。

以上具体内容，在笔者的有关文章和专著中，特别是在《中国犯罪学话语体系初探》一书（2016年法律出版社出版）中，均有较详细表述，在此不再赘述。

老子既研究自然规律，也研究社会规律；既研究一般规律，也研究特殊规律（犯罪规律即属特殊规律）；既研究形式逻辑规律，也研究辩证运动规律。而且老子已经肯定“道可道，非常道”，意思是“规律是可以认识和把握的”。今天，时代已经进步了2500多年，但在对规律的认识上，在思维广度和深度上，仍远远不能适应时代的需要而进行总结研究，这一点，应该向老子学习。

3.《孙子兵法》

《孙子兵法》是军事史上享誉中外、名播千秋的古代兵学的百科全书，被尊奉为“百世兵家之师”“天下第一兵书”。美国战略学家柯林斯认为，孙子是古代第一个提出战略思想的伟大人物。《孙子兵法》是研究战争规律的，但一些基本思想和原则已被广泛应用于政治、外交、商业竞争、企业管理等领域，具有超越时空界限的永恒魅力。

笔者一直提倡研究犯罪问题要读点《孙子兵法》，并在个人的研究实践中提出了一些论点，主要如下：

第一，为便于分类研究，笔者主张将犯罪现象分为三类（“三大领域”）：常规犯罪（或称传统犯罪，属于传统安全的范畴）、超常规犯罪（或称非传统犯罪，属于非传统安全范畴）、生态犯罪（亦属于非传统安全范畴）。三者既有区别又是相互联系和转化的。这种划分有利于分别立法和采取有针对性的防治措施。

第二，提出了同有组织犯罪、暴恐犯罪等超常规犯罪的斗争是准军事斗争、是系统间的抗衡、可比喻或称为“和平时期的战争”的论点，并作了3个方面的比较研究：

一是斗争性质上的比较。从根本上讲，战争与犯罪都是一种暴力行为。德国军事理论家克劳塞维茨（Clausewitz）在《战争论》中说：“战争是一种暴力行为，而暴力的使用是没有限度的”并“趋向极端”。如今的暴恐犯罪本身就是一种暴力行为，而极端组织的出现在暴力的使用上是没有限度的，所以是极端组织。用《孙子兵法》的观点对比军事斗争和同超常规犯罪作斗争的性质，说明两者是有同一性的，包括斗争性质比较、危害性比较、斗争手段比较、胜负因素比较、战略观比较、策略原则比较、战略运筹比较、作战原则比较、作战情报信息比较9个方面。

二是损失数据上的直观比较。包括国际社会的有关统计资料；美国联邦调查局公布的统计资料；美国国防部公布的统计资料；我国公安机关公布的统计数据。证明犯罪造成的伤亡大于局部战争。

三是规律特点上的比较。包括组织化、武装化、谋略化程度，手段更加残酷及极端化趋势等。

上述3个方面研究的意义是为了3个到位:认识到位,准备到位,组织动员到位。概括为两句话:寻求战胜犯罪的最大公约数,寻求减少犯罪、减少受害、减少损失的最小公倍数。

第三,提出了5条《孙子兵法》与反暴力恐怖犯罪战略:"不战而屈人之兵"的早期预防战略;"兵贵胜,不贵久"的快速反应战略;"威加于敌,则其交不得合""我专而敌分"的联合作战战略;"兵之情主速"的信息化战略;"致人而不致于人"的掌握主动权战略。

第四,发表了《论善战》一文,并在《中国犯罪学话语体系初探》一书中进一步概括为善战"十要"与战术"十策",意在以《孙子兵法》的"善战""完胜"的思想为指导,避免在同犯罪做斗争中犯"致命的错误",以减少伤亡。

第五,经笔者多年努力参与《孙子兵法》研讨活动,在应邀参加的第四届《孙子兵法》国际研讨会上(1998年10月在北京举行),会议军制组正式宣布:"将社会治安和预防犯罪列入《孙子兵法》在军事以外领域'应用研究的一个内容、一个领域'。"也就是说,将社会治安和预防犯罪纳入《孙子兵法》学科体系之中,或者说,是上户口了。会上,我国战略学家、《孙子兵法》研究会会长李际均中将对我说:这是一个值得开拓的领域。[1]

上述3本文化名片,在预防为主的思想上,从《周易》的"思患而预防之"、《老子》的"为之于未有,治之于未乱"、《孙子兵法》的"不战而屈人之兵,善之善者也",前后一以贯之。学之用之,不仅可以启迪智慧,开拓视野,而且可以增强信心和力量。

(二)"国家安全学"的设置给预防犯罪理论研究带来哪些机遇和挑战

众所周知,当今科学研究的总趋势是分工越来越细化,而综

---

〔1〕 参见冯树梁:《论预防犯罪》,法律出版社2008年版,第104页;冯树梁:《中国犯罪学话语体系初探》,法律出版社2016年版,第414~415页。

合性、交叉性越来越强。如今,交叉学科门类作为我国第 14 个学科门类诞生了,“集成电路科学与工程”和“国家安全学”成为下设的一级学科。

一级学科的设置服务国家重大战略需求。教育部相关负责人指出,“维护国家安全,迫切需要大批具有全球视野、全局观念、战略思维、政治意识、能力担当的国家安全人才”。这是从人才培养上说的,从研究工作上讲,有学者认为,学科的本质是人类学习知识的一种制度,因此设置一门新学科,无论一级还是二级都需要满足有独特的研究对象、有独特的概念知识体系以及遵从严格的研究方法。

1. 什么是“国家安全”

笔者查阅了有关军事著作,一种较为简洁的概括认为,“国家安全是国家主观上不被威胁,客观上不被侵犯和损害的一种状态。国家安全不仅表现为国家的生存态势,而且表现为国家的发展态势。国家安全状态是政治、经济、军事、文化、信息、能源、生态环境状态的综合”“战争威胁是主要的,也是国家安全最为关注的。”[1]

“非传统安全是较之传统安全而产生的一个概念,即政治、军事和外交等传统安全领域之外的其他危害国家乃至人类生存、发展与稳定的安全问题。非传统安全作为一种新型挑战,在政治多极化、经济全球化、社会信息化的大背景下,以多种不同类型的突发事件和危机为基本表现形式并与传统安全交织互动。”[2]

毫无疑义,在总体国家安全观和平安中国建设的基本理论和基本国策统领下,“国家安全学”作为一门新兴的交叉学科,与犯

---

〔1〕 军事科学院战略研究部:《战略学》,军事科学出版社 2001 年版,第 41 ~ 42 页。

〔2〕 寿晓松、徐经年主编:《军队应对非传统安全威胁研究》,军事科学出版社 2009 年版,第 3 页。

罪学、预防犯罪学有着密不可分的内在联系,为预防犯罪理论研究开拓了更广阔的视野,构筑了更大的平台。视预防犯罪研究为国家安全学的二级学科,是顺理成章的。在此前提下,国家安全问题的机遇与挑战并存。

2. 什么是机遇

所谓机遇就是"国家安全学"作为一门新兴的交叉学科,必然从总体上带动相关学科的发展,例如犯罪学、预防犯罪学等,理由如下。

第一,国家安全学与犯罪学、预防犯罪学的基本宗旨、目的、战略方向是一致的,只是国家安全学有着更高远的视野和更广阔的研究平台,起着总揽全局的引领作用,同时又可以相互支撑、补充和促进。

第二,安全,无论是传统安全还是非传统安全,无论国家安全、政治安全还是社会安全,其要害都在于"预防"二字,都在于"思患而预防之",力争从源头上、基础上抓早、抓小、抓苗头,将容易导致犯罪、影响安全的各种消极因素和矛盾纠纷,消灭在萌芽状态,处置在始发阶段,筑牢防患于未然的第一道防线。因此,预防犯罪的理论研究成果都有助于国家安全学的发展。"预防"二字不到位是难以完成这样的任务的。

第三,在"国家安全学"的学科系列中,有许多学科与它有紧密联系,诸如犯罪学、社会学、心理学、监狱学等。预防犯罪研究的内容,必然加盟其中,这将是非常有意义的,从而打破科学割据,实现学科间的有效融合与发展。因为,科学研究与学科的形成是相辅相成的,即科学研究的进展将促进学科的形成,而学科的形成又将进一步推动科学研究的发展。一则关于《2020 全球城市基础前沿研究监测指数》报告称"中国基础研究前景可期",报告显示,"美国和中国是基础前沿研究的主要集聚中心。普遍印象是,中国基础研究起步晚,起点低,整体而言,确实与国际一流水平还有很大差距，实际情况与普遍印象是一致的。等十几年后形成系列，我们再连续地看，可能就不一样了”。我想，我们的国家安全研究和预防犯罪研究总的说亦属于基础前沿研究，前景同样是可期的：以预防犯罪理论研究而论，改革开放以来的研究实践表明，已经显示出中国特色、中国风格和中国气派，随着国家对总体国家安全研究的日益重视，预防犯罪研究走向系列化、学科化，从而迈入新征程、新阶段、新台阶的前程大有可期。笔者在20世纪90年代就提出了“试论理论研究之系列化发展”的命题，个人已出版的几本预防犯罪专著也已经在向系列化方向发展，提出了种种预防犯罪体系的构想。所以，只要后来学者再接再厉，前景是可期的。

3. 什么是挑战

所谓挑战，这首先是由天下大势决定的。一方面，我国一贯主张，世界大事，应由各国共商、共建、共享，以对话代替对抗，共建人类命运共同体。另一方面，某些国家则想“一超独霸”，妄图霸凌天下。他们无所不用其极地施尽各种手段遏制中国发展，企图让中国“开倒车”，回到任凭帝国主义宰割的悲惨岁月。很显然，确保国家政治安全和社会大局稳定具有特殊且重要的意义。所以，“国家安全学”的设置是服务国家重大战略需求的重大而紧迫的举措。笔者认为，我们的预防犯罪理论研究也必须适应形势，作出必要的调整，最重要的是要与“国家安全学”挂钩，配合国家安全学的开展，作出更多贡献。例如，预防重新犯罪研究就是我们的长项，大有潜力可挖。但重要的一点是：不能忘记理论研究的系列化、体系化，也就是说，全社会的预防、有目标有针对性地预防、重新犯罪预防（防患于未然、防患于将然、防患于已然）三者必须联系起来，在战略谋划上、战役战术性操作上必须联系起来，最终形成学科体系，形成合力，形成体系化预防战略和战役战术措施，这样，有中国特色、中国风格、中国气派的预防犯罪学才能形成,才能筑牢防控一体化的铜墙铁壁。在国家安全学的整合下,确保国家整体安全、社会整体稳定,这样做是应对挑战的应有之义。

(三)在理论研究方法上的感悟

1. 拓宽知识面是交叉学科的基础条件

"学史明理"。至少有两点启发,一是尽量多读多写多听,力争在一定程度上博古通今;二是时刻提醒自己有自知和知人知事之明。所以,深入学习党史对于理论研究工作是有重要现实意义的。如古人所说,"知之愈明,则行之愈笃"。[1] 历史经验表明,知识、见识、胆识是一个思维链条,互为依存:无多学科的知识,怎能对交叉学科进行综合性、多维度的研究?又怎能在此基础上提出自己的见识和敢于提出解决问题的胆识呢?有人提出要培养"三识"(学识、见识、胆识)干部,是颇有道理的。思维链条首先是战略思维,许多学者都认为,战略思维是决定性的,方向和道路都是战略性的。理论研究工作和其他领域的工作一样,无战略思维则无明确的战略定位和方向,容易拘泥于一隅或碎片化研究,难以形成学科体系和系列化研究,面对风云变幻的国内外大势,难以应对"黑天鹅"或"灰犀牛"的突发性,难以做到预警预测预防,这就是"知之愈明,则行之愈笃"的道理。"备豫不虞,为国常道"[2]"于安思危,于治忧乱"[3]怎样做到?可以从"三识"入手,"三识"应是从事科研工作的必备条件。

2. 发挥交叉学科的优势,推进研究工作更上一层楼

以《黄帝内经》中提出的"上工治未病"为例,对于预防犯罪理论研究,通过 2020 年突发的新冠肺炎疫情,对比中国和美国的两种做法,两种有天壤之别的结果,对我们启示良多。借助医学

---

〔1〕(宋)朱熹:《朱子语类》。
〔2〕(唐)魏徵语,参见《贞观政要·纳谏》。
〔3〕《逸周书·程典》。

的发展趋势，对于“上工治未病”的重大意义，可以看得更清楚。世界卫生组织在迎接21世纪的挑战的报告中提出：“21世纪的医学，不应继续以疾病为主要研究对象，而应以人类健康作为医学研究的主要方向。”2007年，当时的吴仪副总理在全国中医药工作会议上指出，中医学有个理念叫“上工治未病”，就是要重视预防和保健，就是要防患于未然。2008年，原卫生部两次举行高峰论坛，明确提出，21世纪的医学将从“疾病医学”向“健康医学”发展，从重治疗向重预防保健发展，并明确了“治未病”的“三级预防”的概念：未病先防着眼于未雨绸缪；既病防变着力防止疾病进一步发展；瘥后防复防止疾病复发。医学专家对“三级预防”概念的解释是：一级预防亦称病因预防；二级预防是临床前期预防；三级预防即临床预防。医学上的“三级预防”同犯罪学上的“三级预防”如出一辙，将犯罪学视为预防犯罪学并重视预防研究同样是必然趋势。我国明确提出“人类健康命运共同体”更是实至名归的大形势决定的。“国家安全学”的建立必将带动预防犯罪学的发展。

3. 交叉学科必须重视综合性总结性研究方法

一个长期困扰着我们社科理论研究工作者的大问题是，哲学社会科学的研究成果如何转化为战斗力？什么是社科理论研究成果？这是一个问题的两个方面：有成果就是战斗力。笔者认为，这些创新成果的产生并非平地风波，而是通过综合性总结性研究实现的。

笔者从事犯罪学理论研究三十余年来提出的诸多理论观点，总的来说，都是从实践中提炼出来的。从方法论上讲，是在调查研究、掌握充分资料的基础上，通过综合性总结性方法概括提炼出来的。可概括为3种做法，带来3点收益。

3种做法：一是对课题进行阶段性总结。笔者的犯罪学研究是从具体组织实施由公安部牵头的“七五”规划期间国家重点社科研究项目“中国现阶段犯罪问题研究”起步的。笔者是公安部课题编委会副主任、编委兼编辑部主任,同时也是经社科院批准的两个课题负责人之一。这个课题历时 5 年,分 3 个阶段完成,每个阶段都由笔者执笔做了阶段性总结,名曰“综述”。正是这 3 个综述奠定了笔者的犯罪学理论研究基础。若干年后(2010 年)又编著了《中国刑事犯罪发展十论》一书出版,实际是对整个课题的再次全面总结,是原版课题成果的缩略本,以便在原版书销售告罄的情况下仍能使成果社会共享。二是凡笔者参加的犯罪学理论研讨会,坚持会前提交论文或会后写综述。三是在重大历史节点上,如建党、建国、改革开放多少周年,以纪念文的形式,总结评述个人或学界的研究历程。

三点收益:一是及时对课题作阶段性总结,记忆新鲜、资料充分,是鲜活而真实的纪实,远胜于写回忆录。二是不断地进行综合性总结性研究有利于研究内容的连续性延伸和逐步深化。三十余年来,笔者的犯罪学研究始终围绕着两条主线进行:犯罪成因论和规律论,而这两条主线就是由《中国现阶段犯罪问题研究》这个课题延伸而来的。主要理论贡献有两点:第一,提出了“罪因体系刍议”的理论观点,被认为是本课题的一个重要的突破性理论成果,对当时课题的罪因研究起了一定引导作用。1990 年,获司法部全国优秀论文评选一等奖。这是将罪因研究延伸到犯罪与商品经济、市场经济的关系进行研究的成果。早在 1989 年 7 月,在研讨会上笔者就提出了:“关于经济增长与犯罪增长的关系,不能轻易地看成是因果性联系,而是诸多因素相互作用的结果。”1989 年 10 月,在《中国现阶段犯罪问题研究》在西安举行的全国研讨会上提交了《罪因体系刍议》一文,认为犯罪成因是一个多层次、多结构的完整体系,而不是由单一的因素决定的。这个例子说明,连续性延伸研究的必要性。关于经济增长与犯罪增长的关系引起了党和国家领导人的重视。根据中央有关领导同志的指示，江苏省公安厅对苏南地区，福建省公安厅对沿海经济较发达地区进行了调查。[1] 其调查结果与笔者当初提法是一致的，即经济增长与犯罪增长并非因果性联系。第二，对于刑事犯罪现象规律的概括与充实并进一步提出犯罪规律链的概念。笔者在主持《中国现阶段犯罪问题研究》总卷的犯罪现状部分的编写时，执笔将各地提出的各种各样的关于犯罪规律的提法归纳为犯罪现象发生与发展的四大规律。之后又总结出四大犯罪规律的基本特征。犯罪起伏律的基本特征是：发展的不平衡性，对社会大变革、大动荡的依存性，潜伏的周期性和时间上的持续性；犯罪消长律的基本特征是：派生性、转化性、突发性；犯罪因果律的基本特征是：因果位置的互换性、一因多果和一果多因性、潜伏性；犯罪辐射律的基本特征是：无疆界性、穿透性、诱惑性。掌握这些特征对于解析犯罪成因是有帮助的。三是连续的综合性总结性研究有助于形成研究的系列化和体系化。笔者的代表性研究成果是2016年出版的《中国犯罪学话语体系初探》和关于中国特色预防犯罪之路的多篇论述文章，主要有：《预防犯罪的中国之路——为纪念改革开放30周年而作》（2009年）、《探索犯罪与预防犯罪研究之路——为庆祝新中国成立60周年而作》（2009年）、《中国预防犯罪理论建设的新发展——为庆祝中国共产党成立90周年而作》（2011年）、《中国预防犯罪研究回眸与前瞻——为纪念改革开放40周年而作》（2019年）、《学习“枫桥经验”探究中国特色预防犯罪之路》（2020年）。[2] 对预防犯罪之路的探究是笔者主编的《中国预防犯罪方略》（1994年出版）和专著《中外预防犯罪比较研究》（2003年出版）的延续和创新，因为预防犯罪之路这一主题有着比“方略”“体系”等概念更为广阔的

---

〔1〕 转引自《公安研究》1994年第4期和《公安大学学报》1997年第1期。

〔2〕 这些文章都刊登在《犯罪与改造研究》杂志上。

研究范围,旨在为形成中国特色、中国风格和中国气派的中国预防犯罪学科体系打基础。

最后,如何从整体上看待预防犯罪理论研究工作呢?无论是从整体上、全局上讨论我们的研究方向和目标、谋划全局性工作安排,还是筹划某个方面、某个领域、某些具体课题,有几点是不应忘记的:一是胸怀“国之大者”的大国情怀与担当,与我们的大国国情和地位相适应;二是与百年未有之变局的天下大势相适应,不能局限于一时一地的情势而左右我们的视野;三是犯罪学或预防犯罪学,如前所述,本质上都是交叉学科,必须重视学习和积累多方面的知识和经验,不能拘泥于一个方面的专业知识;四是我国在同形形色色的刑事犯罪作斗争,特别是在与反暴恐犯罪做斗争中,已经积累了相当丰富的经验,应注重总结研究。这些经验,如始终保持对于严重刑事犯罪高压态势不动摇;扫黑除恶常态化;打防结合、源头预防;标本兼治,综合治理;联防联控、群防群治;对黑社会性质组织露头就打,不留后患;坚决把暴恐威胁制止在萌芽状态、未发阶段;强化整体防控、坚持防范在前,筑牢社会面整体防控的铜墙铁壁;坚持矛盾纠纷源头化解决;凡“恐”必打,绝不允许恐怖主义、极端组织在我国领土上蔓延滋长,这是一条底线;推进更高水平的平安中国建设等。

从总体上讲,当前随着国家各方面的迅猛发展,我国预防犯罪的大形势越来越好,特别是全面脱贫的决定性胜利和全面推进乡村振兴战略,这两个“全面”将大面积、大范围地增加社会的积极因素、和谐因素和正能量,减少社会的不稳定因素和潜在的危险性因素。20 世纪 90 年代社会犯罪大幅度上升的一个重要原因就是随着社会转型、经济转轨,农村基层政权一度基本上处于“瘫痪”或“半瘫痪”状态,社会控制力大大削弱,而且直到改革开放前的 1978 年,全国有 1/3 的农户生活贫困,有 50% 的农民只能勉强维持生活。在这种经济形势下,农村怎么能稳定。所以,当时“治乱”必须“治瘫”“治穷”。两个“全面”将从根本上解决这个大问题。只有这样,全社会的预防才有可能落到实处。

毫无疑问,两个“全面”为建设更高水平的平安中国,为最大限度地预防犯罪奠定了坚实的基础。预防犯罪事业与科研将迈上新台阶,走入新征程。

(原载《犯罪与改造研究》2021 年第 7 期)

三、学习“枫桥经验” 探究中国特色预防犯罪之路

（一）“枫桥经验”的兴起

闻名遐迩、历久弥新的“枫桥经验”诞生于1963年11月22日，[1]是毛泽东主席批示学习推广的。毛主席的批示和谈话为“枫桥经验”半个多世纪的创新发展奠定了理论基础，主要是矛盾论和群众观。

1. 诞生“枫桥经验”的历史背景

1963年，我国正处于三年困难时期，国际上反华势力猖狂叫嚣，国内的反动残余势力死灰复燃，散布反革命谣言，成立反动组织进行颠覆活动，一时间，大有“黑云压城”之势。

对于外侮和内患，毛泽东同志的态度是

---

〔1〕 关于毛主席批示推广学习“枫桥经验”的日期，有1963年11月20日和22日两种说法。原浙江省诸暨市公安局局长金伯中同志曾于1998年10月专门到公安部拜访了曾参与调研总结推广的凌云、吕剑光、赵明等老同志，并查阅了公安部档案馆、北京市档案馆、中央档案馆的原件，确定日期为11月22日。

坚决而明确的：对外，绝不屈服于帝国主义的压力；对内，对于反对我们的人，包括来自敌人营垒的人和“四类分子”，则是尽量争取、教育、团结、改造大多数，为我所用，即便是国民党特务，也可以抓了再放、七擒七纵。他向当时的公安部负责人讲了两个历史故事：一个是战国时期的鲁仲连，他坚决反对六国屈服秦国的压力；另一个是唐代名将李愬，捉了敌将李祐、丁士良不杀，终为所用，雪夜袭破久攻不下的蔡州。当时的刑事政策是，除现行犯以外，实行“一个不杀，大部不捉”的方针。

在内外交困的历史关键时刻，1963 年 5 月，毛主席在杭州主持召开政治局扩大会议，起草了《关于目前农村工作中若干问题的决定(草案)》，准备在全国农村开展社会主义教育运动。社会主义教育运动的目的很明确，就是要稳固基层政权，要把大多数“四类分子”改造成新人。社会主义教育运动分批分阶段进行，最后一个阶段“对敌斗争”阶段，先在全国试点。1963 年 10 月至 11 月，毛主席再次来到杭州视察工作，公安部领导汇报了诸暨枫桥试点中“依靠群众，就地改造地富反坏分子，没有捕人”的做法。毛主席听了很高兴，说这就叫“矛盾不上交，就地解决”，并指示公安部要好好总结这个经验。

根据毛主席的指示，浙江省委和公安部组成联合工作组深入枫桥实地调研考察，起草了调研报告《诸暨县枫桥区社会主义教育运动中开展对敌斗争的经验》。1963 年 11 月 21 日，根据这份调研报告，公安部又起草了一篇题为《坚持人民民主专政，依靠群众，把绝大多数四类分子改造成新人》的材料送毛主席审阅，准备作为第二届全国人大第四次会议上的发言稿。毛主席当时说，我没有意见，可以去讲。

1963 年 11 月 22 日，毛主席在发言稿所附便签的周边作了重要批示，“此件看过，很好。讲过后，请你们考虑，是否可以发到县一级党委及县公安局，中央在文件前面写几句介绍的话，作为教育干部的材料。其中应提到诸暨的好例子,要各地仿效,经过试点,推广去做"。现在我们在报刊上通常看到的那份比较整齐的批示件,是后来誊写整理的,不是原件。

根据毛主席的批示和谈话,枫桥人创造性地将"矛盾不上交,就地解决"具体化为"小事不出村,大事不出镇,矛盾不上交",在几十年的风雨历程中依靠群众、与时俱进,在化解矛盾中不断前进。"枫桥经验"的核心就是:"发动和依靠群众,坚持矛盾不上交,就地解决,实现捕人少、治安好。""枫桥经验"的旗帜是毛主席一手树立起来的。

1964 年 1 月 14 日,中共中央发出了《关于依靠群众力量,加强人民民主专政,把绝大多数四类分子改造成新人的指示》,并且转发了"枫桥经验"相关材料,在全国掀起了学习和推广"枫桥经验"的热潮。20 世纪 70 年代末,全国范围内率先给所有"四类分子"摘帽,巩固了基层人民政权。

习近平同志主持浙江工作期间和 2012 年担任中共中央总书记后,把"枫桥经验"推向了新的更高水平的阶段。

2013 年 10 月 11 日,中共中央总书记、国家主席、中央军委主席习近平就坚持和发展"枫桥经验"作出重要指示:"各级党委和政府要充分认识'枫桥经验'的重大意义,发扬优良作风,适应时代要求,创新群众工作方法,善于运用法治思维和法治方式解决涉及群众切身利益的矛盾和问题,把'枫桥经验'坚持好、发展好,把党的群众路线坚持好、贯彻好。50 年前,浙江枫桥干部群众创造了'依靠群众就地化解矛盾'的枫桥经验,并根据形势变化不断赋予其新的内涵,成为全国政法综治战线的一面旗帜。浙江省各级党委和政府高度重视学习推广'枫桥经验',紧紧抓住做好群众工作这条主线,为经济社会发展提供了重要保障。"[1]

2019年1月21日,习近平总书记在省部级主要领导干部坚持底线思维着力防范化解重大风险专题研讨班开班式上发表重要讲话,强调"要推进社会治理现代化,坚持和发展'枫桥经验',健全平安建设社会协同机制,从源头上提升维护社会稳定能力和水平"。[2]

2019年5月8日,习近平总书记在全国公安工作会议上强调:"要坚持打防结合、整体防控,专群结合、群防群治,把'枫桥经验'坚持好、发展好,把党的群众路线坚持好、贯彻好,充分发动群众、组织群众、依靠群众,推进基层社会治理创新,努力建设更高水平的平安中国。"[3]

从习近平总书记的系列讲话中可以看出,"枫桥经验"已同防范化解重大风险、社会大局稳定、党的群众路线、基层社会治理、平安中国建设等重大战略问题紧密联系。

原原本本重温两代领导人的批示指示和谈话讲话,是我们研究"枫桥经验"的基本依循。

2. 枫桥的地域人文环境

据考证,枫桥之名源于唐代,因当时此地枫树成林而得名。枫桥镇曾历经多次变更行政区域,现今的枫桥镇是1992年撤区扩镇并乡时规划而定的。历代许多名人大家都曾到过枫桥,宋代理学大师朱熹曾4次莅临枫桥义安精舍(又称紫阳精舍)传经讲

---

〔1〕《习近平就创新群众工作方法作出重要指示强调:把"枫桥经验"坚持好、发展好 把党的群众路线坚持好、贯彻好》,载 http://www.gov.cn/ldhd/2013-10/11content_2504878.htm。

〔2〕《习近平总书记在省部级主要领导干部坚持底线思维着力防范化解重大风险专题研讨班开班式上发表重要讲话》,载 http://www.gov.cn/xinwen/2019-01/21/content_5359898.htm。

〔3〕《习近平出席全国公安工作会议并发表重要讲话》,载 http://www.gov.cn/xinwen/2019-05/08/content_538974.htm。

学。1930 年 3 月,周恩来同志曾在枫桥大庙作抗日演讲,受到千余民众的热烈欢迎。枫桥山川秀丽、人才辈出,如“枫桥三贤”王冕、杨维桢、陈洪绶(陈老莲)。

通过民间调解化解矛盾纠纷是中华民族的优良传统,枫桥亦然。当年周恩来同志做抗日演讲的枫桥大庙就是承担此功能的地方,在此议事协调、息事止讼保持家族内的和谐稳定。当时的乡约家训规定,族内发生争讼,须在族内解决,实在解决不了的,才可以向官府申告。这与如今“小事不出村,大事不出镇,矛盾不上交”的要义是一脉相承的。

3.“枫桥经验”的重大意义

笔者曾数次应邀参加“枫桥经验”的理论研讨并参观学习,认为“枫桥经验”的重大意义至少有以下 6 点:

(1)巩固基层政权。改革开放之初,刑事犯罪陡然上升,重要原因之一就是基层政权组织处于瘫痪、半瘫痪状态。巩固基层政权是个永恒主题,也是预防犯罪必不可少的条件之一。

(2)保持基层社会和谐稳定。重要手段就是依靠群众做好民调工作。2003 年 11 月 19 日,全国公安工作会议在北京召开,时任枫桥派出所所长的朱建阳同志作为基层特邀代表参加了大会。22 日上午,在中南海怀仁堂,他受到了胡锦涛总书记接见,在党和国家领导人面前朱建阳生动讲述了“枫桥经验”在基层社会治安综合治理中发挥的作用。

(3)促进基层社会治理现代化。党的十九大报告指出:“推进改革发展稳定的大量任务在基层,推动党和国家各项政策落地的责任主体在基层,推进国家治理体系和治理能力现代化的基础性工作也在基层。”所以,要“推动社会治理重心向基层下移”“推广促进社会和谐的‘枫桥经验’,构建城乡社区治理新格局”。

(4)筑牢社会和谐稳定的根基、努力建设更高水平的平安中国。民间有言,筑牢篱笆防野狗。外部的干涉渗透势力,之所以能够把黑手伸进来策动暴乱,常常就是由于城乡基层的有些篱笆没有筑牢、没有扎紧。如果像“平安枫桥”一样防微杜渐,他们就难以得逞。

(5)为经济发展保驾护航。没有稳定的社会环境什么事情也干不成,这句话已经是共识。据诸暨市公安局2018年提供的一份材料显示,改革开放40年来,诸暨市综合经济实力全面提升,是闻名中国、蜚声世界的袜业之乡、珍珠之都、香榧之都。

(6)预防犯罪。学者们从不同角度提出了不同见解。笔者个人的学习体会是,“枫桥经验”开辟了一条中国特色预防犯罪之路。

(二)“枫桥经验”开辟了一条中国特色预防犯罪之路

习近平总书记指出,“道路问题是关系党的事业兴衰成败第一位的问题,道路就是党的生命”。[1] “枫桥经验”生命力的源泉就在于,它在几十年内沿着党所指引的道路与时俱进、发展创新,形成了一条独具特色的预防犯罪之路。

(1)紧紧依循相信和依靠群众、就地化解矛盾这个基本原则和规律,有效地预防和减少犯罪,维护基层社会的和谐稳定。“万物得其本者生,百事得其道者成。”[2]这个“本”就是人民,就是群众。枫桥派出所的一项统计显示:2013~2017年,全镇刑事发案由331起下降到133起,4年下降了60%。

枫桥派出所坚持“警务围着民意转、民警围着百姓转”两大理念,群众对民警的工作满意率平均达到99.6%以上,调解矛盾纠纷的成功率达97%。群众是矛盾纠纷的载体,也是解决矛盾纠纷的主体,枫桥的警民关系为调解矛盾纠纷奠定了基础。也就

---

〔1〕 习近平:《关于坚持和发展中国特色社会主义的几个问题》,载《求是》2019年第7期。

〔2〕 (汉)刘向:《说苑》。

是说,抓住了事物的“本”。

枫桥人的做法既符合辩证唯物主义的三大基本规律,即对立统一规律、质量互变规律、否定之否定规律,也符合犯罪发生与发展的规律,即犯罪“起伏律”、犯罪“消长律”、犯罪“辐射律”、犯罪“因果律”。所谓规律,在古人特别是在老子笔下就是“道”,也就是说,按规律办事就能成功。把三大基本规律和四大犯罪规律联系起来加以考察,我们可以得出这样的认识:“枫桥经验”的一个着力点就是做矛盾的转化工作,即减少对立面,增加正能量,及早消除容易导致犯罪的各种消极因素、潜在的危险性因素,使基层社会得以和谐稳定。

(2)在相信和依靠群众、矛盾不上交、就地化解的思想指导下,枫桥人总结出了一系列看得见、摸得着、可衡量、可操作的具体措施,使犯罪的早期预防由理想变为现实,破解了一道世界性难题。预防犯罪是全世界追求的理想目标,也是全世界面临的一道难题,特别是抓早、抓小、抓苗头、抓源头、抓基础的早期预防,更是难题中的难题。

犯罪学家和实务工作者提出了种种易导致犯罪的环境、条件以及什么人容易犯罪的构想,但难以落到实处,产生实效。例如,美国著名犯罪学家萨瑟兰(Sutherland)十分注重家庭对一个人的影响。他说:“家庭在决定一个人所遵循的行为模式方面起着独特而重要的作用。”他总结出6种容易导致青少年违法犯罪的家庭模式。[1] 又如,关于社会环境对青少年违法犯罪的影响,20世

---

〔1〕 6种家庭模式是:(1)家庭的其他成员是罪犯、不道德者或是酗酒者;(2)由于死亡、离婚或者遗弃所形成的单亲家庭;(3)由于无知、冷淡、疾病而缺乏父母控制的家庭;(4)家庭不和,表现为一方的专制、溺爱、过于亲昵、过于严肃、疏忽、忌妒、住房拥挤或是亲戚的妨碍;(5)宗教或其他文化上的差异或是父母存在习惯标准上的差异;(6)存在经济上的困难,如失业、贫困、父母都工作或是财政上缺少预算。据当时一项调查,违法青少年中有46%来自“极度缺乏父母控制”的家庭。

纪末审判工作者总结出了 10 种青少年违法犯罪的先兆。[1] 再如,关于虞犯,即受某些社会环境的影响往往内化为容易导致违法犯罪行为心理的人,换言之即准违法犯罪者,犯罪心理学家罗大华教授概括为 7 种人。[2]

我国《预防未成年人犯罪法》画了 3 条线:不良行为、严重不良行为、违法犯罪行为。在各类调解工作特别是民事调解中,一些地方也规定,防止矛盾激化,由一般矛盾纠纷转变为治安案件、由治安案件转变为刑事案件。

以上所有这些归纳总结和法律规定,目的都在于防止犯罪发生,但都是一种可能性,不具有可操作性。"枫桥经验"的可贵之处在于,他们确定的一系列措施或方案具有看得见、摸得着、可衡量、可操作的本质特征。

"小事不出村,大事不出镇,矛盾不上交",把控制的范围划定在村和镇的最小的基层单位内,把所有小事、大事也就是不同程度的矛盾纠纷包揽下来,通过"三治"(自治、德治、法治)方式加以调处解决,就地化解而不上交。党的十八大以后,根据社会

---

〔1〕 10 种先兆是:(1)学习无兴趣,成绩下降。常常抄袭别人的作业或让人代写作业,时常旷课逃学。(2)纪律松懈,是非观念颠倒,好在学生中间称王称霸,打架斗殴,不服老师管教。(3)道德标准模糊,爱憎颠倒。视抽烟为"阔",以交女朋友多为"荣",并津津乐道。经常恶语伤人,满嘴脏话。(4)厌恶学校生活,沾染了某些恶习和不良嗜好,常同一些有不轨行为的人混在一起,重"感情",讲"义气"。(5)爱说假话、大话、空话。有了错误互相包庇,编造谎话。(6)贪玩无度,爱闲逛,无所事事,经常成群结伙逛公园、商店、以盲目行为和冲动弥补内心空虚。(7)过分追求吃喝玩乐,对钱有浓厚的兴趣,经常与别人互换衣服,互借东西,慢慢干起了偷鸡摸狗的事情。(8)喜欢玩猫玩狗,起居饮食不规律,玩物丧志。经常流露出无事可做的烦躁情绪。(9)不看课本,爱看不健康的小报、杂志。迷恋于其中描写的淫乱情节和内容。(10)聚众结伙离家出走,赌博,追逐调戏妇女等。参见《青少年犯罪十种先兆》,载《人民日报》1988 年 11 月 6 日。

〔2〕 7 种人是:(1)经常与有犯罪习性的人交往者;(2)经常出入不良场所者;(3)经常逃学或离家出走者;(4)参加不良组织者;(5)无正当理由经常携带凶器者;(6)个性有严重缺陷者;(7)生活环境比较复杂混乱,经常出现犯罪现象者。参见罗大华:《犯罪心理学》(第 3 版),中国政法大学出版社 2014 年版,第 4 页。

治理现代化的要求,又提升概括为“矛盾不上交,平安不出事,服务不缺位”,把化解矛盾同为人民服务结合了起来。枫桥派出所则进一步概括为“多元化解矛盾,全时空守护平安,零距离服务群众”,并实施“破小案、办小事、解小忧、帮小忙、惠小利”的新五小工程。一切从“小”入手。

“见小曰明”。[1] 我们从历史哲学层面去解读枫桥方案,可窥见其深厚的哲理内涵和实践特质。《道德经》是中国哲学与文化的奠基性经典。其中说:“为之于未有,治之于未乱”[2]“天下难事必作于易,天下大事必作于细。”[3]《韩非子·喻老》说:“大必起于小,族必起于少。”这都说明,小中见大,见微知著,见其细微之萌而防杜之,乃可曰明。这就是识祸患于微细之萌、防患于未然的道理。

把这些道理同“枫桥经验”的具体做法加以对比,可见枫桥的预防犯罪之路乃是成功之路。

(3)新时代“枫桥经验”从3个方面进行战略展开,由战术价值向战略价值升华,最终将形成新时代的预防犯罪体系。新时代“枫桥经验”,在总体国家安全观指引下从3个方面进行战略展开:一是在“三农”领域展开,为乡村振兴战略服务;二是由乡村向城镇社区治理延伸,构建城乡社区治理新格局;三是纳入建设美丽中国、平安中国的架构之中。合二为一,将可能形成新时代的预防犯罪体系。

2019年6月中共中央办公厅、国务院办公厅《关于加强和改进乡村治理的指导意见》中明确提出:坚持发展新时代“枫桥经验”,做到“小事不出村,大事不出乡”。2019年1月《中国共产党农村基层组织工作条例》中指出:推广新时代“枫桥经验”,推进乡村法治

〔1〕《道德经》第52章。
〔2〕《道德经》第65章。
〔3〕《道德经》第64章。

建设,提高乡村德治水平,建设平安乡村。2019 年 1 月 3 日中共中央、国务院《关于坚持农业农村优先发展做好“三农”工作的若干意见》中强调:坚持发展新时代“枫桥经验”,完善农村矛盾纠纷排查调处化解机制,提高服务群众、维护稳定的能力和水平。

推动“枫桥经验”向城镇社区治理延伸,也就是“枫桥经验”将在城乡全覆盖。滴水藏海,通过城乡基层社会治理的鲜活样板同样可以读懂中国国家治理体系的强大活力和生命力。

“枫桥经验”的预防犯罪、维护基层社会和谐稳定的过程,就是成功运用人民调解手段“治未病”和“不战而屈人之兵”的过程。2018 年 4 月,中央政法委等六部门印发《关于加强人民调解员队伍建设的意见》,要“让人民调解成为社会维稳第一道防线”,“枫桥经验”就是一个鲜活的样板。既然“枫桥经验”能够成功地运用人民调解手段达到“禁奸于未萌”“治未病”的目的,形成鲜明的中国特色、民族特色、时代特色,所以也能够向城镇社区治理延伸,并纳入国家社会治理体系现代化之中。现在许多地方,特别是基层派出所,都提出向枫桥派出所学习,这是一种必然趋势。

建设平安中国与预防犯罪是一个问题的两端,没有预防犯罪开路,把犯罪清除在萌发状态、始发阶段,哪里来的平安?反之,平安建设的开展,也为有效地预防犯罪创造了条件。预防犯罪虽是一个国际通用词,但“平安”一词更具有民族特色,平平安安、国泰民安,是中国人民的普遍诉求,所以研究中国特色预防犯罪之路必须研究平安建设。2012 年 11 月 8 日党的十八大报告中指出:“深化平安建设,完善立体化社会治安防控体系。”2013 年 5 月 31 日在苏州召开的深化平安中国建设工作会议,对深化平安中国建设工作作出了全面部署。随后,平安中国建设在我国城乡迅速展开。平安中国建设的本质要求与预防犯罪是一致的,但平安中国建设从正面提出问题并提出更高要求。所以,习近平同志称赞枫桥为“平安枫桥”。

(三)全球化语境下的“枫桥经验”

中国长期保持社会和谐稳定,人民安居乐业,成为国际社会公认的最有安全感的国家之一。党的十九届四中全会把中国特色社会主义制度和国家治理体系推向更高境界,将为我国实现“两个一百年”奋斗目标提供根本保证。“枫桥经验”作为一个鲜活样板纳入国家治理体系之中,这是“枫桥经验”的一大贡献。

当今世界面临百年未有之大变局,机遇与挑战并存。天下安危,将是两条主线的对立斗争:从平安中国建设到人类命运共同体理念的推进,是世界安全与稳定的主导力量、决定力量和基本保障;以美国为首的霸权主义国家,则企图横行天下,独霸世界,成为制造各种犯罪的渊薮。暴恐犯罪肆虐、分裂势力猖獗,成为当今国际犯罪的主要标志,主要特点是犯罪手段与政治目的相交织、国内外势力相勾结,其总根源是“一超独霸”。

习近平总书记指出:“面对波谲云诡的国际形势、复杂敏感的周边环境、艰巨繁重的改革发展稳定任务,我们必须始终保持高度警惕,既要高度警惕‘黑天鹅’事件,也要防范‘灰犀牛’事件;既要有防范风险的先手,也要有应对和化解风险挑战的高招;既要打好防范和抵御风险的有准备之战,也要打好化险为夷、转危为机的战略主动战。”〔1〕

“枫桥经验”的预防犯罪之路,如果在全国城乡基层社区遍地开花结果,筑牢社会和谐稳定根基,夯实预防犯罪的第一道防线,这将是“枫桥经验”为全球治理注入的智慧和力量。

(原载《犯罪与改造研究》2020年第2期)

---

〔1〕《习近平在省部级主要领导干部坚持底线思维着力防范化解重大风险专题研讨班开班式上发表重要讲话》,载 http://www.cn/xinwen/2019-01/21content_5359898.htm? tdsourcetag=s_pcqq_aiomsg。

四、社会生态安全——犯罪学的一个新起点

——在第六届中国犯罪学高层论坛开幕式上的讲话*

这次论坛的主旨是研究人与自然的关系。由于人与自然的关系归根结底是反映了人与人、人与社会的关系，所以本论坛名曰“社会生态安全”。正如社会生态学的主要代表人物、美国的社会学家默里·布克钦（Murray Bookchin）所说，“几乎所有当代生态问题都产生于深层次的社会问题。不彻底解决社会问题，生态问题就不可能被正确认识，更不可能解决”。实际上，这次论坛也是在河南省永城市和禹州市社会安全调查的基础上延续下来的。在由皮艺军、翟英范主编的《大融合：和谐共生的社会生态——以永城市社会治安管控为样本》一书中，在永城市公安局局长邵明杰所作的永城市公安工作经验介绍中，“社会生

---

* 第六届中国犯罪学高层论坛于2013年6月22～23日在湖北荆州举行。

态安全”一词已蕴含其中。在党的十八大关于推进生态文明建设的指引下，从犯罪学的角度去研究社会生态安全问题可能是犯罪学的一个新起点。

犯罪学是一门包容性、全方位和多层次的学科。它涉及社会问题及生态问题的方方面面，是一个巨大的阐释空间，可以从不同的角度去阐释同一个主题。这是犯罪学的优势和难点所在。在这里，我就耳目所及、思绪所至，就社会生态安全问题谈几点认识。

（一）旧时王谢堂前燕，飞入寻常百姓家

大气生态环境和水生态环境，直接关系到千家万户的生命与健康。联想到60年前伦敦的“雾都劫难”〔1〕和日本的“水俣病事件”〔2〕，人们质疑：是不是真的狼来了！它们离我们还有多远？这也引起了党和政府极大关注。国务院和北京市出台了防治大气污染的10条措施。原环保部发布一些城市的空气质量报告。最高人民法院、最高人民检察院公布进一步加大打击环境污染犯罪力度的司法解释。公安部重拳打击污染环境犯罪活动。北京市领导表示，要以壮士断腕的决心打一场防治首都大气污染的攻坚战。

“变起一朝，祸积有素”。从全国来看，近几年因环境污染引发的群体性事件呈增长之势，它与违法拆迁、劳资纠纷，成为引发群体性事件的“三驾马车”。环境污染主要是化工污染和生产生活废水垃圾污染，由此引发群体性事件，或抗议或游行或上升为

---

〔1〕 1952年12月发生在伦敦的“雾都劫难”，使整个伦敦为浓雾所笼罩，全市陷入一片灰暗之中，空气中弥漫的呛人烟雾一周不散，其中有4700人因呼吸道疾病而死亡，雾散后又有8000人因同样的病而死于非命。

〔2〕 1956年，日本的“水俣病事件”是由于日本最大的化工企业“千素公司”所排放的甲汞污染了水俣湾地区的水源，导致该地区大量居民中毒，造成2248人患病，其中1004人死亡，直到2000年仍有患“水俣病”的人坐在轮椅上。

暴力冲突，说明社会生态安全问题同犯罪问题一样，已成为一个严重的社会问题。生态安全，这个过去多见于官方文件和学者文章中的话语，已经进入寻常百姓家。因此，对它的研讨具有重要现实和理论意义。

（二）亡羊补牢，犹未为晚

由于社会生态安全问题涉及的面很广，我们既无力划定一个范围，也无法对当前的社会生态安全形势作出准确的判断，但有一点可以肯定，它既然是一个严重的社会问题，就不可再等闲视之，但也不像西方工业化国家那样已经是危机中的危机，而是处于"亡羊补牢，犹未为晚"的状态。为了弄清当今的社会生态安全形势，并为今后的研究打好基础，应当对一些深层次的问题从源头上做一些比较性研究。

1.1 万年、5000 年、100 年和 30 年的关系

考古学证实，人类时代 1 万年；我国的文明史 5000 年，属于农耕和游牧文明时代；约在 18 世纪 60 年代，随着英国第一台纺织机和蒸汽机的转动，人类进入了工业文明时代，一些国家实现工业化，大约用了一百年；我国改革开放 30 多年来开始了新时期工农业的现代化建设。人类在漫长的农耕文明时代，也始终伴随对自然生态的破坏，只不过这种破坏是缓慢的、不易察觉的，比如将自然的森林、植被清除种植粮食，因而导致生物多样性遭到破坏，失去了自然循环的互补能力，导致产量逐年下降，于是又以破坏森林、草原为代价开辟新的耕地，使生态进入恶性循环状态。我国改革开放前，曾经围湖造田、破坏湿地以增加粮食产量，就属于这种情况。据考古研究，一些古文明，如古埃及文明、古巴比伦文明、古希腊文明等没有能够延续下来，同这种对古生态的毁灭性破坏有关。我国的河姆渡文化的转移就同水环境的恶化有关。尽管如此，在长达数千年的农耕文明时代，依然天是蓝的，水是清的，自然资源是完好的，物种是多样性的，从总体上看自然生态是

平衡的，当然，生产力也是较低的。

进入工业文明时代百余年，经过几次产业革命和科技革命，极大地发展了生产力，创造了空前的物质财富，但与此同时，也给人类带来了空前的生态危机：大气严重污染，温室效应加剧，臭氧层变薄，淡水资源短缺，许多资源枯竭，森林锐减，草场退化，土地侵蚀和荒漠化，酸雨污染，环境污染加剧……全球性生态危机产生了。这就是西方工业化付出的惨痛代价！英国历史学家阿诺尔德·约瑟夫·汤因比说："人类的生存没有比今天再危险的时代了。"究其原因，大致是：西方哲学思想上的人类中心主义，认为人是大自然的主宰者，大自然是被征服的对象；经济学理论上的自然资源"无限无价"论，认为自然资源是取之不竭，用之不尽的；工业化实践上的"先发展、后治理""先污染、后治理"的错误方针等。值得注意的是，西方工业化造成的环境污染后果祸及全人类，人人有份，但工业化创造的物质财富却并不是人人有份，有的富国一国的消费几近全球的一半，有的国家不到 20% 的人占有 80% 的财富，这就是生态危机为什么是危机中的危机，它可以带来经济危机、政治危机……

我国长期以来是个农业国，是个发展中国家，改革开放 30 多年来，经济迅猛发展，至今经济总量已跃居世界第二位，经济发展带来的实惠中国人民都能感觉得到，当然也有贫富差距拉大的问题有待解决。但我国在工业化城镇化中仍然付出了令人难以想象的代价。早在 1996 年我国就提出了"环境安全"的概念，2007 年党的十七大报告中就指出，我国"经济增长的资源环境代价过大"，强调"深入贯彻落实科学发展观""坚持生产发展、生活富裕、生态良好的文明发展道路……使人民在良好的生态环境中生产生活，实现经济社会永续发展。"党的十八大又专篇论及推进生态文明建设，把它推进到了一个新的发展阶段。总体上看，30 多年来，生态环境问题处于"治理与破坏相持"阶段，但党的十八大以后有望有较大或根本性改观。

2. 完成时与进行时的关系

西方国家完成了工业化才引来了狼,我们正在进行现代化建设,不能以停止现代化建设的办法把狼赶出去,而是要边进行现代化建设边防治生态环境污染,所以,任务更为艰巨。我国既然能找到自己的路,建设中国特色的社会主义,就能够找到自己的路,推进生态文明建设,解决生态环境安全问题。

3. 经济代价与文化代价的关系

我们的文物古迹、历史遗存一旦被破坏,是无法修复的,是任何经济代价都无法补偿的。举两个例子加以佐证。

例一,我们是中国人,按照以进化论的奠基者达尔文为代表的人类起源"一元中心说",我们是从非洲走过来的中国人。然而,21 世纪初(2003 年)对河北省泥河湾(在桑干河两岸,即丁玲小说《太阳照在桑干河上》的桑干河)人类遗存的挖掘证明,早在 200 万年前这里就有早期人类用餐的遗址,考古学家认为,这里可能就是人类起源和中国人的祖先(而非洲的奥杜维峡谷是 100 多万年前的人类遗存)。2013 年经对北京房山田园洞人遗骨的 DNA 鉴定,再次证明田园洞人有可能是中国人的直系祖先。试想,如果在桑干河两岸被开发商建起了高档公寓和高尔夫球场,在田园洞附近建起了"会所",中国人就永远变成了来自非洲的中国人,而不是土生土长的中国人。据报道,"泥河湾东方人类探源工程"启动,这里被誉为"东方人类的故乡"。据称,全世界 100 万年以上的早期人类文化遗存目前已经发现了 53 处,泥河湾遗存就占了 40 处。如果被破坏了,岂非全人类的千古遗恨!例二,在浩瀚的中国古籍中,《孙子兵法》和《孙膑兵法》是世界上两部顶级的兵学圣典。《孙膑兵法》早已亡佚,所以在相当长的历史时期内,孙武与孙膑是两个人还是一个人,两部兵书是一部书还是两部书,学界争论不休,连大学问家梁启超也持系一人一书的观点,直到1972年山东临沂银雀山汉墓出土竹简中同时出土了《孙子兵法》十三篇和《孙膑兵法》十六篇,才彻底了断了这桩千年公案,还历史以真相。如果碰上今天那些有恃无恐的开发商,银雀山汉墓也许早已消失,两人两书还是一人一书之争也将成千古之谜!有报道称,广州5座先秦古墓一夜之间被夷为平地,尽管还插着文物部门的黄牌。荆州是古墓密集地区,这里曾出土越王勾践剑、吴王夫差矛和汉代古尸,也应警惕前车之鉴。毋庸讳言,当今由于过度开发和保护不当,越来越多的历史文化遗产处于濒危状态。

4. 道德危机与生态危机的关系

当今世界,实际上存在两大危机:道德危机(前联合国秘书长伽利语)和生态危机,许多危机由此而发。可以说,道德危机直接导致或加重生态危机。这样的例子可以信手拈来。孔子说,“钓而不纲,弋不射宿”,可是现在,捕鸟在林子里布天网,捕鱼下电网、绝户网,称得上是竭泽而渔。一些不法矿产、土地、房产等开发商,金钱开路、权钱交易、有恃无恐、胆大包天、巧立名目、费尽心机地滥伐森林、滥开矿产资源、圈地占地,为一己之私,干着断子孙路、断中华民族文化命脉的罪恶勾当!他们早已远离道德底线,何谈生态伦理道德之有!

5. 内因与外因的关系

我国的生态环境恶化问题,承受着双重压力,一方面主要是由于我们自身的原因造成的,另一方面是从外面转嫁过来的。例如,一些高耗能、高污染、低效益的生产企业转移到了发展中国家,主要是中国。联合国的一份报告指出,世界上淘汰后的手机、电脑等电子产品的70%最终变成垃圾流向中国。日本的森林覆盖率近64%,而我国只有20%,日本饮食习惯用的一次性筷子,有96%从中国进口,我国为此每年需要砍伐数万平方公里的森林,约250万棵树的木材。据林业部门的一项统计,在毁林案件中，一半以上的违法主体都是县（市）、乡（镇）政府，这意味着一些地方政权以牺牲民族和子孙后代的根本利益为代价，换取一时的"振兴地方经济"、局部利益或"政绩工程"，为外来的掠夺无形中提供了机遇。

总之，生态问题是由综合性因素造成的，还要用综合治理的办法来解决。

（三）从头越，风景这边独好

面对严峻的生态形势，就像改革开放初期面对严峻的犯罪形势一样，需要用中国人自己的办法去解决，这就是加强党的领导的办法，群众路线的办法，综合治理的办法，走有中国特色的解决生态问题之路。

1. 我们有明确的指导思想

社会和谐是中国特色社会主义的本质属性。人与自然和谐发展是生态文明的核心价值理念，是构建社会和谐的基础。早在2005年胡锦涛同志就指出：提高构建和谐社会的能力"就是不断消除不和谐因素、不断增加和谐因素的过程"。2007年党的十七大提出建设生态文明，2012年党的十八大专篇论述大力推进生态文明建设，强调："融入经济建设、政治建设、文化建设、社会建设各方面和全过程""构建科学合理的生态安全格局""为全球生态安全作出贡献。"显然，我国的生态文明建设已进入一个战略性的新阶段。

2. 我们有深厚的历史文化积淀

在人与自然的关系上，我国具有举世无双的生态智慧，最具代表性的观点是两点，一是"天人合一"，二是"道法自然"，是产生于2500多年前的中华文化的两个闪光点和基石。"天人合一"的思想最早源于《周易》："夫大人者与天地合其德，与日月合其明，与四时合其序。"这是儒道两家的共同观点。庄子说得很清楚："天地与我并生，万物与我为一。天地万物，物我一也。"到汉儒董仲舒提出“天人之际,合而为一”,宋代哲学家张载首次使用“天人合一”一词,历代先哲均有所阐述。“天人合一”的基本含义,就是认为人是自然之子,是自然界的一部分,人与自然是一个整体。“道法自然”是道家鼻祖老子的话:“人法地,地法天,天法道,道法自然,”简言之,就是人要按照自然规律办事。在西方文化中,把大自然视为被征服的对象,人是大自然的主宰,这是东西文化的一个重大差别。所以当西方工业化带来生态危机之后,西方的有识之士就把目光投向东方,从中国传统文化中找寻生态智慧,解决21世纪人类向何处去的问题。

3.有按照党的群众路线办事的优良作风

党的群众路线是中国化的马克思主义工作路线和工作方法,其基本内容是“一切为了群众,一切依靠群众,从群众中来,到群众中去”。[1] 中央决定从2013年下半年开始用一年左右时间在党内开展党的群众路线教育实践活动。按照上述要求对照起来,生态环境污染问题是应该有信心有能力解决的,关键在于真正“一切从人民的利益出发”,痛下决心处理好发展经济与污染环境的关系,地方利益与全局利益的关系,“纳税大户”与“污染大户”的关系,少数人的利益与多数人的利益的关系,一时的利益与长远的、根本的利益的关系,是一切为了人民,还是一切为了个人、少数人、一个集团、一个地方的利益的关系,是一切依靠群众,还是以某种借口向群众封锁信息,靠一个部门去扭转乾坤的关系。通过群众路线教育实践活动促进生态环境污染问题的改善或解决。

4.我国具有综合为治、综合治理的优良传统和现实

我国古代就有“礼乐刑政”综合为治的先进思想。改革开放

---

〔1〕 参见1981年党的十一届六中全会通过的中共中央《关于建国以来党的若干历史问题的决议》。“群众路线”一词早在1928年在党的文件中就开始使用了。

后又确定了以综合治理作为解决社会治安问题的基本措施、基本途径、基本方针,这在世界上也是独树一帜、独具特色的。鉴于解决生态环境污染和生态资源破坏问题的深度性、广泛性和长期性,看来也必须走综合治理之路,即在党和政府的统一领导下,全党动手,全民动员,依靠社会各方面的力量,综合运用各种手段、各种措施,多部门联合执法,打一场人民战争。应当摆脱原环保部门唱独角戏、以罚款为主要措施的老套路,在党的推进生态文明建设的战略方针指引下,走出有中国特色的综合治理生态问题的新路子。综合治理的内容从大处说就是要德法兼治,一方面提高全民的生态意识、忧患意识、绿色生产生活方式意识;另一方面在道德底线一再被冲破的情况下,加大法治的力度。最高人民法院和最高人民检察院关于降低定罪量刑标准、从严打击环境污染犯罪的司法解释,就起了立竿见影的好作用。比如,过去污染环境造成一人以上死亡的才能定罪,现在一人以上重伤的就可以了;过去造成三人以上死亡的,才能加重处罚,现在只要造成一人以上死亡的,就可以加重处罚。对于那些故意闲置环保设备、屡教不改、非法排污、阻挠执法的污染大户也要从重处罚。最高人民法院和最高人民检察院司法解释还制定了"严重污染环境"的十四项标准,使"解释"执行起来更具有可操作性。

说到法治,长期以来法律的滞后状况也非常突出,如 1989 年正式实施的《环境保护法》23 年了才于 2012 年首次进行大修,有些条文缺乏可操作性,有些已不适应当前经济社会发展的要求,连原环保部也以公开方式提出了多达 34 条的修改意见。

古人说,治乱世用重典,换句话:治乱排污,使人民喝干净水,呼吸新鲜空气,也必须用重典、出重拳,否则等于姑息养奸,终将酿成大祸。我们不能等到无可挽回的那一天的到来才去用重典、出重拳。什么是无可挽回的那一天呢? 40 年前,美国海洋生物学家蕾切尔·卡逊(Rachel Carson)在《寂静的春天》一书中曾做了这样的描述:“当鸟儿不再歌唱,当溪流不再流淌,当绿色的森林被褐色的枯草取代,当蔚蓝的海洋被腐朽的鱼覆盖,我们是否还有能力生活下去?我们是否已经有能力创造自己的生物圈二号?”据说,这本曾经促成“人类环境大会”的书就是对当时西方国家生态环境污染问题的生动写照。

有媒体报道,一场大雨之后,南京秦淮河里密密麻麻地漂浮着成片的死鱼,恶臭熏天,场面让人心惊,据调查,这与生活污水排放造成水质严重污染有关。

5. 后现代主义对于我国现代化的意义

有西方工业化国家的经验教训可资借鉴。在西方工业化国家产生生态危机后,一些西方学者进行了认真总结,提出了一些生态理论,其中最值得关注的是后现代主义和生态社会主义。后现代主义20世纪60年代崛起于欧洲大陆,主要是法国的一股思潮,到20世纪70年代末80年代初开始风行西方世界,90年代初开始波及第三世界国家。在20世纪,其影响的广泛性仅次于马克思主义。一般认为,20世纪德国最伟大的思想家海德格尔·马丁是后现代主义思潮的重要思想先驱,而法国的福柯·米歇尔则是法国后现代主义思潮的主要代表人物。后现代主义的一个重要贡献就是在人与自然的关系上,明确提出不仅要实现由“征服自然”向“保护自然”的转变,而且要实现由“我保护自然”向“自然保护我”的转变。“可持续发展”也是一个典型的后现代主义概念。后现代主义对于当下我国正在进行的现代化有何意义呢?美国后现代世界中心主任大卫·格里芬在他为《后现代科学——科学魅力的再现》一书所写的中文版序言中说:“我的出发点是:中国可以通过了解西方国家所做的错事,避免现代化带来的破坏性影响,这样做的话,中国实际上是'后现代化'了。"[1]这里说的错事,就是指西方国家工业化带来的生态危机。中国如果引以为戒,就达到目的了。后现代主义思潮中有一个名曰"生态后现代主义"的分支流派,其基本观点就是认为"人—社会—自然"是一个复合生态系统,实际上也就是我国古代的"天人合一"思想。

所谓生态社会主义是20世纪70年代在西方的绿色运动中产生的一股思潮,主张在保护人类生存环境的前提下,建立人与自然和谐发展的社会主义,即绿色社会。同时深刻揭露了资本主义的矛盾和弊端,倡导解决生态危机必须同对资本主义的斗争结合起来。

毋庸赘言,西方工业化中的教训对我们是有现实意义的,重要的是,要改变口头上说不走西方先污染后治理的老路、实际上却一再重蹈它们的覆辙。从头越,仍可望风景这边独好。

(四)从红树林的故事到"拾起犯罪学的另一半"——建立"生态犯罪学"

在我国南方沿海岸线与大陆的交汇处有一片片名曰红树林的胎生植物起着固沙护堤的巨大作用,红树林并不是红色的而是绿叶葱葱,但根系的中心是红的,可以说是绿叶红心,所以叫红树林。它根长可达六七米,深深扎根于沙土之中;它可生长于水上也可生长于水下;可生于咸水也可生于淡水;它还可为周围的植物和虫鸟提供营养。总之,红树林具有许多鲜为人知的独特的生态功能:防浪护堤,防灾减灾;净化大气、水体、土壤环境,吸收大量重金属和农药;还可据以研究生物进化和海陆变迁过程。20世纪90年代我曾受中央综治办委托到广西北海市给政法综治干部讲课,其间参观并了解了红树林的特性,留下了深刻印象。

---

〔1〕［美］大卫·格里芬编:《后现代科学——科学魅力的再现》,马秀方译,中央编译出版社2014年版,"序言"。

2004 年 7 月一篇名曰《永远的红树林》的报告文学提出了一个重大命题:我国在经济增长的同时付出了何等巨大的环境污染和自然资源浪费的代价!引起了媒体和学界的热烈反响。同时也深深触动了我对犯罪学的思考:我认为在环境污染和资源浪费中潜藏着形形色色的犯罪问题尚未引起应有注意和重视,于是写了《生态犯罪学论纲》一文,倡导建立"生态犯罪学",专门研究生态犯罪问题。所谓"论纲"就是一个宏观框架结构的意思。此文提交给了于次年(2005 年)在贵阳召开的第十四届中国犯罪学学会年会。2007 年经李锡海教授推荐初次发表于《河南公安高等专科学校学报》(现《河南警察学院学报》)第 5 期上。但此前我于 2006 年写的《中国犯罪学 20 年回眸与前瞻剪影》(载《犯罪与改造研究》杂志 2006 年第 4 期)一文中进一步提出了"拾起犯罪学的另一半"这一概念,回顾国外犯罪学 200 余年和我国犯罪学二十余年的历史,犯罪学研究的主要是人类自身的犯罪问题,即人与人、人与社会关系上的犯罪问题。现在看来,这只是犯罪学的一半,而另一半应是人类在与自然关系上的犯罪,如生态破坏、环境污染等,可称为"生态犯罪"或"生态环境犯罪",而且这是一半危害性更为严重并独具特点的犯罪。如果说前一半犯罪是让人类付出了沉重的代价的话,而这一半如果不能得到有效遏制,最终将会毁灭人类赖以生存的地球家园。这一半作为犯罪学的一个分支学科,可名之曰"生态犯罪学"。

这次荆州论坛以社会生态安全为主旨,这对促进生态犯罪学的进展是一个新起点。最后,请允许我以"永远的红树林"一词结束我的讲话:希望我们的生态家园、我们的学术研究,像永远的红树林一样,和谐共存、亘古永生!

(原载《河南警察学院学报》2013 年第 6 期)

五、公民素质与越轨（犯罪）行为：从传统犯罪学走向前犯罪学的一个新标志

——在第七届中国犯罪学高层论坛开幕式上的讲话*

本届犯罪学高层论坛是第六届中国犯罪学高层论坛的延续和发展。上次论坛以“社会生态安全及治安管控”为主旨，提出了一些新概念、新范畴，如“道德生态”“私德与公德”、以“越轨学”作为犯罪学的基础或前置学科等。莫洪宪教授认为，“道德生态”是社会结构中一个具有贯穿性的有机组成部分，道德生态如果出了问题，其他生态就会有危机了。皮艺军教授认为，越轨的中心议题就是道德生态，他新出版的一本专著就叫《越轨》。两位学者及一些论文把道德生态与越轨行为紧密联系了起来，说明本次论坛的总体意向与走向，就是将传统犯罪学向前犯罪学推进，为从

---

* 第七届中国犯罪学高层论坛于2014年4月19～20日在上海举行。

源头上、苗头上、基础上治理犯罪、打击暴力恐怖主义和核恐怖主义拓宽道路。这次论坛从更广阔的地平线上——公民素质研讨起,就是这种意向的反映和表现。皮艺军教授在其新作《越轨》一书中开宗明义地说:“越轨是口大锅,什么都可以放在里面煮。”可见本次论坛纵深度之深,涉及面之广,容量之大,已远非传统犯罪学的理论框架所能涵盖。根据这样的体会,我给自己的发言加了一个题目:公民素质与越轨(犯罪)行为——从传统犯罪学走向前犯罪学的一个新标志。

面对如此广博的研讨主题,我思绪绵长,一时不知从何说起。鉴于犯罪学的转名与转型必然涉及名与实的关系问题,那就从名实关系说起吧。

(一)名实关系问题

名实问题,就是概念与事实的关系问题,这是一个既古老又现代化的永恒主题。名,指名词、称谓、概念;实,指客观实际存在的事物。我幼年读过几年私塾,听老师说,古代有个大学问家说“白马非马”。这句话使我在幼小的心灵里长期积存一个问号:为什么白马不是马?后来看书才知道,这是战国末期名家学派的主要代表人物之一公孙龙的著名论断。按照他的思维逻辑,“马”是形体的概念,“白”是颜色的概念,两个不同的概念放到马身上仍是两个不同的概念,所以说“白马非马”。哲学家认为,这是他按照自己的形式逻辑不自觉地推导出了这一荒唐的结论。然而,两千多年来,“白马非马”的知名度甚至胜于他的“离坚白”(指石头的坚硬和白色是分离的)和另一名家代表人物惠施的“合同异”(指宇宙万物一体,但有同有异,有大同异和小同异),用今天的话说,就是“白马非马”成了公孙龙的主打品牌,而他自己也说出了坚持这一品牌的理由。

在《公孙龙子·迹府篇》中有这样一个故事:孔子的六代孙孔穿曾对公孙龙说:“向来听说先生道义高尚,早就愿做您的弟子了，只是不能同意先生的白马不是马的学说！请您放弃这个说法，我就请求做您的弟子。”公孙龙说：“先生的话错了。我所以出名，只是由于白马的学说罢了。现在要我放弃它，就没有什么可以教的了。而且想拜人家为师的人，总是因为自己的智力和学术不如人家吧？现在你要我放弃自己的学说，这是先教我而后才拜我为师，这是错误的。”这个故事中有经验也有教训可以汲取：公孙龙以坚韧不拔的精神为打造学术品牌创造了不朽的先例，这是可以借鉴的经验；然而坚持不正确的观点则是教训。这是我们从名家学说中得到的启示之一。

其实公孙龙曾有多篇学术著作，大多散佚，留传下来的有《白马论》《指物论》《通变论》《坚白论》《名实论》。哲学家认为，公孙龙是唯物主义的，首先就是着眼于他的《名实论》。公孙龙认为，名称、概念是客观事物的反映或表现，名与实必须一致。他认为，一个事物不应当用这个名称，那就不要用这个名称去称谓这个事物，因为它已经不符合实际存在了，否则就是“不当而当，乱也”，即不当用这个名称而仍用这个名称，会造成思想混乱。以上观点基本上是正确的。我们今天遇到的就有一个名实一致的问题。正如皮艺军教授所说，既然越轨已成为犯罪的温床，犯罪防控的治本之策是从越轨管控开始的，那就可以称为“越轨学”或“前犯罪学”。换言之，传统犯罪学之名及其所划定的研究范围，已经不符合当今滋生犯罪和越轨行为之实，为名实一致，需要代之以新的名称和概念，也就是需要正名。夏吉先教授所倡导的“未罪学”和我个人提出的“治未罪”（从中医“治未病”沿袭而来），大体上都是追求名实相符这个效果。这同中央综治委在总结实践经验中所强调的从源头上、苗头上、基础上解决社会治安问题的精神是一致的。重视名实的一致性，这是我们从名家学说中得到的启示之二。

怎样才能达到名实一致呢？公孙龙的失误之处在于，他虽然承认名是从实产生的，但当名称、概念一经形成之后，却过分强调其独立自存，得出了“白马非马”的荒唐结论。我们今天只取其名从实来的合理部分，按照唯物辩证法的基本原理处理名实问题，首先要看到，世界是个有机联系的整体，不要把两个有密切联系的概念，特别是同一物体上的两个概念或不同属性，强行分割开来，孤立起来，其结果不仅影响对事物的整体性认识，甚至会得出类似“白马非马”的荒唐结论；其次，要坚持思辨与实证相结合的研究方法，而不是单靠逻辑思维推理，如对永城、禹州的实地调查，会起到以实正名的作用。总的来说，名家关于名源于实、实至名归的思想是唯物主义的。比如，有了杯子这个实，就有了杯子这个名；有了许许多多越轨行为这个实，就有了“越轨学”或“前犯罪学”这个名。经过长期调研积累，会有越来越多的“实”作支撑，使它发展成为名副其实的新学科。如果有实无名或有名无实，那就会导致如荀子说的“奇辞起，名实乱”（《荀子·正名》）。这是我们从名家学说中得到的启示之三。

战国时期诸子百家围绕名实关系展开的一场哲学论战，是百家争鸣的一个重要内容，是有深刻历史背景的。当时正处在奴隶制向封建制的转变时期，旧的“名”已不能适应新的“实”。没落奴隶主阶级死抱住旧的“名”不放，反对社会变革，而新兴的地主阶级则要求打破奴隶制度的传统观念，主张重新正名，来肯定社会变革。以惠施、公孙龙为代表的名家（原来被称为“辩者”，从汉代起称之为“名家”）代表新兴地主阶级，要求以反映新制度、新事物的“名”取代反映旧制度、旧事物的“名”。儒、墨、法各家都投入了对名实关系的争论，如孔子、墨子、管子、荀子等。这使我们看到，名实关系是社会转型期的一种必然现象，而不是空穴来风的偶然。犯罪学领域的一些学者提出从传统犯罪学向越轨学或前犯罪学转型问题，就是改革发展到深水区、攻坚战时期在学术上一种必然反映，而不是某些学人心血来潮。这是我们从名家学说中得到的启示之四。

习近平总书记指出："历史是最好的教科书"[1]"学习党史、国史是坚持和发展中国特色社会主义、把党和国家各项事业继续推向前进的必修课。"[2]考察名家的名实思想有助于鉴得失、辨方向，推进学科的发展。

(二)家风家训、民规乡约的意义

读到杜立同志的新作《让青春的成长没有障碍》，从书名上我受到一个启发：如果最大限度地清除青春成长道路上的障碍，岂不就可以最大限度地防止和减少社会上的越轨和犯罪行为吗？那么，什么是清障路上的可靠保证呢？我认为，曾在历史上发挥过重要作用、反映中华民族的思想基础和核心价值体系的家风家训、民规乡约就是值得拭目以待的"清障剂"。

《周易》上说，事物的初始阶段决定事物的本质。俗话说，"三岁看大，七岁看老"，说明人一生的基本品质是由初始阶段决定的。什么东西能有效地把住这个关口呢？从历史经验上看，唯有传统文化中的家风家训、民规乡约最有可能做到这一点。这也是从源头上减少越轨和犯罪行为的有效途径。媒体和学者也开始挖掘和宣传这一传统优势，很值得我们犯罪学界关注。家风家训、民规乡约有其不可替代的作用和特点：

特点之一，简单明了、通俗易懂、特点鲜明、落到实处、长期生效，具有以正养正、以正去邪、以正罚邪等多种功能。一些正能量的观念正是从这里培育起来的，是个人精神成长的重要源头。如林氏家训，以勤为本；颜氏家训，以有学问为财富，而不是金钱；包氏家训，以为官清廉为要，如是贪官死后不准入祖谱、不准进祖坟；朱子家训，提倡节俭："一粥一饭当思来之不易，半丝半缕恒念

〔1〕 习近平：《论中国共产党历史》，中央文献出版社2021年版，第7页。
〔2〕 习近平：《论中国共产党历史》，中央文献出版社2021年版，第14页。

物力维艰。”而且从养成良好的生活习惯开始:“黎明即起,洒扫庭除,要内外整洁……”

特点之二,有的家训并不限于教训子弟,而且多“经世济事”的内容。如《颜氏家训》主张人们应有“应世经务”之才,注重务本,反对空谈,这样才能自立于社会,有利于国家。颜氏家族从春秋时期的颜回,南北朝时期的颜之推,到唐朝的颜真卿、颜皋卿兄弟都是经世之才。颜真卿不仅是大书法家,而且与其弟颜皋卿还是反抗安史之乱的名将。文天祥《正气歌》中说的“或为常山首”,指的就是颜皋卿被俘后宁死不屈的故事。

特点之三,有些乡约内容非常实际,非常见效。作家陈忠实在《白鹿原》里有这样的描绘:“白鹿村的祠堂里每到晚上就传出庄稼汉们粗浑地背读‘乡约’的声音。”这样做的结果是,“从此偷鸡摸狗摘桃掐瓜之类的事顿然绝迹,摸牌九搓麻将抹花花掷骰子等赌博营生全踢了摊子,打架斗殴、扯街骂巷的争斗事件不再发生,白鹿村人一个个都变得和颜可掬、文质彬彬,连说话的声音都柔和纤细了”。乡约的作用是:德业相劝,过失相规,礼俗相交。

特点之四是,贯彻落实乡约的方式灵活多样,寓教于乐。据学者调查,许多白族村寨将道德文明订成民规乡约,刻于石碑或木板上,许多大本曲艺人就是村民敬仰的长者,他们也是乡间执掌道德裁判权的人。遇有诉讼,他们便聚拢村民,唱着曲子数落那些触犯道德准则的人。在这里,民歌具有了裨益教化、表率人伦的作用。

家训乡约是一门值得重视的学问。山东省出版了一个图书系列,内容是调查山东省名门望族的传统习俗,其中也有我的祖先临朐冯氏。

笔者认为,如果把家风家训、民规乡约纳入越轨学对策研究将是不错的选择。

当然,发挥家训乡约在提高公民素质、维护社会治安中的作用,也要警惕不要被地方黑恶势力所利用和操纵,防止出现家法重于国法、族权重于政权的反常情况。

(三)“三律”并用,双翼齐飞

无论是“越轨学”还是“前犯罪学”,都与治国方略是密切相联系的,归根结底,还要提到“三律”并用、德治法治双翼齐飞上去。

早就有学者提出“三律治国”的构想,即运用法律、纪律、约律治理国家。从实践中看,运用纪律预防和减少越轨和犯罪行为还存在很大空间,运用约律即家训乡约更没有排上日程,可研究的空间更大。

德法兼治,甚至是德主刑辅,是几千年来的治国经验,不管在什么社会制度下,都概莫能外。党的十八大报告中也提出“要坚持依法治国和以德治国相结合”。

德法兼治,如车之双轮,鸟之双翼,缺一不可。没有起码的道德底线作支撑,再多的法律条文也难以管住一些人泯灭人性、丧尽天良的越轨与犯罪行为。笔者认为,这就是今天我们从公民素质入手,研究越轨与犯罪行为的价值所在。

(原载《河南警察学院学报》2014 年第 6 期)

六、从整体论到“整体作战法”的成功运用

——河南省“平安禹州”考察实录

2009年在中州大地上崛起了一个由乱而治的范例——“平安禹州”。禹州位于河南省中部,因大禹在此治水而得名。禹州素有“三都”之称:中国历史上第一个奴隶制王朝夏朝在此建都,故名曰“夏都”;中国名瓷之一的钧瓷产于此,故名曰“钧都”;明清时这里是中国四大中药材集散地之一,并延续至今,故名曰“药都”。禹州地貌奇特,高山、平原、丘陵地带各占1/3,并与8个市、县接壤。目前人口130万人,1988年改禹县为禹州市。欣闻禹州市的社会治安,以2009年为界,由乱而治,公安工作上有许多创新发展,向来有走基层、搞调研习惯的笔者,毅然决然地参与到一个调研工作中来,时间虽短,收获颇丰,仅将一点实际感受记于下,以求正和交流。

(一)“人才决定一切”

新中国成立初期,曾有“干部决定一切”的口号,这个词是从苏联移植过来的,但也的确

反映了迅猛发展的革命形势对于干部的大量需求。如今60多年过去了,在建设有中国特色社会主义时期,干部的数量并不缺,但素质成了个突出问题。党提出了人才强国战略,与科教兴国战略、可持续发展战略并列,党的十八大也再次予以确认。笔者对人才学没有研究,但进入禹州境后,一个十分现实而尖锐的问题摆到了面前,2009年前后禹州的经济社会状况并没有大的变化,为什么以2009年为界,出现了两种截然相反的社会治安形势呢?它的决定因素是什么?带着这样的思考,实地看了一番,听了一些讲话,看了一些资料,能得出的答案只有一个:在同样的客观条件下,人才决定一切,更具体一点说,是有能力的领导班子决定一切,其中一把手更具有决定性的作用。实际情况是,2009年以前禹州市公安局两届领导班子的一把手相继落马,当时社会秩序混乱,工作被动,基础工作薄弱,群众有埋怨……2009年年初,以禹州副市长兼公安局党委书记、局长刘玉亭同志为首的新一届领导班子,“奉命于危难之间”,从“埋头苦干,夯实基础”入手,经过3年的艰苦努力,变乱为治,打造出了一个“平安禹州”。决定性因素是什么,不言而喻。

笔者幼年读书的时候,就知道有一个“时势造英雄,还是英雄造时势”的话题争论不休。笔者的理解是,如果没有一定的时势(客观条件),英雄也无用武之地;有了一定的客观条件,如果是庸才,照样无所作为。人民痛恨庸官、昏官、更恨贪官,就是这个道理。什么是有才能之官?有人提出领导干部“三识论”,认为学识、见识、胆识是领导干部必须具备的基本素质和能力。从禹州市公安局领导班子的所作所为,我们至少看到了“三识”之风范,其中有两点最为突出:一是雷厉风行的工作作风;二是创新性思维。前者决定他们能够果断决策,果断行动;后者决定他们能够采取一系列改革措施,特别是鲜明地提出了“整体作战法”这一富于哲理和现代科学气息的行动纲领,使整个工作以新的姿态迈上了成功之路。做到了“为官一任,造福一方”。

(二)对“整体作战法”的整体分析

笔者的体会是,“整体作战法”是“禹州经验”的核心,而这个核心的核心在于“整体”二字。有必要从历史与现实、理论与实践的结合上做一点整体性评析,以领悟其精神实质,提升其理论档次,推动其向纵深发展。

1. 重在创新,贵在应用

自古至今,任何理论创新、实践创新及一切发明创造都不可能是无源之水、无本之木,而是有一定历史渊源和理论支撑的,关键在于善于创造性地结合实际去创造性地发展和应用。能否做到这一点是区别人才和庸才的“分水岭”。有许多历史故事说明了这个道理。战国时期赵国的大将赵奢、赵括父子均熟读兵书,父赵奢善用兵,曾大破秦军于阏与(今河北武安县西),使秦军遭受到了一次少有的大挫败。儿子赵括善谈兵,连赵奢也谈不过他,但不会用兵。长平(今山西高平县)一战,遇到能征惯战的秦军统帅白起,一败涂地,赵括被秦军射死,四十余万赵军降秦,白起怕他们寻机反抗,全部把他们活埋于长平地区,这就是历史上最残酷的长平之战。诸葛亮在《后出师表》一文中也有一段发人深省的话:“刘繇、王朗各据州郡,论安言计,动引圣人,群疑满腹,众难塞胸(这两句话意为用人处事犹豫不决),今岁不战,明年不征,使孙策坐大,遂并江东……”这是坐而论道、坐失良机的典型例子。我们也可以说实干兴一方之政。“平安禹州”就是干出来的,他们从“埋头苦干”入手,把整体战思想化为战斗力并产生巨大实效,从这个意义上来讲,又是知和行的统一、说和干的统一的典型。由此可见,实践性、创新性是禹州“整体作战法”的精神实质。

在实干的前提下,“整体作战法”才能发挥它的威力,那么,“整体”二字又何以具有威力呢?

2.“整体作战法”的要害在“整体”二字

“整体作战法”听起来像个战术名词,实际上观其内容是个战略性概念,它的要害在“整体”二字。在当今科学时代,整体、体系、系统、总体等名词在现代科学中是同义词,其要义都在于说明客观世界的一切事物都是一个相互联系、相互作用、相互制约、互为条件的整体、总体、体系、系统。最经典的论述是恩格斯说的:“我们所面对着的整个自然界形成一个体系,即各种物体相互联系的总体……”〔1〕20 世纪,系统论、控制论、信息论、耗散结构论、突变论、协同论六大新型学科相继问世后,一再证实马克思主义的正确论断,同时也不断提出一些新的问题。整体论、系统论的思想迅速在各个学科领域和工作领域得到广泛应用,成为一个科学前沿问题。据学者考证,整体论、系统论、系统化思想之源在中国。《周易》“天人合一”的整体思维就是把自然界和人类社会视为一个整体。《孙子兵法》已经从整体出发,分析和把握同战斗胜负有关的一切条件,并把它们视为一个整体,这也是我国系统科学整体功能思想的重要源头。〔2〕 耗散结构论的发明者、比利时学者普利高津(Prigozine)说,“中国思想对于西方科学家来说,始终是个启迪的源泉”。这就是说,中国人应用整体论、系统化思想于实践之中,是有文化自觉和自信的。“平安禹州”作为基层单位能够运用整体论、系统化思想解决实际问题,并形成一个整体工作思路和行动纲领,这是“禹州经验”的突出特点和可贵之处。

任何整体或体系都是有结构的,结构又是分层次的,于层次之中显示其整体功能。本着学习的态度,笔者对禹州的“整体作战法”的结构层次进行了初步梳理,大体有四点:整体谋划、整体

---

〔1〕《马克思恩格斯选集》(第 3 卷),人民出版社 1972 年版,第 492 页。

〔2〕 吴如嵩:《孙子兵法辞典》,白山出版社 1993 年版,第 91 ~92 页。

部署、整体作战、整体推进。

整体谋划层次:古语说,不谋全局者不足以谋一域。意思是说,不懂得谋划全局的人,没有必要去和他谋划局部工作。这说明,谋划工作必须以整体为出发点,这样才能做到统筹兼顾,合理安排。禹州市公安局将整个工作定位于:"埋头苦干,夯实基础,整体推进,重点突破。"这四句话是一个相互联系的整体构思。笔者理解,面对当时的混乱局面,必须全面整顿、整体推进,但必须抓重点、抓基础建设,贯穿于始终的是苦干实干精神。

整体部署层次:将谋划落实到整体部署上,这可能包括"苦练精兵,内强素质"的队伍建设,集各种技术手段、侦破手段于一体的业务建设,"点线面全覆盖,力度、刚度、密度与服务相融合的"打防管控一体化、网络化建设等。当笔者看到那个矗立于十字街头的"警务平台"时,顿感新领导班子着力增强快速反应并拉近与群众关系的良苦用心。很强的思想性寓于工作部署之中。

整体作战层次:这是将整体部署具体化为战役、战术行动的层次。既要全面进攻,恢复社会治安的有序状态,又要在重点部位、重点领域实施重点突破,这主要表现在"五个会战"和"打四黑除四害"上。[1] 其中包括综合使用警力的"综合打击""综合执法"等策略手段。

整体推进层次:这是一个以整体战达成整体效果推动整体工作前进的全程概念。这里隐含着一个系统论最重要的原理,就是"1 +1 >2"的整体效果。禹州市在短短两年内实现由乱而治的

---

〔1〕"五个会战":实有人口管理大会战;危爆物品整治大会战;特种行业整治大会战;公共娱乐场所整治大会战;网络专项整治大会战。"四黑四害":制售有毒有害和假冒伪劣药品的黑市场、制售假冒伪劣生活资料的黑工厂、收赃销赃的黑市场、涉黄赌毒的黑窝点;这"四黑"严重危害人民群众生命健康、严重危害青少年身心健康、严重危害群众财产安全、严重危害公共安全和社会诚信。

转变,应该说是得益于“整体作战法”“1+1>2”的效果,只是这个效果很难具体衡量。

3. 生于斯长于斯

事物越深入发展,越需要系统性、整体性、协同性,这是一个客观规律。当我国改革已经进入攻坚期和深水区的时候,习近平总书记发出了新的动员令:“全党全国各族人民要坚定不移走改革开放的强国之路,更加注重改革的系统性、整体性、协同性,做到改革不停顿,开放不止步,为全面建成小康社会、加快推进社会主义现代化而团结奋斗。”[1]这一指示对于“禹州经验”也是一个新的启迪。整体战、系统化、协同论是当代先进的科学思想,是事物可持续发展的重要保障。“禹州经验”一开始就将由乱而治的起点建立在这样的现代化思想的基础上,说明起点很高,运作很成功。古语说,生于斯长于斯,意思是在哪里降生就在哪里成长。禹州式的“整体作战法”诞生于禹州,就要让它在禹州的土地上继续成长壮大,不断总结新经验,解决新问题,凝聚新共识,实现新突破,铸造新辉煌。

(三)整体战与“快速反应”的辩证统一关系

“快速反应”是“整体作战法”中的一个重要环节。通过考察特警、刑警、技术装备、警犬训练等项目,我们看到禹州公安在这方面已经颇有成绩,并正在为增强“快速反应”能力创造新条件。在刑警队、特警队办公室的墙上贴满了厅、局领导的有关指示,其中“整体作战”和“快速反应”是关键词。在座谈中也围绕“快速反应”进行了初步交流。

“快速反应”本是个军事术语。从20世纪八九十年代随着犯罪的暴力化、热兵器化而逐渐被广泛应用于刑事侦查(当时多用

---

[1] 《习近平在广东考察时强调:做到改革不停顿开放不止步》,载 http://www.xinhuanet.com/politics/2012-12/11/C_113991112.htm,2022年2月24日访问。

"察")和反暴力事件之中,尤其是1983年发生了两起震惊全国的严重暴力犯罪案件,而这两起案件之所以未能及时制止都失误在缺乏"快速反应"意识和能力上,从此增强快速反应意识和能力提上了刑事侦查,特别是反暴斗争的重要日程上,特警和巡警也在此后开始建立起来。这两起案件,一起是"二王"事件,另一起是卓长仁劫机事件。"二王"(王宗玚、王宗玮)案件发生于1983年2月12日农历大年三十沈阳市的某军医院,"二王"在军医院开枪行凶后,现场的勘查工作拘泥于常规,按部就班地查证了两个钟头,贻误了战机。当堵截人员赶到火车站时,二人已在半个钟头之前乘车南逃了。此前,二犯还曾回家取带钱物,与家人告别。就是这半小时之误,使案件费时210天。二犯流窜于7省间,连续作案,打死打伤公安人员和群众十多人,最后动用军、警、民数万人之众的兵力,设下方圆170多公里的三道包围圈,才将二犯包围于江西省广昌县山中并击毙。这是中国刑侦史上的一件转折性特大案件,它充分说明了反暴实战中快速反应的重要意义。顺便说一个案件情节,在广昌县山中,当罪犯王宗玮被击中后,仍拼命反抗,正是警犬猛扑上去,咬住了王宗玮的左手臂,手枪掉了,警犬训练员上前把他按住,死死压在身下,将其擒获,王宗玮因伤重两小时后毙命。王宗玚负隅顽抗,被乱枪击毙。这个情节说明警犬在快速反应中的作用。看了禹州的警犬训练基地,深感指挥员旨在提高快速侦破能力的战略意图。另一起特大暴力案件是发生于1983年5月5日的卓长仁劫机事件。当沈阳体育学院保卫处处长发现枪库被盗,两支手枪丢失后,迟迟隐情不报,耽误了宝贵的100分钟时间,使公安机关未能赶在飞机起飞之前将卓长仁一伙缉获。

1983年8月,公安部刑侦局在总结"5·5"劫机事件和"二王"案件的经验教训的基础上,确定了以"快"为宗旨的反暴侦查处置模式。1988年8月,公安部颁布了《关于查缉严重暴力犯罪分子的工作纲要(试行)》,提出了“统一指挥,协同作战;快速反应,因案施策;确保群众安全,相机制服犯罪分子”的反暴处置原则。“统一指挥,协同作战”是整体作战意识的反映,旨在形成严密的战斗整体。因为当严重暴力犯罪案件发生后,犯罪分子大多会隐匿、潜逃、实施新的犯罪行为,从现场勘查、调查取证、清查搜索、布控监控到围追堵截,往往会涉及多个警种、多个地方和公安系统内外的多个部门,必须统一指挥、协同作战,才能形成配合良好、行动有序的整体战。快速反应是战略意图,更是战术行动,是以快制快、穷追猛打、迅速破案的关键。情报信息一定要快,但战术行动则需要快慢相间,因案施策,不能盲目追求快。1988 年曾有一起严重暴力犯罪案件,两名持枪犯罪分子钻进易守难攻的乱石洞内,我方无法趋近制敌,合围了两天,二犯已成瓮中之鳖,本可围而不攻,以逸待劳,相机制服敌人,但指挥上求胜心切,急于结束战斗,于是强行趋近快攻,结果我方又付出了 7 死 6 伤的惨重代价,最后只好将犯罪分子烧死于山洞中。所以,快速反应必须与善战相结合,不可为快而快、一味求快,而是要又好又快。2001 年,笔者发表了《论善战》一文,根据《孙子兵法》的作战原则,提出了个人的一些看法,总的来说,就是两句话:一是因敌制胜;二是出奇制胜。谁能做到这一点呢?还是靠训练有素的队伍,换言之,还是“人才决定一切”。人才从哪里来?人才就从“苦练精兵,内强素质”中来。

(原载《河南警察学院学报》2013 年第 2 期)

七、一段重要历史实录

——关于毛泽东谈《李愬传》

近日读了《犯罪与改造研究》2015 年第 4 期刊载的李均仁同志的文章《浅谈我国保障罪犯公民权利实践》，其中提到“毛主席还举出唐宪宗时，李愬打吴元济用降将李祐的故事，要我们看看《李愬传》，说明坏人在一定条件下，可做好事”。这说明，在公安部门工作过的老同志多少都知道毛主席说过李愬的故事，并各自联系本专业去理解。那么，李愬的故事是什么，毛主席的原话是怎么说的，当时的历史背景是什么，对我们今天有什么启迪意义？笔者算是知情人之一，因为当年公安部曾两次交由群众出版社作为“内部读物”印发《李愬传》这本小册子，笔者都参与其中。第一次是 1963 年，以白皮非正式出版物印发公安系统。《李愬传》选自《新唐书》。原文是古汉语，为便于干部阅读，领导交办笔者加以注释。中华书局看到注释本后，派人找上门来，希望译成白话文，由他们作为历史人物传记系列丛书出版，领导又把这个任务交给了笔者。加班加点译完后，经领导审核，派通讯员送交中华书局。未见出版，就爆发了“文化大革命”。“文化大革命”后，群众出版社曾多次派人去中华书局查询，均曰稿子不见了，并归因于“文化大革命”混乱造成的。第二次印发《李愬传》是1978年，由于交中华书局的译稿不见了，只好将1963年印行的白皮非正式出版物《李愬传》加了封面作为正式出版物重印，仍是“内部读物”。作为知情人应该把为什么印发、出版《李愬传》的情况说清楚，于是当即打电话给《犯罪与改造研究》杂志主编高文同志，说明此意，高文同志欣然表示，如果有时间，希望写个东西留下来。以上就是笔者对此事的话语权和写本文的原委。

（一）李愬的故事是什么

李愬（773－821年），唐朝德宗、宪宗皇帝时期的一代名将，曾任唐、隋、邓（均州名）节度使。大家知道，唐朝藩镇割据很厉害。唐宪宗时，淮西节度使吴元济以蔡州（今河南省汝南县）为中心割据一方，对抗朝廷。唐宪宗曾两次派唐、邓地区的节度使去讨伐他，均连吃败仗，无功而返。李愬当时也是驻扎在附近的节度使，他自告奋勇一试，宰相李逢吉也极力推荐。李愬为将，多谋善断，高瞻远瞩，擅长骑马射箭。李愬被委任为伐吴主帅后，仅用了不到一年时间，就将盘踞淮西多年、官兵对他无可奈何的吴元济生擒活捉，押送朝廷问斩，平定了淮西之乱。这奇迹是如何创造出来的呢？原来李愬采取了一系列与前任不同的新办法，其核心是善于争取、团结、利用敌人营垒的人为我所用。第一，善待被俘降将丁士良、李祐，起了关键性作用。丁士良是吴元济手下的一员猛将，李祐是多谋善战的骑兵将领，由于这两人在以往战斗中杀伤官兵甚多，所以被俘虏后，人人皆欲杀之，甚至有人说李祐是“内鬼”，李愬力排众议，待之以礼，委以重任，甚至让他俩佩带刀剑，自由出入军营中，表现出了李愬知人善任的大将风度。在整个平蔡战役中，许多计谋即出自这二人，在最后乘虚夜袭吴元济老巢蔡州城,不仅是李祐的建议,而且李祐也是冲锋陷阵的先锋。第二,善于在关键环节上抓住关键性人物做工作,为夺取胜利创造条件。在吴元济阵营中,除丁士良、李祐外,还有两个关键性人物,一个是驻扎在要塞文城栅的吴秀琳,另一个是驻扎在重镇洄曲的董重质。丁士良向李愬建议:吴秀琳是吴元济的左臂,官兵久攻不下,是因为他手下有个叫陈光洽的人替他出谋划策,我可以出战把他活捉过来,吴秀琳就会投降。李愬采纳了这个建议,丁士良活捉了陈光洽,吴秀琳随即投降。董重质有一万精锐部队,也是吴元济的主要参谋,攻破蔡州城后,李愬除通过他儿子做思想工作外,还亲自登门拜访,解除他的顾虑,使他放下武器归顺了朝廷,实现了“不战而屈人之兵”。第三,善于以策略手段分化瓦解敌人,缩小打击面,扩大信息源。前两任主帅规定,凡窝藏敌人奸细的人就满门抄斩,李愬取消了这个军令,改用抚慰的办法逆用敌人奸细,反过来向李愬提供情报,使李愬对敌方虚实更加了解。第四,对投降的敌军士兵,李愬采取去留自愿的原则,愿留者欢迎,愿去者发给钱、米,令其回家与家人团聚,因而投诚的人越来越多。第五,李愬用兵灵活多变,或强攻,或智取,或示之以弱,或缓之以计,或出奇制胜,以多种方式拔除了蔡州周围的据点。由于李愬情报渠道畅通,李祐建议趁吴元济重兵移往洄曲之机,乘虚攻取蔡州。于是在一个漫天鹅毛大雪的寒冬之夜,李愬率军秘密向蔡州进发。此时天寒本不宜用兵,李愬孤军深入,人马冻死的很多,有人认为这是中了李祐的奸计,然而李愬认为,“知道高瞻远瞩的人不必管暂时的得失,考虑大事的人不必注意无关紧要的小节”。果然敌军毫无防备,吴元济在睡梦中醒来,还没有来得及弄清楚是怎么回事就被生擒活捉了。“李愬雪夜袭蔡州”一举成功,成为历史上有名的战例,在中学语文课本上就有这篇文章。

李愬平蔡成功后,被封为凉国公,继续统兵镇守一些要地,并屡立战功。李愬不仅善用兵,而且生活简朴,为官清廉,待兵如子,可惜英年早逝,48 岁即病故。

淮西地区是唐朝首都长安的门户,所以平定淮西之乱对于巩固唐朝政权意义重大。皇帝下诏立“平淮西碑”,表彰李愬战功第一。李愬的成功与善用降将丁士良、李祐是分不开的,显然,毛主席很赞赏李愬的做法,所以联系实际,发表了自己的看法。

(二)毛主席的原话是怎么说的呢

1962 年 3 月 22 日,在公安部负责人汇报工作时,毛主席说了一段话,根据档案记载,以“毛主席指示”为题,印在《李愬传》这本小册子的卷首。

毛主席指示:

唐朝德宗时有个李愬派他去打吴元济,俘虏了敌将丁士良,不杀;以后俘虏了李祐又不杀,因而取得了很大的胜利。我们如果不是依靠人民,实行人民民主专政,就容易杀错人。中央苏区时就搞错过。那时负责肃反工作的李韶九,犯了主观主义的错误,搞逼供信,用“打地雷”等各种刑罚;又不报告,我们也不知道。有一天,他要我去参观,看见正在用刑。我说,我们不能用敌人对付我们的一套办法去对待他们。以暴政对暴政是不好的。在延安时,保安机关也搞过逼供信,有的人被打了,放也不好放,还搞车轮战。共产党不能搞车轮战、逼供信,要让人家睡好觉再审讯。我为什么在工作会议上又提到不该杀王实味?就是要使干部经常警惕这个问题。你们关于潘汉年、胡风、康泽的处理意见报告,我看了,报告有说服力,可以发到省。我们对这些人都不杀,可以教育人,使省委书记们懂得中央怎样处理这些人。我同罗瑞卿同志谈过,抓住国民党的特务,都不要杀,送回香港。送出去后,无非是骂我们,或者再派进来,再来就再抓、再放,七擒七纵。李愬就是采取这个办法。[1]

---

〔1〕 在公安部负责人汇报工作时的指示(1962 年 3 月 22 日)。

这样的谈话内容,对于公安工作的警示和指导意义是不言而喻的,这就是为什么一再印发《李愬传》这本小册子的原因。

(三)当时的历史背景是什么

毛主席讲历史故事和作出的指示、批示反映了当时的历史背景及党的重要政策思想。20 世纪 60 年代,中国承受双重压力,一是来自国际上两个超级大国的压力,对此,毛主席曾讲过不怕鬼的故事和“鲁仲连义不帝秦”的故事,表明中国人民不会屈服于这种压力。鲁仲连是战国时期齐国人,他主张关东六国不要屈服于强大的秦国而臣服于它。为此,群众出版社作为“内部读物”出版了《史记·鲁仲连列传》,也是由笔者注释的,但这本小册子已经找不到了。二是三年经济困难的压力,经济政策和许多社会矛盾需要调整和处理。在 1963 年开始的社会主义教育运动中,毛主席关于对“四类分子”少捕少杀,改造成为社会主义新人及依靠群众,就地化解矛盾的指示和批示,表达了同谈李愬的故事中相同的政策思想,并亲笔批示学习推广“枫桥经验”。

(四)对今天的启迪意义是什么

重温毛泽东同志讲过的历史故事和批示,笔者有以下几点体会:

第一,任何时候,任何事业都应牢记,聚天下英才而用之,这是古今中外历史经验的总结,也是一切事业兴衰成败的关键。有些英才常常是来自敌人营垒,这就要求做好矛盾转化工作。

第二,从根本上说,整个革命工作,以至我们研究预防犯罪问题,本质上都是做矛盾的良性转化工作,也就是努力化消极因素为积极因素,化不和谐因素为和谐因素,化破坏力量为建设力量,化不稳定因素为稳定因素。其中包括争取敌人营垒的人才为我所用。

第三,坚持反对逼供信,反对酷刑,否则,不仅有悖于人道主义原则,也是做矛盾转化工作一大障碍。1982 年,为配合对干部的教育,群众出版社约笔者将《史记·酷吏列传》译成白话文,作为历史常识读物公开出版发行。1986年，我国签署联合国《禁止酷刑公约》，1988年第七届全国人大第三次会议批准。可见，我们党和政府反对逼供信，反对酷刑也是一以贯之。

（原载《犯罪与改造研究》2015年第7期）

八、全球反恐概念、态势与战略

——第三届全球化时代犯罪与刑法国际论坛纪略

2011 年 10 月 29 ~ 31 日第三届全球化时代犯罪与刑法国际论坛在北京西郊宾馆举行。来自中国、法国、俄罗斯、德国、意大利、美国、日本、西班牙、英国、加拿大、巴西、阿根廷、智利、哥伦比亚、墨西哥、匈牙利、韩国、伊拉克、乌克兰、马其顿、塞尔维亚 21 个国家和中国台湾地区的 285 位专家学者参加。本届论坛的主题是“后拉登时代国际反恐斗争的基本态势和战略”,由论坛主席何秉松教授主持。论坛形成了《关于后拉登时代国际反恐斗争的基本态势和战略的决议(草案)》(以下简称《决议》草案),反映了本届论坛的研讨成果。其基本内容可以概括为:“反恐概念、态势和战略。”本届论坛比前两届增强了代表的广泛性和权威性,即出席论坛的国家多了,代表人数多了,而且联合国反恐执行工作队办公室、联合国区域性犯罪和司法研究所、国际刑事法院、国际社会防卫协会、欧洲会议及一些国家的权威性研究机构的代表都参加了论坛。论坛针对反恐斗争中的理论热点和实践焦点问题，以主题、专题报告和自由发言相结合的形式，展开了面对面的思想交锋，既体现了浓重的学术性，又表现了力争化学术为政策进入决策参考机制的意向和决心。现根据笔者在这个过程中的初步的学习心得体会简述如下。

（一）反恐概念 不同而合

整个研讨过程可用两句话概括："不同而和"（庄子思想）、"和而不同"（孔子语），即在不同意见的基础上找到共同点，而在基本一致的前提下允许存在不同意见。这也是一切理论学术研讨的共性特征。

具体到反恐概念，主要是关于什么是恐怖主义和恐怖主义组织两个概念的界定问题。对此，长期以来存在严重分歧。有的代表甚至认为，"给恐怖主义下定义是走进死胡同，不要老纠缠于一些概念"。有的代表则认为，"这次会议争论最多的，也是问题之本，问题之源，就是恐怖主义的概念问题，我相信不仅我们这次会议解决不了，而且再有几次这样的会议，我的态度非常悲观，我觉得也不可能有一个大家都能够普遍接受的概念"。

马克思主义认为，概念、推理、判断是三大基本思维形式。任何事物都有一个概念，但同一事物的概念出自不同国度、不同学科、不同学者之口，不可能是完全一样的。比如，犯罪学提出的概念是比较宽泛的，因为它旨在说明现象的特点，刑法学提出的概念则是比较严谨的，因为它旨在定罪量刑。反恐需要以法律作为依托和准绳，全球反恐的核心问题是国际合作。然而反恐概念问题似乎成为一个难以逾越的"拦路虎"："缔结一项关于国际恐怖主义的全面公约是加强国际合作以防止和打击一切形式和表现的恐怖主义的必然要求……但是，非常遗憾的是，至今未能得到最终的实现。其主要原因是关于恐怖主义的概念上始终存在着严重的分歧，未能达成共识。"（这段话见论坛《决议》草案）

路在何方？庄子的智慧向我们表明，路就在脚下，就在于以“不同而和”的思维方式解决问题。论坛经过3天的研讨和协商，终于在《决议》(草案)中提出了一个初步的解决方案：“经讨论，大会提出了以下两个核心特征，作为进一步研究制定全面的、科学的定义的基础。”

1. 恐怖主义的特征

任何个人、团体或国家，使用暴力或其他毁灭性手段，残害无辜，制造恐怖，以达到某种政治目的的，是恐怖主义。

2. 恐怖主义组织的特征

恐怖主义组织，是指由3人以上组成的、以恐怖主义手段实现某种政治目的、有一定组织结构的暴力集团。

这里用“特征”代替了“概念”一词，但其实质未变。这一点，从何秉松教授所作的主题报告中可以找到有力的佐证。他列举了世界上10个主要国家有关反恐的法律条文和各国学者关于恐怖主义定义的8种观点，找出了其中的共同因素：暴力或以暴力相威胁、制造恐怖、一定的政治目的。有这三个要素或其中两要素的国家就有英国、德国、意大利、印度、日本等国家，8种观点所一致强调的也是这三要素，当然在表述上各不相同。这说明“和”的基础是客观存在的。恐怖主义的本质特征确定了，恐怖主义的概念也就在其中了，因为决定的是性质，而不是语言文字上的表述。对恐怖主义有了基本的界定，恐怖主义组织问题也就迎刃而解了。

笔者有一点体会：从全球或联合国的角度界定反恐概念只能是宏观的、战略性的，它必然要根据各国国情进一步细化和具体化，以便于执行。

围绕着对恐怖主义的定性问题，何秉松教授在主题报告中提出了两个重要逻辑命题，为认定恐怖主义的性质提供了哲理基础。他提出，应当扬弃“目的正确，证明手段的正确”这一荒谬的命题，揭穿搞恐怖活动是“为自由而战，为民族解放而战”的虚伪外衣；确立“手段的卑鄙，证明目的的卑鄙”这一正确的命题，明确只要是以恐怖手段残害无辜，其罪恶性质是任何目的所不能改变的。这两个逻辑命题如果能被越来越多的政府和公众所接受，无疑会为反恐打好思想基础。

研讨过程显示，“不同而和”的过程是学术包容性、灵活性与政治原则性、敏感性相结合的过程。仅举这样一个小插曲：大家知道，美国指称伊拉克、伊朗、朝鲜为“邪恶轴心”，这种立场是我们所不能苟同的。会上，国际刑事法院检察长奥坎波（Dcampo）作专题报告后，在回答代表的提问时，误将别人的提问说成是“何秉松教授您对朝鲜的案子有什么看法？”何秉松教授当即申明：“我并没有提朝鲜的问题，你把帽子戴到了我的头上，我要特别澄清一下。”奥坎波当即表示了歉意。可以说，这是小事中蕴含着大原则，何秉松教授的做法是正确的。

（二）反恐态势　天下大势

罗贯中在《三国演义》中一开头便以“天下大势分久必合，合久必分”为启端展现出三国时期的历史画卷。国际社会的反恐态势，归根结底，是决定于天下大势，即在全球化时代背景下国际社会的大形势、大格局、大趋势，然后又反作用于天下大势，给天下大势以重要影响。因此，通观天下大势，方可洞察反恐态势。何秉松教授在主题报告中一开始便以“世界转型期”这个赫然命题，将反恐态势引入天下大势之中进行剥层分析。他开宗明义地指出：“世界转型期的社会政治经济文化的巨大变化，必然会引起国际反恐斗争的巨大变化，国际反恐斗争进入了一个新的历史时期，后拉登时代只不过是这个新的历史时期的一个鲜明的标志。”

1. 世界转型期的实质

所谓世界转型期，即由以英美为代表的西方对世界的统治时代转向全球化时代，是人民的时代，空前觉醒的人民是这个时代的真正主人。这种转型已经开始,需要整整一个时代才结束。其主要依据是源于美国国家情报委员会所提出的4份《全球趋势预测报告》中对2010年、2015年、2020年、2025年所作的长期预测。预测认为"未来15~20年是重大历史转折点之一,会有多种因素对未来走向起到关键作用",主要是:(1)随着中国、印度等国家的崛起,一个全球多极体系正在崭露头角;(2)财富和经济的相对实力正从西方向东方转移;(3)美国仍是唯一的最强大的国家,但主宰地位下降;(4)到2025年,又有12亿新增人口,将对能源、粮食和水资源造成压力;(5)如果青年人数庞大的阿富汗、尼日利亚、巴基斯坦和也门等国家就业状况未得到显著改善,这些国家仍将陷入持续的不稳定和国家失败;(6)由于大中东部分地区迅速变化以及致命武器的扩散,冲突的潜在可能性增加。

何秉松教授认为,这些分析基本上是正确的,但需要补充两点:(1)美国已经开始衰落,它称霸世界的时代将随着这种衰落的过程而逐步结束;(2)美国及西方世界与伊斯兰世界的矛盾特别是意识形态的冲突在加剧。但有的代表不赞成说资本主义已经衰落,认为资本主义"并非天下大乱"。

2. 在世界转型期国际恐怖主义的战略态势

(1)两种可能。美国国家情报委员会总的看法是,到2025年恐怖主义不可能销声匿迹,但有两种可能:一种可能是,如果中东经济继续发展,青年人失业问题缓和,恐怖主义的吸引力就可能下降;另一种可能是,如果就业机会减少,合法政治表达手段又不多,很容易滋生不满和极端主义,使年轻人投入恐怖主义团体怀抱。这两种可能只限于大中东地区,而非全球的。

(2)两种估量。法国总统特别顾问、法国国立战略研究和教育高级委员会主席阿兰·博埃认为,看恐怖主义一定要有全球的视野。国际刑事法院检察长奥坎波也提出,要用全球的观点看恐怖主义。何秉松教授也强调,从世界范围看恐怖主义态势。研讨中,对国际恐怖主义的基本态势,出现两种截然相反的估量。

一种估量是“所有国际恐怖主义都在走下坡路”。阿兰·博埃等3位法国代表均持此观点。他们认为,本·拉登体系的恐怖主义已经趋于瓦解,伊斯兰恐怖主义的高峰时期已经过去,他们已经走下坡路,真的危险性和“昨天”来比已经不可同日而语了。从几个数字看,2009年欧盟境内所有恐怖主义谋杀事件,包括爆炸袭击等事件是294起,其中只有一起是来自伊斯兰的;2010年欧盟境内这样的事件是260起,只有3例来自伊斯兰。最近有报道证实,欧洲现在最严重最活跃的一个恐怖主义组织,也就是巴斯克地区的埃塔(ETA)组织,已经放弃武力了。据我们掌握的数据库,国际恐怖主义都在走下坡路。

另一种估量与此截然不同。联合国区域性犯罪和司法研究所高级科技顾问伊万·卡拉贝格·威廉姆斯(Ivan Calaberg Williams)在专题报告中认为,其实恐怖主义的威胁不仅没有消失,没有走下坡路,反而在上升。比如说东非的恐怖主义发展的态势让我们很担忧。之前的一些地区性质的恐怖主义组织在发生演变,在改变自己的策略。他们变得越来越大,甚至想成为国际性质的恐怖主义组织。例如,一个索马里的恐怖主义组织,以往人们都认为它仅仅是索马里本地的恐怖组织,但是有证据表明,它已经涉及了肯尼亚和其他的非洲国家,而且在乌干达发起了大规模的恐怖主义袭击。

东非阿布沙巴的恐怖主义的威胁也很大,好像还想扩张到阿拉伯半岛去。他们有一千个残余分子是在也门寻求保护,其实他们本身是极端分子,也很值得担忧。阿布沙巴在非洲和北美也开始崭露头角。

何秉松教授认为,从总体情况来看,国际社会诸种矛盾的存在决定了反恐斗争的长期性,也决定了斗争的严重性,至少在

2025 年前,我们面临的反恐斗争态势将是严峻的,不存在另一种可能性,反恐斗争更不会终结。

许多代表都表示了这样的看法:对国际恐怖主义的发展态势表示过分的乐观,似乎为时尚早。

3. 在世界转型期国际恐怖主义的主要特点

(1)“一地策划,异地实施”的特点。

(2)多方位特点。除大中东地区外,全世界各地都有可能出现恐怖主义。例如,2011 年发生的“挪威天堂惨案”就发生在西方国家腹地,是西方国家的问题,不能完全把注意力放在穆斯林的恐怖主义上;又如,北非的恐怖主义结束,中东又冒出来了。英国已发现本土恐怖主义,跟基地组织没有关系,一些本土恐怖主义可能会崛起。

(3)金字塔式恐怖组织结构与网络式恐怖组织结构并存的特点。

(4)混合交叉和三位一体或多位一体特点。法国代表阿兰·博埃认为,进入“后拉登时代”,今天的恐怖主义已经没有一个纯粹的定义了,它是一个混合体,它是不断变化的。美国犯罪学家路易丝·谢莉认为,有组织犯罪、腐败和恐怖主义三位体或多位一体,像在北非、西非和东非都有三位一体的现象。综合的力量组织在一起比单一力量严重得多。

(5)恐怖手段多样化特点,即常规恐怖手段与可能有的各种大规模杀伤性武器交替使用的特点。

当然,以上特点都是各抒己见,并不是一致的认识。

(三)反恐战略　法中之最

“战略”一词古已有之,孙武“是古代第一个形成战略思想的伟大人物”(美国《大战略》一书的作者约翰·克林斯语)。战略问题研究是理论研究的首要任务,凡涉及全局性问题都统称为战略。战略也是与时俱进的,但在一定时期内又是相对稳定的,其间可以“微调”，但不可随意更改。那么，什么是全球反恐战略呢？何秉松教授在主题报告中根据2006年9月8日联合国通过的《联合国全球反恐战略》及联合国相关文件将全球反恐战略的基本内容归纳为7个方面，并指明，应根据这个战略修改各个国家的反恐战略。《联合国全球反恐战略》是192个成员方首次就打击恐怖主义的全球战略达成一致，它奠定了国际社会反恐合作与协调行动的基础，可以说是法中之最。

1. 全球反恐战略的基本内容

根据何秉松教授的归纳主要有7个方面：(1)一切形式和表现的恐怖主义都构成对和平与安全的最严重威胁，强烈谴责一切形式和表现的恐怖主义，无论其为何人所为，在何处发生，为何目的而为；(2)加强国际合作以防止和打击一切形式和表现的恐怖主义；(3)打击国际恐怖主义的斗争必须接受联合国大会领导，联合国大会拥有普遍的成员，是处理国际恐怖主义问题的主管机构，要强调联合国的中央作用；(4)国际合作和会员国为防止和打击恐怖主义而采取的任何措施都必须完全符合它们根据包括《联合国宪章》和相关国际公约与议定书在内的国际法，特别是人权法、难民法和国际人道主义法所承担的义务；(5)在打击恐怖主义的同时，增进和保护人权与基本自由；(6)会员国决心作出一切努力，商定并缔结一项关于国际恐怖主义的全面公约，包括解决与公约所针对行为的法律定义和范围有关的未决问题；(7)不能也不应将恐怖主义同任何宗教、国籍、文化或族裔群体联系起来。

联合国成立了“反恐委员会”，作为负责帮助成员方执行《联合国全球反恐战略》的机构，还专门成立了联合国反恐执行工作队这样的机构。据联合国反恐执行工作队办公室执行官穆罕默德·拉夫丁·肖在专题报告中介绍，联合国安理会有4个反恐委员会，除“反恐委员会”外，还有一个委员会是关于基地组织的，一个委员会是关于塔利班的,还有一个是由专家所组成的委员会。他认为,制定反恐公约方面有一些困难,但是是可以克服的。现在最难的问题是政治和法律的问题混在一起,两种观点交织在一起,联合国正努力促进广泛的理解,当然也要借助各会员国的贡献。

2. 一种不和谐的声音

与联合国全球反恐战略的方针原则有明显不同的是美国的反恐战略。何秉松教授在主题报告中以专题"评美国的反恐战略"指出:"9・11"事件发生当晚,布什总统宣称"在反恐斗争中没有灰色地带,要么和我们站在一起,要么与恐怖分子为伍",非黑即白,以"反恐划线"。2002 年伊始,布什发表《国情咨文》,指称伊拉克、伊朗、朝鲜为"邪恶轴心"。随后美国务院发表《全球恐怖主义形势报告》,又将古巴、伊朗、伊拉克、利比亚、朝鲜、叙利亚、苏丹 7 国列为资助恐怖主义的国家,并扬言对其中部分国家实施军事打击。美国国防部《核态势评》报告中,把中、俄等 7 国列为可实施核打击的目标。显而易见,美国是要使反恐战略服从和服务于它的全球战略目标。奥巴马上台后,名曰调整美国的反恐战略,但反恐战略服从和服务于美国的全球战略目标的本质并未改变。美国自称"一个被美国控制的世界才是自由的世界",其霸权主义和反恐双重标准在论坛中引起强烈反响。

3. 正义的呼喊

论坛中一些正确观点的趋近或趋同是论坛的一大收获,其中有的堪称是对正义的呼喊。

这些正确的观点主要是:恐怖主义是一种本质的恶和犯罪(这一点是完全一致的);反恐不能以牺牲别国的人权和主权为代价,不应搞霸权主义;反恐不应采取双重标准,对本国利益有威胁的恐怖主义就打击,对与本国利益无直接威胁的就置若罔闻;不能以反恐为借口侵犯别国主权,达到控制别国、攫取别国资源的目的。

伊拉克代表阿巴斯(Abbas)在自由发言中说,双重标准不得人心,伊拉克战争打击了恐怖主义吗?在伊拉克恐怖袭击不断,造成严重破坏和大量人员伤亡时,对石油的重视远远超出对人权的重视,借反恐入侵别国的战争阴影不散,实际是想获得新的殖民地。

墨西哥代表在自由发言中说,美国政府其实是给墨西哥的恐怖主义助力了,因为90%的所谓墨西哥恐怖主义集团的武器都是来自美国,在墨西哥任何人只要越过国界跑到美国去就可以买到机关枪、小手榴弹,甚至在墨西哥大街上使用机关枪和小手榴弹进行袭击。

有的代表提出,不同意美国的做法,其会造成反恐扩大化,发动战争的后果。

从这些发言中会使人想到先哲有言:正义的力量是无敌的。

(原载《犯罪与改造研究》2012年第1期)

九、我们的研究充满阳光

——写作《中国犯罪学话语体系初探》的心路历程

中央提出的“两学一做”重在实效。根据这样的精神，在这里，笔者具体讲一下写作《中国犯罪学话语体系初探》一书的心路历程，一则便于同业内同仁进行学术交流，二则希望得到大家的批评指正！

（一）为什么选定“语话体系”这个主题

必然性经常寓于偶然性之中。写作本书并没有经过事先的充分思考，而是发轫于一个偶然性的机遇和顿悟：2012 年 6 月 11 日的《光明日报》在头版同时刊登了两篇文章，一篇是由国防大学中国特色社会主义理论体系研究中心撰写的《打造具有中国特色、中国风格、中国气派的理论学术话语体系》，文章一开头便转达了李长春同志在马克思主义理论研究和建设工程工作会议上代表中央所讲的一段话：“如何在学习借鉴人类文明成果的基础上，用中国的理论研究和话语体系解读中国实践、中国道路，不断概括出理论联系实际的、科学的、开放融通的新概念、新范畴、新表述,打造具有中国特色、中国风格、中国气派的哲学社会科学学术话语体系,是理论界和学术界面临的重大而紧迫的时代课题。”

中央的号召,既反映了时代的呼唤,也反映了广大理论学术工作者的心声。笔者认为,犯罪学在目前虽非显学,但犯罪问题特别是恐怖主义和极端组织已成为全球的灾星。中国历来同犯罪作斗争有自己的特色、路子和经验,如果能概括出中国犯罪学的话语体系,进入国际学术舞台进行交流,岂不是既可以彰显中国的学术气派,又可以为世界的反犯罪斗争作点奉献!

笔者从事犯罪问题与犯罪学研究已近 30 年未曾中断,虽无力拿出无愧于时代的研究成果,但紧跟时代的步伐进行力所能及的研究乃是义不容辞的职责和义务。于是把党的号召同有生之年再为学科发展做点奉献的夙愿结合起来,当即写下了《中国犯罪学话语体系初探》这个主题。这个标题一直没有变,但写作框架设计都颇费心思和周折,有时甚至想“我是不是在打无准备之仗,犯了兵家之大忌?”这时,同日刊登的另一篇《以回报社会大小来衡量生命意义——老干部田守诚 28 年繁育盘锦河蟹的传奇》的报道,在感佩之余,坚定了信心。笔者与这位老同志同庚,生命的意义也在于能否迎难而上,啃下《中国犯罪学话语体系初探》这块硬骨头,做第一个吃螃蟹的人。笔者“自序”第一稿就是这么写的,以后觉得有点烦琐就删掉了。现在觉得这是当时的真实故事,删掉“吾不知其可也”是不对的,所以“艺海拾贝”又捡回来,以真实地说明当初为什么选定“话语体系”这个主题的具体背景。

(二)写作框架、理论根据和相互支撑关系

按照马克思主义的一般原理,任何体系都是有结构的,结构又是分为层次的。如同社会之有经济基础和上层建筑一样,话语体系也必然有其存在的基础和支撑点,“删繁就简三秋树”,笔者

把一些繁杂的构想简化为目前这个框架，即导论、基础话语、专业话语。

1."导论"是研究宗旨和主题的指导思想

有两句话对笔者写"导论"起了指导作用。一句话是习近平总书记引用过的"得其大者可以兼其小"。另一句话是古人说的"不谋全局者不足谋一域，不谋万世者不足谋一时"。在当今全球化时代，一种新兴的"全球学"理论认为，任何一个国家的问题几乎都是国际问题。《三国演义》开头便说"话说天下大势，分久必合，合久必分"。讲犯罪学话语体系也得首先讲讲天下大势。在"导论"中为什么写"两种社会制度、三种命运""世界大格局、大趋势下的犯罪学话语权问题"，就是出于这样一些思考。我们不要忘记1840年、1860年、1900年这些让中华儿女刻骨铭心的年代，更不应忘记至今八国联军的影子仍在钓鱼岛、南海上空游荡！中国犯罪学有充分的话语权追根溯源寻求当今之世乱象丛生、局部战争不断、极端组织崛起、恐怖主义到处制造惨案的总根源。这些是以往犯罪学特别是西方犯罪学书上所没有过的，敢为天下先，应是中国犯罪学话语体系的中国气派！

2.为什么分为基础话语和专业话语，两者的支撑关系

笔者认为基础话语与专业话语的关系就是"通与专""博与深"的关系，说形象一点，就是根与叶、塔尖与底座、矿物体与基围、源与流的关系，两者是对立统一关系。中国有许多名句说明这种关系的意义，如"求木之长者，必固其根本。欲流之远者，必浚其泉源"。[1] 问渠哪得清如许，为有源头活水来。[2] 这些都说明，基础话语与专业话语是密不可分的。

其实从古至今作诗写文章经常用的手法就是从宏大背景入

---

〔1〕（唐）魏徵：《谏太宗十思疏》。

〔2〕（宋）朱熹：《观书有感》。

手而后进入主题,方显气势磅礴、引人入胜,如宋朝王安石诗:“千山鸟飞绝,万径人踪灭。孤舟蓑笠翁,独钓寒江雪。”意思是在千山万径一片寂静的大环境下突出垂钓老人的孤独和清高。宋朝苏轼诗:“横看成岭侧成峰,远近高低各不同。不识庐山真面目,只缘身在此山中。”于纵横绵亘的崇山峻岭大背景下引出一个富于哲理的主题。无论是七言绝句还是五言绝句,前两句大都是作宏观铺垫,后两句进入主题。许多古文对这类手法的运用也十分巧妙。如宋欧阳修的《醉翁亭记》,主题就是一个亭子,却从“环滁皆山”开始:“环滁皆山也。其西南诸峰,林壑尤美,望之蔚然而深秀者,琅琊也。山行六七里,渐闻水声潺潺,而泻出于两峰之间者,酿泉也。峰回路转,有亭翼然临于泉上者,醉翁亭也。”大家耳熟能详的唐朝刘禹锡的《陋室铭》短短不到一百个字,文章起落都用大自然和名人做比喻,成为千古绝唱。

理论文章和文学作品当然不同,笔者认为也可以互通互用,引以为借鉴,尽量摆脱过分理论化、结构呆板的特点,这样才能讲好中国故事,传播好中国声音。笔者在本书中也举了近代学者王国维和当代经济学家林毅夫用诗句说明特定事物的例子,以及笔者个人“东施效颦”的习作,仅供参考。

3. 设定四章“基础话语”的原因

笔者认为基础话语是专业话语的母体、土壤和资源,否则,专业话语便成了“无源之水,无根之木”。

首先是“理论基础”。指导理论包括中国化马克思主义和马克思主义的经典论述,并回答了什么理论不应视为指导理论的问题(如“西化”“僵化”“儒化”教条主义)。理论基础当然还包括许多相关理论和专业理论。

其次是“实践基础”。笔者设定为三个实践历程,即国家建设的实践历程,犯罪高峰的实践历程,犯罪学发展的实践历程。三者是相互联系的,其中犯罪高峰论是建立在充分调查研究、凭数据说话的基础之上的,另两个实践历程则均为一家之言。

有这样一个例子:在20世纪90年代的一次理论研讨会上,有一位教授在发言中说,儒家和法家的分界线是儒家主张德治,法家主张法治(大意)。笔者认为此说失之偏颇,怕以讹传讹,随即补充说:法家固然大多主张以法为本,但儒家并不一般地否认刑罚的作用,而是主张有主有次,即“德主刑辅”。而孟子则进一步认为应当两者并用,孟子说:“徒善不足以为政,徒法不能以自行。”[1]战国后期的荀子则主张礼法并用,德刑并重,实际上是把儒法两家的思想相融合……受这件事的启发,笔者觉得讲话语权不能离开历史,对历史事件可以有不同看法,但不能犯常识性错误。所以笔者对写本章特别谨慎和重视。即便如此,也难免有不当甚至错误之处。

语言文字是中华民族文化的载体。我国语言文字具有特殊的形式美和极强的表现力。讲话语权离不开语言文字。我们不是语言学家,只能写一些基本知识。

以上就是设定四章“基础话语”的一些基本想法。

4. 设定六章“专业话语”的原因

这六章的内容是笔者从事犯罪问题和犯罪学研究近30年来的能量积累,即经验、知识和资料积累,是长期以来研究的主要问题,是最能够有根有据、有头有尾说清楚的问题。笔者认为,也是犯罪学学科的主要内容。当然中国犯罪学的话语权远不止这6个方面,所以是首家一家之言。

这6个方面的专业话语至少在以下几个方面是站得住脚的,是中国犯罪学具有的当之无愧的话语权。

第一,它完全是以中国的理论研究解读中国同刑事犯罪作斗争的实践。

---

〔1〕《孟子·离娄上》。

第二,在这6个方面,中国都具有从古至今的话语权优势。例如,中国早在《礼记·乐记》中就提出了"礼乐刑政"综合为治的思想,而今的社会治安综合治理体系之完备在世界上也是独树一帜的;老子的《道德经》是最早以研究自然规律和社会规律为主题的代表作,而今对犯罪规律的研究之全面而深入也是外国犯罪学书上所没有的;《易经》被认为是世界上最早的"预测学",而今由国家重点社科研究项目《中国现阶段犯罪问题研究》所进行的中(5年)长(10年)期犯罪预测及以后的3次反馈检验是规模最大、时间最长的;中国"轴心时代"的"生态智慧"为世界学者所公认,而今党的十八大以来提出进入生态文明时代,并带动了生态环境的改善和对生态犯罪的处理并制定"最严生态法",在世界上也是领先的;以世界所公认的兵学圣典《孙子兵法》运用于研究超常规(非传统)犯罪问题并提出一些新概念,也是外国同类学科中所鲜有的。

第三,笔者日积月累提出的一些观点,如关于犯罪成因是一个体系的观点,已获得学界的广泛认同。郭建安研究员对此有很好的归纳,[1]认为从泛因论到体系论是一个发展;关于犯罪规律可分为犯罪发生与发展的规律和指导预防犯罪的规律的观点;关于同超常规犯罪的斗争是准军事斗争、系统间的抗衡、可比喻为"和平时期的战争"的观点,当前暴恐犯罪日益猖獗和"极端组织"的崛起似乎为此观点提供了新的依据;在本书结尾,新提出的犯罪学研究的终极目的就是"寻求战胜犯罪的最大公约数,寻求减少犯罪、减少受害、减少损失的最小公倍数"。[2] 这是将数学概念移入犯罪学研究,笔者曾请教过公安大学一个数学特别好的大学生,他认为从数学概念上这说法没有问题,当然尚需要实践

〔1〕《中国犯罪学话语体系初探》,法律出版社2016年版,第237页。
〔2〕《中国犯罪学话语体系初探》,法律出版社2016年版,第444页。

检验。这些观点都结合中国犯罪学话语体系加以阐述,说明6个方面的专业话语是言之凿凿地将创意寓于其中而非空谈。

5. 什么是哲学社会科学研究的必由之路、什么是此路不通

通过学习习近平总书记的讲话,我们可以清楚地看到,什么是哲学社会科学研究的必由之路、什么是此路不通。笔者体会到,必由之路就是"按照立足中国、借鉴国外、挖掘历史、把握当代、关怀人类、面向未来"的思路,着力构建中国特色哲学社会科学。在指导思想、学科体系、学术体系、话语体系等方面充分体现中国特色、中国风格、中国气派。什么是此路不通?"一切刻舟求剑、照猫画虎、生搬硬套、依样画葫芦的做法都是无济于事的。"对照检查起来,我们的做法是符合前者的,当然做得还不够。后者在学术界不乏其例,在犯罪学方面最突出的例子是:改革开放后,一方面是经济迅猛发展,另一方面是犯罪大幅度上升,两者的关系是什么呢?在20世纪八九十年代一段时期内出现照着外国"本本"上的理论观点,用"同步论""代价论""阵痛论"解释两者的关系,甚至提出要减少犯罪就要放缓经济发展速度。笔者当时正在搞《中国现阶段犯罪问题研究》这个国家重点课题。在课题内也出现了"由于改革开放,由于发展商品经济而犯罪不断上升……"一类的说法。但是,随着调查的深入,觉得不能"一股脑儿"不加分析地把犯罪增长归因于改革开放和发展经济。于是,笔者在1988年11月在湖北襄樊市举行的课题第一次全国研讨会上提出,要注意原因、条件和相关因素之间的联系和区别。1989年7月在山东省的一次研讨会上又提出"不能轻易地把这种联系看成是因果性联系""犯罪是社会诸多因素相互作用的结果。"1989年10月在课题西安片会上笔者发表了《罪因体系刍议》一文,对犯罪成因做了较为全面的分析,并成为课题主要理论成果之一。在课题内部基本上是按照体系论分析犯罪成因的,但课题是在公安系统内部进行的,与社会上缺乏交流,社会上从总

体上讲仍是“同步论”“代价论”“阵痛论”占上风。1994 年根据江泽民同志的指示，江苏省公安厅在苏南地区（以乡镇企业为主要经济模式）、福建省公安厅对沿海经济发达地区进行了认真调查。调查结果表明：“经济发展与犯罪增长有密切的相关关系，但不是必然的因果性关系，并不是经济发展犯罪必然增长……‘同步论’‘因果论’显然是不符合客观实际情况，因而也是不可取的。”与《中国现阶段犯罪问题研究》课题的结论是一致的。2010 年，笔者在《全球化时代犯罪与刑法国际论坛》会议期间，见到了美国著名犯罪学家露易斯·谢莉，对其说道，“您在《犯罪与现代化》一书中的同步论、代价论的观点，在我国产生过广泛的影响。但我们的实际调查结论都不是这样的。我的看法是，不能以我们的调查结果推翻您的结论，但也不能把您的结论套在我国实际上”。她点头表示同意。我们的谈话是通过翻译进行的，所以难以进行更充分交流。这个例子说明，各国情况不同，学者看问题的角度不同，有不同理论结论是正常的。但有一个底线，调查研究是“本本”主义的克星，不能不经过调查研究就照外国的“本本”照猫画虎，丢了话语权。就以刑事案件的大要案而论，三次全国性“严打”斗争都有一个导火索式的大案，如 1983 年第一次严打前的“二王”案件，1996 年第二次严打前的李沛瑶遇害案件，2001 年第三次严打前的石家庄靳如超特大连环爆炸案，哪一个同经济增长有关系？

从宏观上讲，研究改革开放以来犯罪持续上升的原因，需要首先明确“三个这是什么？”第一，犯罪与社会主义制度的关系是什么？第二，犯罪与经济增长的关系是什么？第三，自新中国成立以来犯罪起伏变化的因果关系是什么？[1]这些都是立足中国实践，经过调查研究进行的概括。

---

〔1〕 参见《中国犯罪学话语体系初探》，法律出版社 2016 年版，第 229～236 页。

据有关学者研究,我们在国际社会的话语权状况,从总体上讲,仍是“西强东弱”“他大我小”。这是为什么?主要还是研究路子和学风上有问题。特别是“言必称希腊”“言必称西方”,脱离中国实际,立论缺乏调查研究之风是较为突出的。回顾历史,费孝通先生的《江村经济》具有永久的话语权,因为它是经过调查研究的,是经得起历史检验的。

中国有句话叫“万事开头难”。西方有句谚语叫“良好的开端是成功的一半”。总之,本书是开了个头,盼有来者为之继。换言之,希望本书能化为一种契机,而不是孤立的一本书!笔者体会,讲话语权贵在真实,贵在有根有据、有头有尾地说清楚来龙去脉。这应是衡量话语权的基准线。

(三)方法论问题

关于笔者个人的研究方法非常简单,就是笔者常说的那三句话:高起点、不间断、重实践。高起点是机遇,机遇人人都会有,但如果中断了,就像断了线的风筝,也就失去了。《中国共产党的九十年》一书中有两句话说得很好:量变积累历史,质变升级历史。研究工作实质上就是一个总结历史经验、探索历史规律的过程。今天的历史就是昨天的实践,中断了历史也就中断了实践。习近平总书记明确指出:“要以我国实际为研究起点。”高起点加上不间断、重实践,这就是笔者能够写出本书来的基本方法,三者缺一不可。还有几个关系问题也是思想方法问题,顺便提出笔者的一孔之见供参考。

1. 个人与集体的关系。过去有句话叫“大河有水小河满”,指的是要有集体观念和团队精神。现在有学者提出,这句话在逻辑上是颠倒的。因为如果小河是干涸的,那大河哪里来的水?例如长江、黄河、澜沧江三大水系就是由三江源地区的涓涓细流形成的。又如一个剧团,每个演员都把角色演好,演出水平,演成名角,演成流派,这个剧团名气就大,就受观众欢迎,反之岂非一个空架子！一个研究机构的状况如何，大体上也是这个道理，两相结合方为正道。

2. 研究工作与业务工作的关系。部门研究所总是和一定的业务工作相联系的。业务工作有国家赋予的职责权利，有自己的工作路子，部门研究所要重视与业务工作的协作配合，共同为现实斗争服务。但两者不能画等号，不能把研究所等同于研究室或调研室。总的来说，研究工作似乎也有"调结构、转方式"的问题，主要是路子要宽一些、多样化一些，视野要高远一些，才能迈得开步子，上得去台阶，发挥专业机构的作用，培养出研究人才，才能在国际学术舞台上有越来越多的话语权。

3. 计划性与选择性的关系。一个单位总要有自己的整体计划，同时每个人也有自己的兴趣、擅长和选择，如何具体结合好，也是一门艺术。选择性应建立在富于知识、见识、胆识的基础上。

4. 读与写的关系。早就有人总结出："百读不如一写，百读才能一写。"也就是杜甫说的"读书破万卷，下笔若有神"。笔者体会，看书学习，一要有知识储备意识，二要有"三观字碑"的琢磨精神。

"三观字碑"的故事是这样的：唐代大书法家欧阳询，一天骑马到郊外，无意中看到一块古碑。他驻马浏览，原来是晋代著名书法家索靖书写的，觉得那字平平，虚有其名。他走离古碑不远，又回来观看一番，觉得那字确实写得不坏，而后他又再三审视揣摩，为之叹服，竟守在石碑前三天三夜没有离去……研究工作就是一个长期坚守的如切如磋、如琢如磨的过程，不离不弃，方可收"积微成著"之效。

5. 专业与外语的关系。外语是专业的一个翅膀。笔者曾同波兰著名犯罪学家布·霍维斯特（本人会俄语）、德国著名犯罪学家汉斯·施奈德（其夫人会俄语）、俄罗斯犯罪学家达尔戈娃（Dalgova）等交流过，很有收获。若借助翻译就逊色多了。

(四)深情的期盼

构建理论学术话语体系,是一个永续的发展过程,没有终端,也没有一成不变的固定模式,这是一个新课题,有很大开拓空间。笔者提出的仅是探索性的首家一家之言,也是为中国犯罪学赢得的一个话语权。殷切盼望有志于此类研究的同志,能够在此基础上更上一层楼。

近几年中央把对哲学社会科学的重视提升到了前所未有的高度。"等闲识得东风面,万紫千红总是春。"[1]在这春风拂面的科学的春天,我们理论学术研究工作者应该满怀信心地大步前进。

信心是阳光和力量,故本文以阳光为题,意在与业内同人共勉之。

(原载《犯罪与改造研究》2016年第11期)

---

[1] (宋)朱熹:《春日》。

第三章

犯罪预测

一、二十世纪末社会治安趋势预测

所谓治安趋势包括两层意思:第一,指社会治安状况发展变化的方向;第二,指社会治安沿着这个方向发展变化所形成的态势。从这两个方面,通过一定的科学方法,可以对治安趋势作出推估与判断。

社会治安好坏是个综合性指标体系,有硬件(如犯罪统计),有软件(如安全感)。“七五”规划期间,由公安部承担的国家哲学社会科学重点项目《中国现阶段犯罪问题研究》曾对20世纪末的社会治安趋势做过预测。预测分两大层次进行:一是由公安部课题编辑部负责对全国的治安趋势以特尔斐专家评估法进行预测;二是参加本课题的20个省、市公安厅、局对本省的治安趋势进行预测,使用的方法有趋势外推法、时序分析法、直线模型、二次曲线模型、灰色理论模型、综合分析、专家评估等。预测的时序也有两个层次:一是1990~1995年;二是1996~2000年。由于这个课题对新中国成立以来的犯罪状况做了系统的研究与调查,所以这次预测是有现实基础的。现在回头来看,对 1990~1995 年的预测是较为准确的,对 1996~2000 年的预测如何,尚有待实践的检验。这些材料散见于已出版的课题总卷和各省市分卷中,有些同志可能看到过,更多的同志可能还没有注意到。鉴于本次研讨会的内容之一就是"九五"期间治安趋势预测,所以在这里做概括的评述,并补充点个人的看法,供同志们参考。

(一)"九五"期间社会治安趋势预测

1.20 世纪 90 年代包括 2000 年刑事犯罪总量变化趋势预测

总的看法是继续呈上升态势,以年均 5%~10% 的递增幅度上升的可能性大,其中重特大案件以 10% 左右的幅度上升的可能性较大,并将占整个案件的 15% 左右(1978 年以前的 30 年占 10% 左右)。照此推估,到 2000 年时全国刑事发案总量将有高中低三个可能的数值,即 1100 万起(高位预测值)、900 多万起(中位预测值)和 750 万起(低位预测值)。三个数值,哪一个可能性最大,主要取决于社会经济发展的总体态势,如经济状况,思想、法制和道德教育状况,社会治安综合治理的落实情况等。预测的基点数据是以 1990 年为 500 万起发案总量为基点(1990 年的实际立案数为 221.6 万起)这个基点数是经过同有关部门认真推敲过的。但是这里有个需要说明的情况,即这个数据是以盗窃案件的老立案标准计算的(城市 80 元,农村 25 元),1991 年公安部修订了盗窃案件的立案标准(300~600 元),大家知道,盗窃案件一般占案件总量的 2/3 以上,对整个案件数量有举足轻重的作用。当时预测,至 1995 年全国发案总量可能达 650 万起,据 1996 年公安部公布的统计数字,1995 年全国公安机关受理报警案件 498.02 万起,其中立为刑事案件侦查的 169.04 万起,比上年上升 1.8%;作为治安案件受理的 328.98 万起,比上年下降 0.4%,再考虑到检察院法院的自侦自诉案件及群众未报案件(一般为发案的 1/3),对 1995 年发案为 650 万起的预测数和 1995 年的实际发案数基本一致。

2. 20世纪90年代包括2000年刑事犯罪质量变化趋势预测

课题研究认为，进入20世纪90年代后犯罪的质的方面将产生一些新的变化：高智能犯罪、武装集团犯罪、黑社会组织犯罪、跨国跨境犯罪、白领阶层犯罪等都会有新的发展，表现出一种所谓"西方发达国家罪案"的特征，刑事作案人员的组织程度、职业化程度、流动程度将会增强。团伙犯罪、集团犯罪逐渐向黑社会组织方向演变。以犯罪为业的人可能在累犯、惯犯、逃犯和刑满释放、解除劳教人员中继续产生并不断增多。犯罪人员作案的流动程度可能与流动人口的增多、陆海空交通发达程度等继续保持正比发展关系。严重暴力犯罪的主要威胁仍将是枪案和爆炸案，并将仿效国际恐怖主义活动的作案方式，骇人听闻的大案对社会治安的影响和冲击可能比以往更为严重。抢劫银行、珠宝店的案件可能将发生。越来越多的犯罪作案人员将做更加周密的策划，作案中凶残诡秘并使用反侦查手段，用现代科技手段和现代交通、通信手段作案的人也将逐渐增多，给今后的侦查破案增加新的难度。

从20世纪90年代前5年的情况来看，这些推估基本上也是接近实际的。

3. 20世纪90年代包括2000年刑事犯罪地区分布变化趋势预测

预测结果认为，20世纪90年代全国梯次倾斜的犯罪分布格局，即从东南沿海至中部省区再至西部省区犯罪数量由多至少的总格局变化不会太大，但是随着西部经济的发展和许多沿边地区的开放，这种差距可能逐渐缩小，在犯罪增长幅度上西部和内地的某些地区将会高于东南沿海，犯罪类型和手段的地区性差异将会缩小，农村犯罪问题对治安总体状况的影响将增大，不能忽视农村犯罪问题对全局犯罪问题的极大影响作用。海上犯罪活动将会愈演愈烈,仍将呈起伏上升趋势。

这些估计,特别是对于农村犯罪趋势的估计,前5年的情况也已证明是比较接近实际的。

4. 20世纪90年代包括2000年各省、市刑事犯罪趋势预测

参加课题的省、市对20世纪90年代各省、市刑事犯罪趋势的预测结果,大体有三种情况:一是大多数省市认为犯罪将以较大幅度上升,治安形势仍将是严峻的;二是认为在起伏中上升;三是认为可能平稳发展,见表3-1。

表3-1 20世纪90年代各省市犯罪趋势预测

省市名称	预测方法	预测结果
上海市	趋势外推法	20世纪90年代发案可能上升到100,000起以上(20世纪80年代刑事立案最高为29,000多起),犯罪率将达70~100起/万人,重大案件的数量与比重将继续增大
天津市	专家评估法	1996~2000年全市刑事发案将以6%,重大案件将以10%的幅度上升(1990年全部刑事立案为5942起,重大案件为1716起)
西安市	综合分析法	1990年全市刑事立案29,307起,较1979年上升1.5倍,预测到1995年为36,000起,到2000年达40,000起左右
重庆市	最小平方加直线趋势外推	预测1995年案件数可能达50,200起,约比1989年立案的39,604起增加26%,发案率为32.1起/万人,到2000年案件数可能达58,700起,比1995年预测数增加17%,发案率达36.7起/万人
武汉市	直线、曲线模型	到2000年全市人口可能会突破740万人,刑事案件在40,000~70,000起变动。2000年犯罪将会呈现增长趋势,由于制约因素的作用,将会减缓犯罪增长的态势,使2000年的犯罪平稳发展

续表

省市名称	预测方法	预测结果
广东省	特尔斐专家法	71%的专家判断，广东省未来5～10年(1990～2000年)治安形势依然是严峻的，过去10年广东刑事犯罪率达到40起/万人左右的水平，大致保持相当时间
福建省	平均比增法和递增法	以1988年全省刑事立案数29,517起，重特大案件9008起为基数，到2000年刑事发案将达120,000起左右，上下误差可能控制在5个百分点左右
浙江省	综合性定性定量分析	按1989年立案80,342起，以立案统计数占核实数32.7%推算，实际发案21万起，发案率为54起/万人，到20世纪末刑事发案数可能在50万起上下浮动，犯罪率将达80～100起/万人
湖北省	"灰色系统"数学模型	以1989年实际发案数为30万起计算，1990～1995年全省刑事案件年平递增率在5～6个百分点，重大案件年平递增7～8个百分点，均低于20世纪80年代的年平均递增幅度，1996～2000年刑事犯罪总趋势将在1995年的基础上起伏升降
山东省	综合分析	1991～2000年全省刑事案件仍然会呈上升趋势，估计平均以15%左右的速度增加，其中大案可能以20%的幅度增加，到2000年平均年发案总数在90,000～100,000起，其中大案20,000起左右
辽宁省	回归法、灰色理论、专家评估	3种方法预测结果，到1995年一般刑事案件的发案率在38起/万人左右，重特大案件发案率在9.8起/万人左右；到2000年，一般案件发案率在49.9起/万人左右，重特大案件发案率在13.8起/万人左右
吉林省	直线模型	仍以目前立案标准来计算，到2000年全省刑事案件可能达到240,000起，发案率将达到85起/万人左右(1989年立案44,500起，发案率为18起/万人)，发案数量和发案率都比目前更为严重

（二）"九五"期间社会治安态势评析

犯罪数据是衡量社会治安的重要指标，但不是唯一指标，有些问题很难用数字说明，何况数字本身的正确性也受诸多社会因素和工作因素的影响。因此，需要从质的方面、定性方面进一步认识治安趋势的变化方向及其所形成的态势。

1. 在上述预测中，有两个重要因素未曾充分估计到：一是社会治安综合治理从 1991 年烟台会议以后进入了一个新的发展阶段，对犯罪的发生产生了极大的遏制力，如果综合治理各项措施进一步得到全面落实，将对社会治安的发展趋势产生更大的影响；二是以思想道德文化建设为中心内容的社会主义精神文明建设提到了更加突出的地位并在近两年已经以各种形式付诸操作中，如果能进一步发展和坚持下去，也将对 20 世纪末的治安趋势产生重大影响。对上述预测的认识要考虑到这两个因素。

2. 种种迹象表明，有组织犯罪是未来犯罪的主要特点，是 21 世纪社会治安的主要威胁，对此应有充分估计和准备。我国的团伙犯罪正逐年增加，从 1986 年的 3 万多个发展到 1993 年的 15 万多个，团伙成员由 11 万多人发展到 57 万多人，近两年又有较大幅度增加，有些团伙已成为犯罪集团，有些带有黑社会性质，成为黑社会势力，并在向典型的西方式的有组织犯罪演化。各种严重暴力犯罪主要是犯罪团伙干的，团伙作案成员占全部刑事作案成员的 1/3 以上。在 20 世纪 90 年代，西方有组织犯罪有一些新的动向是值得我们注意的，主要是：（1）建立国际性联盟，如意大利的黑手党企图建立一个统一的"国际指挥部"；（2）建立战略基地，如意大利的黑手党和俄罗斯的黑社会组织已联合在塞浦路斯建立了"地中海战略基地"，控制地中海的毒品、武器走私；（3）不仅走私常规武器，而且近几年已开始走私核材料、核部件和核技术，据美国一个专门研究有组织犯罪的专家预测，到 21 世纪有组织犯罪将拥有自己的核武器及制作技术,还可能将拥有自己的海军;(4)有组织犯罪在继续使用暴力和财富犯罪的同时,将越来越多地运用知识和技能犯罪,到21世纪他们将拥有自己的信息系统和卫星系统,有自己的技艺高超的电脑专家;(5)"洗钱"活动有增无止。据联合国统计,当前每年全球有组织犯罪所赚取的利润高达1万亿美元,其中有5000亿~8000亿美元通过各种途径"洗钱",流入正常经济生活,给世界金融财政秩序造成严重威胁。欧洲有些学者指出,有组织犯罪正在威胁着欧洲的安全,有的国家"已陷于危机"之中。按照信息社会犯罪的辐射性规律,今天西方社会所有的,明天就可能传播到东方社会。美国有的研究机构认为,有组织犯罪的危险性不仅在于"犯罪",更在于"有组织"。有组织犯罪的一个显著特点是力图浸入政府机构,他们一旦和政府机构中的权力人物相勾结,可以不露痕迹地消除异己,干尽危害国家和人民的罪恶勾当。从电视剧《苍天在上》和《英雄无悔》中我们可以感受到这种情况。所以推估今后的社会治安态势,必须把有组织犯罪的危险性充分估计在内,"刮目相待",同时在工作中严格执行中央关于对黑社会势力必须坚持露头就打、不留后患的方针,避免西方的教训在中国重演。

3.对于犯罪与反犯罪、治安与反治安斗争的总体态势从战略上讲要有新的概括,从20世纪下半叶特别是90年代的情况看,随着科学技术的迅猛发展,这种斗争已成为系统间的抗衡,这种抗衡的态势不仅在一国之内,而且是国际性的。犯罪的组织化、军事化程度和所造成的巨大损失上都足以与一场战争相比拟,实际上可以称作是"和平时期的战争"。以下仅举几笔数字说明之。(1)据国际社会有关统计资料,在世界范围内每年死于暴力犯罪的人数已达120万人,致伤致残达620万人,社会和个人财产损失每年达1150亿美元(超过我国8年抗战物质财富损失的总和——1000亿美元);(2)据美国联邦调查局统计,从1963~1983年的20年,美国死于暴力犯罪的人数达44万人,受伤者170万人,死亡人数超过美国在第二次世界大战期间在各个战场上死亡人数的总和(40万人),受过刑事犯罪侵害的家庭达2200万户,占美国家庭总数的1/3;(3)据美国国防部统计,海湾战争期间美军和多国部队共阵亡368人,战斗负伤873人,而我国公安干警仅1994年就在同违法犯罪分子斗争中牺牲335人。据报道,近十年来全国公安战线有2275名干警以身殉职,55,486名干警光荣负伤,平均每38.5小时就有1名警察牺牲,每24小时有15名干警受伤。犯罪所造成的直接财产损失,1993年为53.9亿元,1994年为72亿元。当然,这还不包括由于吸毒和性病传染对民族和子孙后代所造成的无法估量的“隐形”损失。想当年林则徐就认为,鸦片流行,不但吸食的人受害,而且使财富“漏向外洋”,所以必须视为严重的问题,“若犹泄泄视之,是使数十年后,中原几无可以御敌之兵,且无可以充饷之银”。所以对于毒品犯罪也要有充分的认识。

研究分析“九五”期间和跨世纪的社会治安总体态势,有助于加强以综合治理系统对付犯罪系统的战略估量和决策,提高全社会的认识,增强反犯罪的动员力、号召力和对社会治安综合治理的参与意识,迎接跨世纪犯罪的挑战,为社会的和平与稳定作出贡献。

上述一孔之见,恭请专家学者、领导和同志们指正。

(原载《公安研究》1997年第2期)

二、中国主要犯罪趋势预测

犯罪趋势,是指犯罪现象在运动过程中所显现出的具有较为稳定性质的趋向。犯罪预测,简言之,就是对这种趋向的推估与判断。21 世纪第一个 10 年即将过去,那么,第二个 10 年,即 2011 ~ 2020 年 10 年内的主要犯罪趋势又将如何呢?本文试图以 20 世纪下半叶由公安部承担完成的国家"七五"规划重点社科项目《中国现阶段犯罪问题研究》课题所作的中长期犯罪预测结果(预测至 2000 年)和公安部刑侦局 2008 年 4 月 10 日所发布的犯罪信息为主要参照系,以公安部 2000 ~ 2008 年的刑事立案统计为依据,以因素分析法和趋势外推法为主要方法,对中国 2011 ~ 2020 年的主要犯罪趋势提出如下推估性意见。

(一)从两种对立因素上推估犯罪的总趋势

公安部课题对犯罪规律的研究表明,犯罪的产生与发展变化总是诱发犯罪的各种消极因素与抑制犯罪的各种积极因素彼长此消、彼消此长的结果。一切形成犯罪的因素又是在一个体系内相互作用的,其中有因果性关系、条件性关系和相关性关系,因果性关系居于核心和决定性地位。因此,课题对于犯罪规律的研究和对于犯罪成因体系的研究,为运用因素分析法和趋势外推法推估、判断犯罪发展趋势创造了条件。再考虑到各种渐变和突变因素,通过上下42名专家(其中公安机关经验丰富、专业知识扎实的专家占66.6%)以问卷、反馈、会议、统计相结合所得出的结论为依据,预测采用“动态系统因果分析”方法尝试建立了一个理论模型。这个理论模型的中心意思在于说明在中国改革开放初期导致犯罪的各种因素,概括起来是消极的和积极的两种对立统一的因素在20世纪末21世纪初仍具有较稳定的延续性作用,因而在即将跨入21世纪门槛的10年里(1991~2000年)犯罪在整体上将呈上升趋势。概言之,也就是一方面改革开放不断深入发展;另一方面新的问题和矛盾不断涌现,诱发犯罪的因素继续扩大。其基本思路同2008年4月10日公安部刑侦局发布的《中国刑事犯罪发展概述》中的观点是一致的。刑侦局的观点是:“刑事犯罪是各种社会矛盾和消极因素的综合反映,并且这种反映表现的领域和强度,与一个国家社会变革的深度和广度密切相关。”换言之,社会变革的深度和广度越大,则犯罪反映的领域和强度也越大,这一点,构成进入21世纪后每年全国刑事立案保持在400万起以上并不断上升的根本原因。通俗点说,就是道高一尺,魔高一丈或道高一丈,魔高一尺这个道理。以全国流动人口为例,便可从这个局部推估到我国的犯罪总趋势必然是上升的。当年(20世纪90年代)流动人口是7000万~8000万人,到2009年全国流动人口已达2.11亿人,并且以每年500万人以上的速度增长,预计到2050年流动人口规模可达3.5亿人左右。流动人口是推进中国人口城镇化的主要力量,为经济社会发展作出了重大贡献。但混迹其间的犯罪分子也与日俱增。以中国的“南大门”广州市为例,当年广州市课题组提供的准确统计显示,当年广州市的外来人员犯罪占全部犯罪成员的57.9%，而2007年广州市社科院的一项调查显示，近些年来广州市每年抓获的犯罪嫌疑人中有近80%是外来人员。说明外来人员犯罪随着流动人口的增加而急剧上升。据调查，外来人员犯罪主要是盗窃，而盗窃案件通常居各类案件之首，盗窃案件的升降决定着整个刑事案件的升降。从这个角度讲，我国的刑事犯罪总趋势也必然是上升的。这就是用因素分析方法和趋势外推法所得出的结论。当年本课题预测，在相当长的时期内，除个别地区、个别案件类型可能呈平稳或下降趋势外，发案总趋势仍然是上升的；犯罪性质和危害程度也将更加严重；侵财犯罪和其他以牟取暴利为目的犯罪继续成为最突出的犯罪类型；有组织犯罪、流窜犯罪、暴力犯罪，以及国际犯罪渗透所造成的危害更加严重；城市和沿海经济发达地区的犯罪仍将相对突出，并将向内地和农村辐射；内地和农村的犯罪在量和质上将有明显升级；青少年犯罪仍将很突出；犯罪手段将更加狡猾，利用现代化的科学技术手段作案会有所发展。当前中央及政法机关，一边抓矛盾化解，一边抓对社会黑恶势力紧盯不放，抑制和控制犯罪的因素有望增加，这是一个好的兆头。

（二）从发案总量上推估犯罪的总趋势

从发案总量上，公安部课题作了中长期两种推估。

1. 中期推估（1991～1995年）。推估结果认为，到1995年全国发案总量可能达650万起。这一推估是否准确呢？笔者在1996年发表了《二十世纪末社会治安趋势预测》一文，对此做了检验。结论是：课题的推估意见同1995年的实际发案数基本一致。因为1995年公安机关接到的报警案件是498.02万起，其中立为刑事案件侦查的是169.04万起，作为治安案件受理的328.98万起，再考虑到检察院和法院的自侦自诉案件，及群众未报的案件（据本课题调查一般占实际发案数的1/3），这样推算起来，1995年全国的实际发案总量（而不是刑事立案）应不低于

650 万起。在 20 世纪联合国曾预测，世界各国的平均发案率到 1995 年将达 650 起/万人，这样看来，即使达到 650 万起，中国的犯罪率仍是较低的。

2. 长期推估(1996～2000 年)。实际是在中期推估基础上的延伸推估，也就是趋势外推。对于到 2000 年的全国发案总量当时提出了三种推估性数值：即 1100 万起(高位预测值)，900 多万起(中位预测值)，750 万起(低位预测值)。那么，站在 21 世纪第一个 10 年的时间表上，哪一个数值最为接近实际呢？仍以 2008 年 4 月 10 日公安部刑侦局发布的犯罪信息为参照系：从 2000 年以来，犯罪进入高发阶段，每年刑事立案保持在 400 多万起，到 2008 年刑事立案已达 488.9 万起，接近 500 万起。这样，用两种算法都可以推断当年的高位预测值是最接近中国当前的违法犯罪总量的。一是按刑事案件与治安案件之比推算，治安案件与刑事案件之比大体上是 2∶1，两者相加，约为 1500 万起；二是按“三三制”的比例计算，再加上检察院和法院的自侦自诉案件，从概率论上说，也是一千几百万起，即当年的高位预测值。

3. 2000～2008 年的刑事立案统计显示，犯罪是在起伏中呈上升趋势。具体是：2000 年 363.7 万起；2001 年 445.8 万起；2002 年 433.7 万起；2003 年 439.4 万起；2004 年 471.8 万起；2005 年 465.3 万起；2006 年 466.6 万起；2007 年 474.6 万起；2008 年 488.9 万起。在上述基本致罪与控罪因素大体平衡而又不发生突变的条件下，预计今后 10 年，犯罪总趋势仍将保持在起伏中上升的态势，不会有大幅度的上升或下降，但“质”的方面有可能重化。

(三) 从犯罪质的方面推估犯罪的总趋势

犯罪质的趋势，从某种意义上说，质量的趋势对社会治安形势更具有决定性。当年武汉市公安局课题组曾提出一个观点是很有道理的：一个特大恶性案件对社会治安的影响程度和对人民群众安全感的威胁力往往是几十个一般案件，甚至是几百个一般案件也难以比拟的。什么是犯罪的质？其主要标志就是重特大案件的上升和在犯罪总量中比重的增加。当时专家推估，到2000年后，在犯罪总量中，重特大案件将从1978年改革开放以前占10%左右，上升为15%左右。重特大案件从何而来？实践表明，主要从各种级别和形式的有组织犯罪中来，其次是从突发性事件和行凶报复罪行中来，还有就是从各种形式的“双抢”（抢劫、抢夺）案件中来。2009年公安网上信息显示，全国“打黑办”认为，目前黑恶犯罪仍处于活跃期，仍处于遏制打击关键期。从2006年2月中央部署打黑除恶专项斗争以来，全国各地公安机关共侦办涉黑案件1267起，打掉恶势力团伙1.3万多个，抓获犯罪嫌疑人8.9万多名。从总体上看，犯罪的暴力化、组织化、职业化、智能化、国际化等特征日益明显，按当初专家预测意见就是“西方发达国家罪案”的特征，将成为中国刑事犯罪质的方面的总体走向和趋势。

（四）从地区分布上推估犯罪的总趋势

当年犯罪预测认为，今后一段时间内，犯罪总趋势的地区分布主要表现为：

1. 梯次倾斜与星棋分布趋势。所谓梯次倾斜，是指从东南沿海到中部省、区，再到西部省、区，犯罪的数量将仍旧保持20世纪八九十年代所形成的由多到少的总格局。未来5年或10年社会治安问题的重点仍在东部及一些中部省、区。所谓星棋分布，是大中城市及联结它们的铁路、公路、江河沿线及新兴的商业集贸市场所在城镇等经济、交通比较发达的地区，仍将是犯罪的高发区。这些地区的犯罪率仍将高于农村地区，高于经济、交通欠发达和不发达地区，并向后者呈辐射状扩散。

2. 犯罪类型和犯罪手段的地区性差异将会缩小。这主要是受犯罪辐射规律的影响，地区间的交叉感染加速所造成的。但是这只能缩小并不能抹杀犯罪地区差异，相反，在特定的条件下这种差异将长期存在或扩大。

3. 农村犯罪对犯罪总体状况的影响作用将增大。尽管城市的犯罪率大大高于农村,但不能忽视我国的特定国情,不能忽视农村犯罪问题。

4. 海上犯罪将继续成为一个新的犯罪渊薮。许多犯罪将由东南海域向北方海域扩展、蔓延。

以上地区分布趋势基本上反映了当前的客观实际,也将是今后 10 年内可能有的地区分布态势,预计不会有大的变化。

(五)从案件类型上推估犯罪的总趋势

当年的中长期预测以大量篇幅对十几种案件类型进行了预测,其中强调了涉枪、涉毒、利用计算机犯罪案件(包括网络犯罪)将呈蔓延、扩大趋势,已被后来的犯罪实践所证实。抢劫银行、珠宝店案件将会发生和发展(当时还没有发生这类案件)。众所周知,在一段时间内抢劫银行案件曾频频发生。盗窃汽车、摩托车案件将呈增多之势,重大盗窃案件的增长幅度将高于一般盗窃案件等均已得到验证。有一个比值是很值得关注的:盗窃案件历来占刑事案件总数的 80% 以上,盗窃案件中一般盗窃案件与重大盗窃案件的比重是很有参考价值的。公安部门统计显示,重大盗窃案件 1990 年为 295,418 起,比 1980 年的 10,511 起增长了 27 倍,而同期盗窃案件总数由 1980 年的 643,194 起,发展到 1990 年的 1,860,793 起,仅增长了 1.9 倍。尽管一般盗窃案件立案不实问题比较严重,但从两者之间如此悬殊的增长幅度中仍可以看出,重大盗窃案件的实际增长幅度要比盗窃案件总数的实际增长幅度大得多,这种情况预计仍将延续下去,使犯罪的质与量均呈增长趋势。

(六)从犯罪成员及其作案方式上推估犯罪的总趋势

对今天仍有现实价值的推估意见主要有:18 ~ 25 岁的犯罪成员仍将是刑事犯罪成员的主体部分,未成年人犯罪率将继续增长;跨地区、跨国、跨境犯罪将持续上升;犯罪手段将呈现出更大的破坏性、疯狂性和恐怖性,将更多地借助于强杀伤性武器如枪支弹药、爆炸物品等实施犯罪活动。

(七)省市犯罪趋势预测

笔者在1996年写的《二十世纪末社会治安趋势预测》一文中曾对各省市课题组的预测情况作了归纳,预测结果大体有三种情况:一是大多数省市课题组认为犯罪将以较大幅度上升,治安形势仍将是严峻的;二是认为在起伏中上升;三是认为可能平稳发展。现在看来,前两种预测结果是正确的,即犯罪既是"大幅度上升"的,又是"在起伏中上升"的。由于缺乏当前各省市的统计资料,无法一一加以对比检验,仅以浙江省为例,即可以说明当时的预测结果是有相当准确性的。浙江省课题组当时预测,到20世纪末刑事发案数可能在50万起上下浮动,犯罪率将达80~100起/万人。据统计,浙江省2005年刑事立案即达512,001起,发案率为111.25起/万人,2008年刑事立案47.3683起,发案率为103.04起/万人。与预测结果几乎完全一致。

(八)预测评估与基础

犯罪趋势预测,涉及国家大局,涉及社会发展和社会生活的方方面面,是一件十分艰巨复杂的犯罪学工程。如何正确评估或看待犯罪预测问题呢?广州市公安局课题组提出了一个很重要的观点:"'预测不求甚,求甚等于无'。任何预测方法都不可能达到百分之百的准确,只不过是在假设的条件下达到某种概率上的准确。我们进行的'特尔斐法'预测也毫不例外。"以广州市课题组对外来人员犯罪的预测为例,当时有93.9%的参测专家认为,今后5年内(到1995年)外来犯罪成员在抓获的犯罪成员总数中所占比例仍将趋于上升或同近期的大体不变(1988年占57.9%)。实际情况如何?如前面所述,广州市社科院一项新的调查显示,近些年这个比例已达80%,而不再是57.9%。可见,说"趋于上升"是对的,但可能没有想到上升幅度如此之大,至于说"大体不变"当然就是错估了。

犯罪是可知、可测的，但要建立在掌握犯罪发展的脉络与特点、深入研究犯罪成因的体系性与犯罪活动的规律性的基础上，主要不是在方法问题上做文章。同时，由于其中渐变和突变因素很多，需要随时调整预测结果，方可据以制定政策措施。“春江水暖鸭先知”，当年的《中国现阶段犯罪问题研究》课题为此开了一个好头，提供了许多有益的经验，值得我们认真研究和汲取。

（原载《犯罪与改造研究》2010 年第 10 期）

三、犯罪趋势中长期预测的实验与反馈

承蒙李晓明教授推荐,有机会来到有一百多年历史的江南名校,领略这里的文化学术氛围,满园春色,令人神往,谨向大家表示衷心的谢意和崇高的敬意!

根据李晓明教授点的题目,今天主要讲一下刑事犯罪趋势的中长期预测及其与犯罪规律和罪因体系的关系问题。

科学预测是科学预见和科学决策的前提和依据。中华文化历来重视一个“预”字,“凡事预则立,不预则废”(《礼记·中庸》),“思患而预防之”(《周易》),《周易》就是最早的“预测学”。《孙子兵法》中的“庙算”就是预测。进入信息社会、网络时代,各个领域都十分重视预测科学的发展。20 世纪 90 年代初,在公安系统内部曾进行过一次犯罪趋势预测实验活动,是由公安部课题进行的,由于它是建立在大规模调查研究的基础上,而非坐而论道,当时认为是一种新的尝试,然而随着岁月的流逝,它的科学性却日益显露出来。我两次写文章加以检验,认为它至今仍有现实意义。

(一)历史背景

刑事犯罪从新中国成立初到1978年一直处于低发案阶段,一般都在20万~40万起,个别年份超过50万起。1979年,实际上是改革开放的第一年,犯罪案件突破60万起大关,一路飙升,1981年达89万起,1983年开展"严打"后,1984年有所回落(当年为51万起),但一年后又开始反弹,而且恶性案件不断增加,引起了学界的极大关注。1985年,在研究"七五"规划期间(1986~1990年)国家哲学社会科学重点项目时,30个评委一致表决同意将一个名曰《中国现阶段犯罪问题研究》国家重点项目交由中国人民公安大学承担,因为它背后有公安部握有充分的数据资料,别人要资料出于保密神秘等原因是很困难的。公安大学接到这个任务后,对此也心领神会,立即给公安部党组写了报告,党组决定,成立以主管全国治安工作的俞雷副部长为主任的公安部课题编委会,相关业务局如刑侦局、治安局等及院校、研究所的领导参加。编委会下设办事机构编辑部,当时公安大学有个"公安学研究所",我是所长,编辑部就以这个所为基地,因此我也就理所当然地成为编辑部主任,负责具体组织实施课题研究。同时我也是编委会副主任和报经社科院批准的课题负责人,因为课题负责人必须是教授。通过协商,启动了20个省市和计划单列市的公安厅局成立分课题组,同样也有一套领导机构和办事机构。课题历时5年多,公安部出版了成果总卷,有14个省市出版了分卷,粗略统计加配套资料500余万字。由于是公安司法机关内部发行,所以其成果未能与社会共享。但在海外反响强烈,一些驻华机构直接给公安部部长打电话索要。1996年我到美国参加犯罪学年会,有外国学者在会上发言,说是中国安全部搞的,大概是因为外文译音相同。在国内当学界普遍知道时,这套书早已销售一空。为了不使这一重大成果湮没,我于2010年编著出版了《中国刑事犯罪发展十论》一书，将一些主要观点保留了下来，但大量数据资料难以容纳进去。

（二）犯罪趋势预测过程

犯罪趋势预测是公安部总卷四大部分中的第三部分。第一部分犯罪现状与特点、规律，回答的是中国现阶段犯罪问题的过去和现在；第二部分犯罪成因回答的是犯罪何以有这样的过去和现在；第三部分是回答犯罪的未来走向；第四部分预防和控制犯罪的基本对策——公安部刑侦局的一位负责同志认为，这是比较薄弱的一部分，《中国预防犯罪方略》（由笔者主编）的出版弥补了这一不足。

什么是犯罪预测？课题认为，犯罪预测，是指在正确认识犯罪现象的历史与现状及其发展变化规律的基础上，运用科学知识和方法，对未来一定时空范围内犯罪现象可能产生的变化和发展趋势进行的推估与判断。

什么是犯罪趋势？所谓犯罪趋势，是指犯罪现象在运动过程中所显现的、具有较为稳定性质的趋向。它包含两层意思：第一是指犯罪现象发展变化的方向；第二是指犯罪现象沿一定方向变化过程所形成的态势。

预测周期：中期预测 5 年（1990 ~ 1995 年）与长期预测 10 年，在 1990 ~ 1995 年的基础上延伸至 1996 ~ 2000 年。

预测范围：全国性预测与地方性预测相结合。全国性预测由公安部课题编辑部承担，地方性预测由各参加省、市课题组承担。

预测内容：发案总量趋势、犯罪类型趋势、犯罪个体作案趋势、手段趋势、不同地区发案趋势及破案率趋势等。

预测方法：全国范围的预测，主要采用特尔斐法，主要是利用专家的经验和知识进行直观的预测，但它有匿名（专家互不见面）、反馈（将第一轮专家意见集中处理后反馈给每位专家，听取第二轮的专家意见）、定量评价等不同于一般专家预测法的特点。

课题编辑部从公安系统及相关院校、科研单位选定了 42 名经验丰富、有一定犯罪学、社会学知识的专家,为预测奠定了人才基础,这是使预测具有科学性的重要保障。

地方性预测方法主要有:趋势外推法(上海市)、专家评估法(天津市)、综合分析法(浙江省、山东省、西安市)、最小平方加直线趋势外推(重庆市)、直线曲线模型(武汉市)、直线模型(吉林省)、回归法、灰色理论、专家评估三结合(辽宁省)、"灰色系统"数学模型(湖北省)、特尔斐法(广东省)等。

以上就是公安系统中长期犯罪趋势预测的实验过程。以下按系统论的反馈原理,着重探讨两个问题:

第一,其预测结果是否应验,也就是其准确性如何。当时有一种说法,说预测的社会价值不能以这种预测结果将来能否应验为标准,而应以根据预测结果采取相应对策、避免预测结果的发生为目的。这种说法是不正确的,试想,你测得不对又要人家照你的做,这岂不是把人家导入歧途!历史上因误判而招致失败的例子很多。举一个辽沈战役的例子:蒋介石在飞机上同杜聿明背诵了《孙子兵法》上"庙算"的一段话。杜聿明问蒋介石,总统认为有几成胜算,蒋介石回答说,六成总有吧!实际上是瞎说。所以,国内外都有军事专家认为,蒋介石失败的根本原因在于失去人心,但他有飞机,到处飞临上空,替代第一线指挥官瞎指挥,也是一个重要原因。所以淮海战役时,黄维说蒋介石"不知三军之事,而同三军之政"(《孙子兵法 · 谋政篇》),意思是不了解实际情况去干涉军队的指挥。

实际上,短期预测就像天气预报一样,在人们的日常工作和生活中随时都有。只不过不用"预测"这个词就是了。

第二,如果是有相当准确性的话,有什么经验可资借鉴。为叙述上的方便,分为犯罪趋势预测反馈和犯罪趋势预测的事后思考两个问题,在下文详述。

(三)犯罪趋势预测反馈

反馈,也就是指事后看来,预测的准确性如何。答案是有很高的准确性。我于1996年和2010年分别写文章对上述犯罪趋势的中长期预测结果作了反馈性检验,由于个人手头掌握的资料不足,很难作出全面评估。一般来说,总趋势的预测难度大于类型、手段预测,长周期预测难度大于短周期预测。下面主要看一下总趋势预测结果。

1. 犯罪总量趋势中期预测(1990~1995年)结果反馈

中期预测届满后,我于1996年写了《二十世纪末社会治安趋势预测》[1]一文,对其结果对照1995年实际情况进行了检验。具体计算方法是:当时预测,至1995年全国发案数量可能达650万起左右。据1996年公安部公布的统计数据,1995年公安机关受理报警案件498.02万起,其中立为刑事案件侦查的169.04万起,比上年上升1.8%;作为治安案件受理的328.98万起,比上年下降0.4%,两者比例仍是1∶2。再考虑到检察院、法院自侦自诉案件及群众未报案件(一般为发案的1/3)。1995年发案为650万起的预测结果和1995年的实际发案数基本一致。这里需要说明的是,由于当时公安部课题组同公安部刑侦局、办公厅曾共同致力于纠正刑事立案不实问题,所以当时的立案数比较接近实际而很少有"水分"。

2. 犯罪总量趋势长期预测(1996~2000年)结果反馈

进入21世纪后,犯罪进入了一个持续的高发期,每年刑事立案都在400万起以上,那么,到2000年全国发案总量是多少呢?1990年公安课题预测,到2000年犯罪发案总量可能有高中低三位预测值:高位预测值1100万起,中位预测值900万起,低位预测值750万起。记得当时公安部刑侦局的一位负责同志曾说,他认为

---

[1] 《二十世纪末社会治安趋势预测》,载《公安研究》1997年第2期。

进入2000年年发案数可能达1000万起以上。站在21世纪第一个10年最后一年的位点上，到底哪个预测值是较为接近实际呢？于是2010年我发表了《中国主要犯罪趋势预测》一文[1]加以论证，结果证明，高位预测值是较为接近实际的。具体计算方法是：

以进入21世纪以来公安部公布的历年的刑事立案数为基础，10年间，每年都稳定在400万起以上，有时接近500万起，有时略低点，这说明致罪因素与反致罪因素均处于相对稳定的状态，可以以刑事立案数为基础计算发案数。有两种算法，其结果都是大体一致的。

一是按刑事立案与发案的“三三制”比例计算。所谓“三三制”就是案件发生后，群众未报案件、群众报警案件、公安机关立案侦查的案件各占约1/3。三者相加，才是实际发案数。这是公安部课题组经过专门调查得到的受到共识的结论。400万起乘以3，符合当年的高位预测值，也符合公安部刑侦局关于进入21世纪以来刑事案件处于高发案阶段的基本估计。

二是按刑事立案与治安案件1∶2的比例计算。以每年400万起刑事立案为概数，二者相加，同样是1200万起，也符合当年的高位预测值。不过由于刑事立案的“水分”不断有所反弹，实际发案数可能远高于这个数值。

3. 对2010～2020年犯罪总量趋势推估

鉴于国家形势相对稳定，刑事立案相对稳定，利用简单的因素分析法和趋势外推法，我提出了这样的推估性意见：到2020年犯罪总量有可能仍保持1000万起至1500万起，大起大落的可能性较小，稳中有升的可能性大。这样推估的理论支点是：按照犯罪规律，犯罪是各种社会矛盾和消极因素的综合反映，犯罪总量是两种对立统一的因素相互制约的结果，相互制约的领域和强度，与一个

---

[1] 《犯罪与改造研究》2010年第10期。

国家社会变革的深度和广度密切相关。当前我国的改革正如习近平总书记所说,“中国改革经过30多年,已经进入深水区,可以说,容易的、皆大欢喜的改革已经完成了,好吃的肉都吃掉了,剩下的都是难啃的硬骨头”。这就象征着,多重矛盾交织复杂的局面、利益诉求多样化、尖锐化的局面将更为突出,其中有些矛盾和问题有可能转化为治安案件或刑事案件。同时,占一般案件80%左右、占重大案件50%左右的盗窃案件几乎成为恒数,不大可能下降,反而时有上升,例如,交通工具特别是地铁的扒窃案件就呈上升趋势。随着流动人口的不断增加,混迹其间的犯罪分子也相应增加。这些都是有可能导致犯罪总量上升的因素。另外,国家对整体形势的调控力度和政法公安机关打防管控的力度也会有所加强,尤其是反腐形势看好,这又增加了抑制犯罪的因素。据公安部最新统计,近几年,杀人、伤害、抢劫等严重刑事犯罪案件立案数持续下降,杀人案件每10万人的发案数为0.8,低于治安状况最好的日本和瑞士。侦破率达94.5%。这些都有利于平衡犯罪总量。当前最值得关注的是暴力恐怖袭击事件,从2013年新疆鄯善县“6·26”暴力恐怖事件到2014年昆明“3·01”暴力恐怖事件,其恶劣影响远大于几十起、几百起一般刑事案件。这是犯罪趋势中“质”的新动向。

(四)犯罪趋势预测的事后思考

如前所述,公安部课题总卷是一个整体,预测是四个部分中的一部分。各个部分相互联系,相互支撑,尤其是犯罪现状和犯罪成因两部分,形成一种综合效应,为预测奠定了物质基础:现状部分对犯罪现象的过去和现在以大量数据资料为依据做了系统的总结,并从中提炼出了对犯罪现象运行的规律性认识,概括为四大犯罪规律;成因部分在对25,000多起个案和几十个个体犯罪动因进行实地调查的基础上,把各种致罪因素纳入一个体系之中进行分析,揭示了犯罪现象运行的外在条件和内在根据。预测就是在这种有利的前提下完成的。

当代著名的德国哲学家、后现代解释学的奠基者伽达默尔曾说道："历史理解的真正对象不是事件,而是事件的意义。"公安部课题的预测实验已经结束,但我们对其意义的思考却是长久的。正所谓"欲察治乱兴衰,还须思接千载",其意义主要有以下几点:

第一,数据资料的长周期、连续性、可信度是进行中长期预测(不论是全局的还是局部的)的基本依据和前提。为了考察和纠正刑事立案的可信度,课题随机抽样 300 个公安派出所一竿子到底进行实地调查,并得出了"三三制"的基本结论。为使资料有长周期的连续性,将从 1949 年到 1990 年四十余年的统计数据全都翻了出来,对改革开放前 30 年和后 10 年按 5 次犯罪高峰(起伏规律)分析其历史社会原因,提出了"两个历史阶段两个水平"的论点。通过这样的分析,犯罪现象的运动脉络已比较清楚。这是值得研究思考的问题之一。

第二,把变化多端的犯罪现象的运动及其动因提升到规律性认识,把纷纭复杂的犯罪原因纳入一个体系之中进行剥层分析,应是进行中长期预测的一条新路子,值得进一步思考研究。换言之,犯罪趋势即寓于犯罪现象运动规律之中。所谓犯罪高峰就是犯罪起伏规律的反映;当时各地提出的"南下北上现象"(指广东"南大门"打开后,一些新型犯罪流向北方,而流窜犯罪、盗窃犯罪等则从北方涌向南方)、"东南倾斜现象"(指犯罪主要集中于东南沿海各省)等则是犯罪辐射率的反映;改革开放后社会转型、经济转轨、社会控制力削弱、基层组织涣散等,使消极因素与积极因素的对称关系发生剧变,其中有些则转化为产生犯罪的因果关系,这就是犯罪的消长率和因果律的反映。社会矛盾和消极因素与犯罪或构成因果关系,或构成条件关系,或构成相关性关系(如教育、失业、贫富差距拉大等),这就需要分门别类地纳入一个罪因体系之中进行分析。所以,课题对于犯罪规律的研究和对于犯罪成因体系的研究,为运用因素分析法和趋势外推法推估判断犯罪发展趋势创造了条件。从中已可以看到犯罪趋势的宏观蓝图。所以,当时在课题成果总卷中已经有这样的表述:“犯罪趋势就是对犯罪现象发展状况的反映和概括。犯罪趋势和犯罪现象的运动规律有着不可分割的联系。犯罪现象的运动规律制约着犯罪趋势,犯罪趋势是犯罪现象运动规律的具体表现”(总卷第 288 页)。这是值得研究思考的问题之二。

第三,人才是预测成果的可靠保证。不管应用什么预测方法都一样。所谓人才就是在一定专业领域具有经验、知识和智慧的人。我举一个印象深刻的例子。我曾问山东省公安厅的一位老厅长:立案数和发案数究竟有多大差距?他毫不迟疑地回答:“‘三三制’。”后经调查,果然如此。这就是说,培养人才是最具有根本意义的,这是可供思考的问题之三。

为此,请允许我引用两句古诗表达对同学们的祝福和期盼:“春风又绿江南岸”(宋·王安石诗句)、“春城无处不飞花”(唐·韩翃诗句)。姑苏城内,名校园中,必将英才辈出、誉满江南!谢谢!

(原载《刑法与刑事司法》2014 年第 1 卷)

附 录 一

授课、作序、书评

一、授　课

(一)犯罪学基本理论在当代犯罪问题中的应用及对“后现代犯罪学”的思考

——为广东讲课而备

冯树梁

1.序言

广东是改革开放的前沿。记得15年前,李竹生同志在执笔国家“七五”规划期间重点社科项目《中国现阶段犯罪问题研究》广东分卷时,曾归纳出一个重要观点:“改革开放10年的广东刑事犯罪已经历史性进入一个新阶段。”“新阶段”这一概念至今仍有现实意义,因为在广东新事物不断出现。例如,“泛珠江三角地带协调发展”这一战略目标的提出,有可能又是一个“新阶段”的标志,它横跨三带,纵贯两治,外接东南亚一些国家,必然会在社会关系、经济关系、文化关系诸多方面引起新的变化,从而也给犯罪问题带来复杂的情况。所以抓住“新阶段”这个概念,就抓住了广东犯罪学的基本特色。

2. 什么是犯罪学的基本理论

概言之,犯罪学的基本理论就是解决犯罪学基本问题的理论,所以有好几本书都叫犯罪学的基本问题。那么,什么是犯罪学的基本问题呢？基本上还是“三大块”或“四大块”,即犯罪现象问题、犯罪成因问题、犯罪预防问题、犯罪预测问题。或加上一个“学”字,如犯罪现象学、犯罪病源学、犯罪预防学、犯罪预测学等,当然称“学”字的书,就要有较为完整的结构体系。

犯罪学还分为狭义犯罪学和广义犯罪学、理论犯罪学和应用犯罪学等。犯罪学学派林立,观点聚讼,所以,只能从犯罪学的基本问题出发看犯罪学的基本理论,才较为清晰。

3. 犯罪学的起点在哪里

犯罪学的起点只能是在犯罪学的故乡意大利,但也有三种说法:贝卡里亚说(以 1764 年《论犯罪与刑罚》的发表为标志);龙勃罗梭说(以 1876 年《犯罪人论》的发表为标志);“同宗说”,即认为“刑法学”与“犯罪学”均源于贝卡里亚,并统称为“刑事司法学”。

4. 三个方面的基本理论和三个方面的基本问题

在浩瀚的犯罪学理论观点中,面对现实并从战略的高度,笔者认为,当前应着力研究以下三个方面的基本理论和基本问题。

(1)三个方面的基本理论

①综合治理理论。有两层基本含义:理论上的“整合”和治理上的“综合”。这两层含义代表着当今科学发展上的整合性、交叉性、边缘性趋势和治理犯罪上的综合性、多元性趋势。中外一些学者认为,犯罪学的突破可能要仰仗于相关学科的突破,如人类基因组工程的突破;治理犯罪上的突破,则决定于在多大程度上善于实行综合治理,如果不善于“综合”就必然不善于治理,就像再多的小舢板捆在一起,也不会成为航空母舰一样。故综合

治理的难点和优势都在于“综合”二字。

②犯罪社会学理论。任何犯罪归根结底都是社会问题,都是各种社会矛盾和消极因素的综合反映。不洞察社会问题,就很难透彻了解犯罪问题。其中有改革开放必然产生的矛盾,有改革开放不完善之处的滞后反映(此点尤应重视),有对人民内部矛盾纠纷调处不及时、不当所造成的民转刑案件等。犯罪学理论,从一定意义上就是研究社会矛盾及如何防止社会矛盾转化为犯罪的理论。

③犯罪心理学理论。社会问题必然形成一定的社会心理,其中有些会转化为犯罪心理,形成一定的犯罪动机和目的。只有掌握犯罪心理,才能有效地防止犯罪的发生。

(2)三个方面的基本问题

当前犯罪类型很多,而且不断花样翻新。从归类研究的角度,笔者建议重点研究多发性犯罪、有组织犯罪、生态犯罪三个基本问题。

①所谓多发性犯罪,在概念上,较以前应有所扩大,即除各种人身伤害和侵财案件外,制贩毒品、涉枪涉爆、拐卖妇女儿童、经济领域的各种犯罪,尤其是职务犯罪,都是多发性的。

②有组织犯罪。有组织犯罪概念的多样性与本质上的一致性。“带黑社会性质的组织”在性质上就是黑社会,区别仅在于发展规模和发展阶段不同。打击有组织犯罪重在抓住其本质特征,过分烦琐的法律条文规定很容易造成障碍,束缚了我们的手脚,放纵了有组织犯罪,后患无穷。应高度警惕暴力恐怖主义的滋长,并同有组织犯罪联系起来进行研究。

③生态犯罪。这是一个很不确定的概念,又是一个崭新的重大课题。事关一个国家和民族能否继续生存和发展,关乎整个地球的命运。

5. 宏观决策抓规律,应用对策抓落实

(1)犯罪的规律性。犯罪发生与发展的规律和预防犯罪的指导规律。犯罪规律的具体化和“经验规律”。决策离开规律性研究必然舍本求末、治丝益棼。

(2)为什么说应用对策抓落实?“应用对策”的含义:宏观规律的具体化、实践化是战略决策向战术决策的转化。应用对策必须符合地方特点、地方优势、地方实际。应用对策不落实等于纸上谈兵。

6. 关于善战问题

(1)善战的含义:善知、善断、善谋。正确处理攻与守、奇与正、迂与直、虚与实、逸与劳、主动与被动的关系,因敌制胜。

(2)大练兵与善战的关系。以著名战例说明善战的规律性。

7. 关于后现代犯罪学的思考

“后现代犯罪学”是笔者借助于“后现代主义”一词所提出的一个新的犯罪学概念,其本质内容是旨在探讨在现代化进程中及实现现代化以后的犯罪问题,是另一种结构形式的犯罪学加预防犯罪学,重在探索预防犯罪、“治未罪”,尤其重在探讨实现现代化以后的犯罪如何预防。问题的关键在于,从来预防犯罪都是讲一个“前”字和“预”字,如“思患而预防之”“凡事预则立,不预则废”“防患于未然”“禁奸于未萌”“上工治未病”等,现在怎么蹦出一个“后”字呢?按照笔者对“后现代”一词的理解,它不仅指当前的“前”——前期思考、超前思考,它更重在以后的“前”——实现现代化以后的“前”,这是比当前的前更为超前的前,所以,它的纵深度更远,所涵盖的内容更丰富,当然研究的难度也更大,这是一种跨越时代、超越时代的研究。跨越时代、超越时代的前,更能充分体现出“前”和“预”的真谛和意义。众所周知,任何真理、任何科学定律,往往都是从假说甚至神话开始的,既然“后现代”一词出现了,方方面面都在应用了,犯罪学何尝不可一试!这是从时间概念上讲的。

后现代主义的“后”字并不完全是个时间概念,它实际上是对西方国家实现现代化的一种反思,甚至是“否定”和“扬弃”。它既欣赏现代化给人们带来的物质文明和精神文明的巨大进步,又对西方现代化的负面影响深恶痛绝。它深恶痛绝的内容主要就是指现代化对生态环境和自然资源所造成的巨大破坏,已影响到人类的继续生存和发展。后现代主义认为,必须实现由“征服自然”向“保护自然”、由“我保护自然”向“自然保护我”的转变。这对我们今天在发展经济中如何保护生态安全是有借鉴意义的。

“可持续发展”一词是个典型的后现代的概念。它不仅是个环保概念,还是一个包括环境保护、经济发展、社会公平等既相互矛盾又互为促进的多目标协同发展的概念。从犯罪学的角度看,它可以涵盖“后现代犯罪学”“经济犯罪学”“犯罪社会学”等。只要有利于研究,必要的学科分类是合理的,今天的科学发展在细分化过程中综合性、边缘性、交叉性越来越强。广东是经济发达地区,又是开放的大门,刑事犯罪又进入“新阶段”,于传承、借鉴中创新是必然趋势。所以有些新想法,如提出“后现代犯罪学”的概念,笔者敢在这里斗胆直言,供同志们参考。

2004 年 6 月 26 日

(二)群众路线与科研实践

——学习群众路线教育实践活动汇报发言

1. 牢记党的生命线和制胜法宝

党的群众路线是党的优良传统之一,是党的生命线和制胜法宝,是马克思主义中国化的工作路线和工作方法,是党的三大法宝(建党、建军、群众路线)和三大作风(理论联系实际、密切联系群众、批评与自我批评)之一。

(1)群众路线的基本内容

党的群众路线的基本内容在1987年党的十一届六中全会通过的中共中央《关于建国以来党的若干历史问题的决议》中高度概括为四句话:“一切为了群众,一切依靠群众,从群众中来,到群众中去。”

“群众路线”一词,据学者考证,早在1928年就出现在党的文件和党的领导人的讲话中,嗣后不断有新的表述和发展。党的第一代中央领导集体,特别是毛泽东同志对于群众路线有许多精辟论述并多次论及党的群众路线在政法公安工作中的运用。

(2)群众路线在新时期的新发展

改革开放后,历届中央领导集体都一以贯之地继承和发扬党的群众路线的优良传统,有许多新的论述。

2013年4月,中央决定从下半年开始,用一年左右时间,在全党自上而下分批开展党的群众路线教育实践活动,把继承和发扬党的群众路线的优良传统推进到了一个新阶段。

(3)群众路线教育与“四风”的关系

一切为了群众,一切依靠群众,是两种世界观、人生观、价值观的分水岭。形式主义、官僚主义、享乐主义和奢靡之风与“为民、务实、清廉”是对立的,是为民还是为己的分界限。所以,这次群众路线教育实践活动以“为民、务实、清廉”为主要内容，聚焦解决“四风”问题。古语说，“吏治不清民遭殃”，不管是“四风”还是腐败，最终遭殃的是人民群众，受影响、受损伤的是国家的前途命运，发展下去，会导致一个政权的毁灭。古今中外，概莫能外。

2013年6月25日，习近平总书记在中央政治局第七次集体学习时指出：“历史是最好的教科书”[1]“学习党史、国史，是坚持和发展中国特色社会主义、把党和国家各项事业继续推向前进的必修课。这门功课不仅必修，而且必须修好。”[2]7月11日至12日习近平总书记再访西柏坡时说，“当年党中央离开西柏坡时，毛泽东同志说是‘进京赶考’。60多年过去了，我们取得了巨大进步，中国人民站起来了，富起来了，但我们面临的挑战和问题依然严峻复杂，应该说，党面临的‘赶考’远未结束”。[3]

为什么毛泽东同志、习近平同志总说“赶考”这件事呢？这和今天解决“四风”问题有什么关系？重温一下这段历史，会启示多多。

“进京赶考”指的是300多年前农民起义领袖李自成的故事。李自成起义军转战南北十六七年，最后只用3天就打进了北京城，灭了明王朝，然而在北京城只待了1个月就被吴三桂引领的清军赶了出来，匆匆而胜，仓皇而败，李自成于次年牺牲在湖北九宫山上，时年仅39岁。

历史周期率认为，一些政权“其兴也勃焉，其亡也忽焉”。李自成3天打进北京城，可谓其兴也勃焉，1个月就败出北京城，可谓其亡也忽焉。这就是为什么引起许多史家、政治家、学者的研究思考的原因。

---

〔1〕 习近平：《论中国共产党历史》，中央文献出版社2021年版，第15页。

〔2〕 习近平：《论中国共产党历史》，中央文献出版社2021年版，第15～16页。

〔3〕 《党面临的“赶考”远未结束——习近平再访西柏坡侧记》，载新华网，http://www.xinhuanet.com/politics/2013-07/13/c_116524927.htm。

用今天的“四风”对照当年李自成进京后的所作所为，笔者认为，问题就在于他们被来得太快的胜利冲昏了头脑，认为天下已经太平，所以一进京就沉湎于“四风”之中。首先是享乐主义，李自成同丞相牛金星、大将军刘宗敏带领几十万大军驻扎北京城内，昏昏然、纷纷然地享乐。其次是官僚主义、形式主义，李自成住进皇宫，陶醉于享乐。将军李岩建议将大军驻扎城外，整肃军纪，准备出征，并做吴三桂的工作，使之归顺起义军，李自成采取了“毫不介意”的官僚主义态度。手握重兵的刘宗敏本应亲率大军驻守山海关，抵挡虎视眈眈的关外清军，但他只派几千人驻守山海关，自己高高在上，一方面酷刑杀人、聚敛钱财，另一方面想方设法抢夺吴三桂的爱姬陈圆圆，终于“冲冠一怒为红颜”逼反了吴三桂引领清军入关。执掌政务的丞相牛金星不是抓稳定人心、巩固政权这些本质的东西，而是忙于筹备李自成登基大典的烦琐仪式和开科考试招徕门生这些形式主义的事务。最后是几十万农民军屯积城内，军纪混乱，乌烟瘴气，使整个北京城笼罩在一片奢靡之风中，使人心尽失，兵无斗志。当李自成醒过来不得不亲率大军迎战吴三桂引领的清军时，一败再败，仓皇逃出北京，十几年流血牺牲获得的政权毁于一旦。据郭沫若同志考证，当时李自成集团内只有一两位清醒的人，这就是知识分子出身的名将李岩和他的弟弟李牟。李岩上述正确的建议被拒绝后，只好带领本部三千兵马驻扎城外，严肃军纪，并亲自访问民间疾苦，体恤民情，以收人心。但他势单力薄，已经无力回天，最后连他自己也因谗言被杀。有史家认为，如果李自成接纳李岩的建议，其可能是另一种命运。

殷鉴不远。今天，习近平总书记明确表示，“党面临的‘赶考’远未结束”。意味极为深长！

2. 科研工作也必须坚持“从群众中来，到群众中去”

(1)群众是实践的主体，人民是创造的源泉

习近平总书记指出，“改革开放在认识上和实践中的每一次

突破和深化,改革开放中每一个新生事物的产生和发展,改革开放每一个领域和环节经验的创造和积累,无不来自亿万人民的智慧和实践。”

(2)一个有力的例证

在犯罪学研究领域,关于经济增长与犯罪增长的关系,曾是上下关注的一个焦点。1994 年江泽民同志曾指示政法机关要调查清楚这个问题。经过公安机关在苏南和福建沿海地区的调查一致得出结论:两者有密切关系,但不是必然的因果关系。这一结论同联合国的一项调查不谋而合,但同影响广泛的美国犯罪学家路易丝·谢利在《犯罪与现代化》一书中的观点相悖。前年(2011 年)在《犯罪与刑罚国际论坛》会上,笔者见到谢利,告诉她调查结果并表示:我们不能以自己的结论推翻你的观点,但也不能以你的观点套在我们的实践上。她表示赞同。这个例子说明,如果我们不做调查,盲目跟着西方的理论转,许多问题就看不清楚甚至看颠倒了。可见,深入群众、深入实践,从中提炼自己的观点再去指导实践,正是科研工作“从群众中来,到群众中去”的必由之路。

(3)新的论据

现在事实更清楚了,并不是经济增长本身制造了犯罪,而是错误的增长方式(粗放型)和不顾人民根本利益的增长动机助长了犯罪的增长,环境污染犯罪的上升和由此引发的群体事件的增多就是最明显的证据。习近平总书记语重心长地说:“再也不能简单地以国内生产总值增长率来论英雄了。”现在最高人民法院、最高人民检察院出台司法解释、公安部出重拳打击环境污染犯罪是完全必要的。

3. 通观大势,再创辉煌

对于研究所的具体情况,我没有发言权。但从大的形势看,我是有科研自觉和自信的,包括本所在内,完全可以再创辉煌,更好更多地出成果、出人才。可从三个方面通观大势。

(1)文化大趋势

一是据学者研究,第二个“轴心时代”的曙光将可能出现在东方,即中国。所谓“轴心时代”(Axial Period)是德国思想家卡尔·雅斯贝尔斯在《历史的起源与目标》一书中提出的概念,他认为,人类从公元前800年至公元前200年之间,是人类文明的“轴心时代”,世界各个文明都群星灿烂般地出现了一些伟大的精神导师——古希腊的苏格拉底、柏拉图、亚里士多德,古印度的释迦牟尼,中国的孔子、老子等,直到今天,人类一直靠“轴心时代”创造的思想而生存。他断言,世界历史可能会出现第二个“轴心时代”。有学者认为,目前人类遇到了各种危机,但最根本的是文化危机,因此第二个“轴心时代”有可能首先出现在文化积淀深厚、充满生态智慧的中国。二是出现了由明清以来“西学东渐”现象到如今“东学西渐”现象的转变。越来越多的中外学者认为,“醉心西风”的时代已经渐渐逝去,21世纪人类向何处去需要从中国古代文化的生态智慧(如“天人合一”“道法自然”等)中寻找出路。我国著名学者“南饶北季”(饶宗颐、季羡林)均认为,21世纪将是“东学西渐”的时代。各个学科领域,包括犯罪学、监狱学等,也应登高望远,为适应这一大趋势做准备、做奉献。

(2)时代大需要

伟大的时代,伟大的目标(中国梦),呼唤理论学术研究,也为理论学术研究开辟了广袤的空间。改革开放以来各学科领域均取得长足进展,去年中央要求理论学术界不断提出新范畴,作出新概括,建立自己的理论学术体系和话语体系。在中国实践中,有许多经验需要进行理论概括,有许多问题需要作出理论回答,有许多零散的东西有待整合,有许多研究空白有待填补……有人说,犯罪学走进了“低谷”和“困境”,笔者则认为,只要研究人员的思想不走进低谷和困境,是大有可为的。

(3)形势的大要求

中央作出了实现文化大繁荣大发展的战略部署,提出了改进文风学风的一系列要求,提倡写文章、讲话要"短、实、新",反对"长、空、假",这些均助力于科研工作的开展。

一段时期以来,学界有一股强劲的急功近利、浮躁之风,不务实而搞形式。例如,把科研的集体攻关变为搞"学术合作社",出一个题目,你写一段,我写一段,最后找一个领导或名人挂帅,结果是挂帅者不出征,出征者不出力,书越出越厚,内容越来越空,甚至有些专著也是学生代劳,一本书往往前后不一、水平不一、风格不一、观点不一。如果司马迁写《史记》也采用这种办法,很可能今天的《史记》就不是"无韵的《离骚》",而是一部史料集。

笔者赞成写短文,独立思考,独立写作,养成自己的学术风格和学术观点,积微成著,不愁不出成果,不出人才。在研究过程中,勤动手,勤思考,不间断,少徘徊。只要功夫深,铁杵磨成针。

科研单位的群众路线教育实践活动重在"实践"二字,也就是说,最终要落实到促进科研工作进步上,所以说了一些随感的话,当否,请批评指正。

2013 年 7 月 24 日

（三）弘扬爱国奋斗精神　力争科研有新作为

2018 年 9 月 4 日，司法部预防犯罪研究所举办“百家课堂”第五讲，邀请离休老干部，中国犯罪学研究会原副会长、高级学术顾问，司法部预防犯罪研究所原副所长冯树梁研究员作题为《弘扬爱国奋斗精神力争科研有新作为》的讲座，这次讲座是研究所组织深入开展“弘扬爱国奋斗精神、建功立业新时代”专题培训的第一课。

冯老今年 86 岁，离休以后一直坚持从事犯罪预防领域的学术研究。报告会上，冯老以一名理论研究工作者的身份，畅谈弘扬爱国奋斗精神、力争科研有新作为和做好司法行政预防犯罪理论研究的思考与实践。

冯老分享了自己的科研和人生经历，生动地阐释了如何弘扬爱国奋斗精神、保持良好的精神面貌和工作热情，力争科研有新作为。冯老认为，中组部、中宣部根据习近平总书记的一系列指示精神，发出了在广大知识分子中深入开展“弘扬爱国奋斗精神，建功立业新时代”活动的通知，通知意义重大，影响深远。经济全球化、科技突飞猛进的背景，突出了知识的决定性作用。我国比历史上任何时期都更接近实现中华民族伟大复兴的宏伟目标，也比历史上任何时期都更渴求人才。新中国成立后的历史，从正反两方面说明了尊重知识，尊重人才，对于国家由贫变富、由富变强的意义。在国际上，经济实力、科技发展水平决定国家地位。从“一带一路”倡议到推动人类命运共同体，无一不需要知识、智慧、科技的支撑。

冯老认为，对祖国的历史命运越了解，对祖国的热爱就越深。我国知识分子一向有爱国奋斗的优良传统，都有强烈的爱国之心，报国之志。冯老在讲座中说，据中科院调查，有 88.8% 的被调查者认为“钱学森精神”的核心就是爱国。

冯老指出,爱国与奋斗密不可分,爱国是精神、是方向、是动力,奋斗是物质、是行动、是体现。也就是精神和物质的统一,认识和实践的统一,知和行的统一。知识分子一定要做到知行合一,砥砺奋进。爱国精神是中华民族精神和时代精神的结合,是爱国主义和国际主义的结合。在历史长河和革命实践过程中,又会出现某个方面的突出精神特点,如延安精神、井冈山精神、沂蒙精神等。践行习近平新时代中国特色社会主义思想,为国家和人民建功立业,是弘扬爱国奋斗精神的集中体现。在我们的科研工作上,应该怎样体现爱国奋斗精神,而有所作为、有所贡献?冯老梳理了自己从事犯罪问题、犯罪学研究的历程,把科研过程加以分类,提出了四个分类概念。认为调查研究是基础、理论研究是提升、总结研究是方向、阅读研究是条件。四个方面是互为支撑的统一过程,是相向而行的综合运用过程,但又是有区别的。冯老重点阐述了总结研究和阅读研究的概念。总结研究的实质就是继承与发展问题,继承、发展、总结是治学的基本方向。冯老勉励大家要善用总结研究,使研究内容逐渐形成内容体系,进而争取在各自的研究领域建立学派。关于阅读研究,阅读本身就是一个思考研究的过程,也就是边读边想,从中汲取有益的东西。读书的目的,一是获取知识、更新知识,二是修身进德,立德树人,集知识与美德于一身。不日新者必日退。2018 年 5 月 2 日,习近平总书记指出,知识是每个人成才的基石,不能满足于碎片化的信息快餐,好的知识要通过学习知识,掌握事物的发展规律,通晓天下道理,丰富学识,增长见识。人的潜力是无限的,只有在不断学习、不断实践中才能充分发掘出来。另外,阅读的范围应该广泛一些,除了阅读学术经典,也要读一读闲书、杂书,完善个人知识结构。多读最好伴随着多写、多思,这样知识就更扎实了。一切有突出贡献的知识分子的共同点:一是有强烈的报国情怀,二是学富五车的饱学之士，这是做好科研工作的前提，也是我们努力的方向。

最后，冯老还结合个人工作和研究经历，就如何将爱国情怀落到实处、如何保持工作积极性等问题与我所研究人员进行了互动交流。

所长高贞同志做总结发言指出，冯老的人生和科研经历、对历史的梳理、对预防犯罪科研事业的思考，是我们研究所的宝贵财富。他充分体现了老一辈知识分子的家国情怀，并从独特的视角对我们研究所中青年知识分子言传身教。要克服挫折困难，执着追求事业；要掌握科学规律，不断超越自我；要弘扬爱国主义、共产主义信念，发挥知识分子应有作用；要成为专家型人才，建立自己的科研话语体系。

参加讲座的研究所全体同志一致认为，新时代开启新征程，新时代提供新舞台。要把党的十九大描绘的美好蓝图变为现实，实现中华民族伟大复兴中国梦，需要推动全社会特别是广大知识分子树立牢固的家国情怀，弘扬爱国奉献精神，勇于创新创造，扎根人民，奉献国家。预防犯罪研究所作为司法部直属的科研单位，要紧密围绕司法部中心工作，深入贯彻落实习近平新时代中国特色社会主义思想和党的十九大精神，向冯老学习，深入学习思考，提升业务水平，更好地履职尽责，为促进司法系统工作改革发展和国家法治建设作出应有的贡献。

（原载《犯罪与改造研究》2018 年第 10 期）

二、作　序

（一）我的祝愿

——《福建省开放地区犯罪问题研究论文集》序

1988年，我有幸参加了在泉州市举行的福建省开放地区犯罪研究首次研讨会，颇受教益，惜别过去，又欣闻研讨会的论文集即将问世，欣喜之余，应邀命笔，谨致祝贺，并略表我兴奋之情。

在将近两年的犯罪课题研究中，我同福建省公安厅参加课题研究的同志接触较多，遇事多有所切磋，使我从中学习到不少东西，感触最深的是他们扎扎实实的研究态度和富于开拓性的科研路子。首先，是省公安厅的领导同志既挂帅，又出征，既从总体上为课题研究开辟道路，指明方向，创造条件，又亲临第一线进行实际调查研究。例如，厅党组书记、厅长黄松禄同志在省电视台的答记者问中，把课题研究同公安业务建设紧密结合起来，做了公开宣传报道。他把两者视同一体，列入年度工作日程，从而调动了科研工作者和实战工作者的积极性，把科研工作纳入正确的轨道。又如，党组副书记、副厅长何锋涛同志是一名在公安战线上具有多方面经验的老同志，对福建的公安工作情况十分熟悉。年近花甲，走遍海岸和山区，在基层进行调查，既带动了科研工作，又取得了实际指挥权，许多地、市公安处、局的领导同志也都亲自参与，有的虽然年事已高，仍深入基层、组织力量逐村核对发案数字。福建的课题研究得以全面规划、逐步深入，在短期内取得这么大的成绩，犹如三千山之黄橘，硕果满枝头，首要因素就是由于各级领导的重视和支持。

其次，福建课题研究十分重视立足于实践，从实践中去寻求理论答案，从现实斗争出发，为现实斗争服务，所以对于立案情况和个案情况的抽样调查非常认真，在参加课题研究的十几个省、市中第一个完成了上述两项调查的任务，并第一个对全省的立案不实问题进行了全面的综合分析，写出了专题论文。今年又制定了进行延伸抽样调查和典型调查的计划，以便掌握更为翔实的数据资料和参照系，为把实践升华为理论进一步打下坚实的基础。

最后，使我深受启迪、感触最深的是参加课题研究的同志那种扎扎实实、一丝不苟的严谨治学精神和作风。他们不是为研究而研究，为理论而理论，更不是为追求个人名利而研究，而是从现实斗争的需要出发，从强化公安业务理论建设的需要出发，为党负责，秉公心而研究。福建课题编辑部主任彭瑞良同志在这方面起表率作用。我在襄樊会议的发言中，曾用两个形象的比喻来说明我们这次公安系统课题研究的作风特点：既像一个初学走路的幼儿，摇摇摆摆一步一个脚印地走着，尽管遇到各种困难，总是要在母亲的土地上学会走路的；又像一个埋头耕耘的农夫，扎扎实实，辛勤耕作，盼望着在自己的土地上培育出自己的花朵。福建的同志在这一点上，也是表现十分突出的。

文集收录的论文，我大都拜读过，有浓郁的乡土气息，亲切真实,有说服力和可信度。

我们的课题刚起步。千里之行,始于足下。我祝愿它百尺竿头,更进一步,为构建有中国特色的犯罪学,为维护社会稳定与安全,作出新贡献!

(原载《福建省开放地区犯罪问题研究论文集》第1集)

(二)《犯罪预防中的情境预防》序

情境预防是预防犯罪领域中的一个重要方面。随着人们对于预防犯罪的日益重视,情境预防也越来越引人注意,成为一个方兴未艾的研究课题。但是关于情境预防的专著和资料,在国内寥若晨星,在这种情况下,编著者在广泛搜集国内外有关资料的基础上,撷其精要,以不长的篇幅,“剪得秋光入卷来”,对情境预防做了较为系统而扼要的阐述,使读者对于情境预防有一个较为完整的理解,这是颇有现实意义的。

本书在编著方法上没有停留在对于资料的简单介绍上,而是夹叙夹议,大胆地抒发了编著者的学术见解和探求意识,使读者在饱览有关资料的同时,领略到一种在学问上的追求精神。对于做学问者来说,尤其是对于做学问的年轻人来说,这是值得推崇和鼓励的。在学术问题上允许有不同观点存在的,这有助于开展学术争鸣,深化认识,把理论研究引向更高层次。

理论和实践相结合是研究工作的一个基本原则。本书在这方面也作了有益的尝试,把可资借鉴的国外的有关理论观点同我国对社会治安实行综合治理的根本方针挂钩,进行对比研究,探求其异与同、联系与区别,及其理论与实践意义,从而为吸取国外的有益经验提供方便。

当前,在改革开放的新形势下,随着社会的进步与经济的发展,如何有效地维护社会治安秩序的稳定,是保障社会进步与发展的重要条件,也是党和政府及人民群众极为关切的一个重大问题,而加强对于犯罪的探索和预防正是维护社会治安秩序稳定的基本前提,因此,对于预防犯罪问题的任何层面上的研究,都是为维护社会治安秩序的稳定而添砖加瓦,全方位的研究是必要的。

作者请我作序，我借此机会略述自己的一点心绪，愿能读到更多的新书。

1993 年 4 月 25 日

（原载孙晓雳：《犯罪预防中的情境预防》，
中国政法大学出版社 1993 年版）

(三)《中国犯罪学论纲》序

作者邀请我作序,我也欣然命笔,这自然不是因为我在学问上有多深的造诣,更不是因为地位显赫,而是以文会友,在学问研究上有一些共识,可以借此机会进行交流切磋。

我知道作者的名字,还是20世纪90年代初的事情。当时,司法部首次在全国范围内的预防犯罪和劳动改造领域评选优秀论文,我是评委之一。在数百份送交的论文中,有一篇题为《我国预防犯罪工作的宏观战略研究》的文章,深深地吸引了我,拜读之下,它的宏观博论的气势,使我感到作者是一位勇于探索、思路开阔的研究人员。这篇文章获得了评委们的一致赞赏,被评为部级二等奖。但作者是一位两鬓斑白的长者,还是风华正茂的青年?却不得而知,也一直未得相识。时隔数年后,有一次在中国犯罪学年会上,才同作者不期而遇,果然人如其文,侃侃而谈,思维活跃,相互间颇有一些共同的认知。我觉得荐人比荐文更重要,因为造就一个人才可以源源不断地创造出价值来,本书的出版,就是一例。我感到高兴的,也首在于此。

"秋在万山深处红"。一本书,贵在有底蕴,有新意,如万山深处的红叶,给人以赏心悦目的启迪和感受,而不在求全责备。我认为,《中国犯罪学论纲》这本书是符合这一要求的。这表现在,第一,它突破了传统犯罪学的结构框架,提出了自己的新型模式,并有内在的逻辑结构。曾记得当今一位中年法学家说过,思想观点迟早都是会被超越而过时的,但一本书的体系的形式美却是永恒的;我赞同这样的话,我认为,提出一个新的结构框架本身就是一个创造、一个奉献,如同一个新的建筑设计一样,其受益者何可以数量计!这是本书的特点之一。第二,在一个新颖的框架中,突显犯罪学基础理论、犯罪原因体系、犯罪学研究方法论和犯罪防控论这些在通常的研究中是较为薄弱的环节,从而把犯罪学研究引向深层的理性思考,增添了其学术内涵和风采,在某些方面还有填补空白的价值。国家“七五”规划期间,我在具体组织实施《中国现阶段犯罪问题研究》这一国家重点社科研究项目时,为了使犯罪原因的研究摆脱堆积和凌乱无序的研究位点,发表了《罪因体系刍议》一文,我早有愿望,想进一步研究充实而未及实现。本书作者借助于各家的研究成果,把这一研究推广开来,增加了理性内容,做了具体发挥,使这个犯罪学研究的核心问题又前进了一步,这一点使我深感欣慰。这是本书的特点之二。第三,本书作者以研究人员应有的理论勇气和探索精神,大胆地反映自己的独特构思,如把通常称为犯罪现象的概念代之以“犯罪表现论”,把预防犯罪代之以“犯罪防控论”,并从不同学科的不同角度作了剖析,有论有证,犹如领异标新的二月之花,使我耳目一新！这是本书的特点之三。

当然,任何研究成果都不可能是十全十美的,本书也不例外。有不同的观点和认识,不仅是允许的,而且是有益的。本书尽管可能有如此这般的不足之处,但它在总体上,特别是在创新上,不失为犯罪学研究领域的一枝新葩！

1996 年 3 月于北京

（原载李晓明:《中国犯罪学论纲》,
中国审计出版社 1996 年版）

（四）读感与祝愿

——《侦审攻心斗智》序

冯树梁*

2000年秋，在一次理论研讨会上，杨富昌同志把发表在报刊上的几篇论文拿给我看，要我提意见。会间粗略浏览了一下，感到这些论文不仅源于实践，而且颇有文化底蕴，即鼓励他串编成册，以兹交流。两年之后，即2002年8月，他携稿赴京，希望对其研究成果的"存在价值"作出评估并为之作序。不料重读细品之后，竟为之所动，感慨系之：一个在基层工作的同志，竟读了那么多书，古今中外、兵书战策、探索奇观、哲学文史、近代科技，均在其涉猎研读之中。它已远远超出了一般业务经验总结，而闪现中外文化的亮点。它的哲理性、知识性、可读性令我啧啧叹服。它在一种充盈的文化氛围中，把侦审技巧的主要之点通过大量古今案例上升为理性概念展现在读者面前，且以兵家之语境紧扣心理学之原理，颇具创意。

这样，我便由出于盛情难却而发表意见变为发自内心地感慨和赞叹，一吐为快。我的思绪集中在一点上：如果公安系统第一线的同志都能以这种精神去读书，去思考问题，去钻研业务，去重视理论研究，则侦审队伍的思想理论水平、文化素养和战斗力必将更上一层楼，必然会更有效地发挥侦审工作的作用，为人民利益、社会稳定和国家安全作出更大的贡献。

我的读感主要建立在以下两点上：首先，我们都是长期从事公安工作的"老公安"，有共同的工作感受；其次，我们都对研读《孙子兵法》等兵学理论有兴趣。贯穿于本书中的"攻心夺气"思

---

* 中国犯罪学研究会副会长、司法部预防犯罪研究所研究员（教授）。

想，就是《孙子兵法》中提出的概念，在古代兵学理论中受到相当重视，在具体运用过程中也多有巧妙地发挥。本书将它运用于侦审工作中，也应是一种创造性探索，对于深入研究侦查预审谋略是有所裨益的。

当然，作为研究之作，不可能尽善尽美，好歹学术问题是允许有不同意见存在的。希望杨富昌同志以此为起点，在理论研究的征途上不断迈上新台阶。

这就是我的一点读后感和衷心的祝愿。

2002 年 9 月 29 日

（原载杨富昌：《侦审攻心斗智》，群众出版社 2002 年版）

(五)瑞良印象
——《孔雀谱》序

彭瑞良同志是20世纪八九十年代活跃在犯罪学和公安学研究战线上的一位颇有建树的研究人员。现虽退休,仍以老骥伏枥的精神,总结归纳以往的研究成果,并不断发表新作。我同他是并肩战斗过的学友、挚友,对他严谨的治学精神和认真负责的工作态度颇有亲历。特别是他在参加国家重点社科研究项目《中国现阶段犯罪问题研究》福建分课题的过程中发挥了重要作用,现应约为他的文集作序,自不敢当,但补充一下这方面的情况,却也在情理之中的义务。这本《孔雀谱》是彭瑞良同志"研究成果外的成果,文集外的文集",很值得写上浓重的一笔。

1. 历史的见证

一个人的研究成果同历史背景是分不开的。《中国现阶段犯罪问题研究》项目是怎么回事?"老公安"都很熟悉,后来者则可能较为陌生,所以有必要作一点介绍。这是20世纪"七五"规划期间(1986~1990年)由国家立项、公安部牵头,组织20个省、市公安机关对上限起自新中国成立初,下限预测至2000年的犯罪问题进行全面调查研究的国家重点项目。其规模之大,参加人数之多(约上千人),成果卷帙之巨(500余万字),迄今为止,不仅在中国犯罪学史上,就是在西方犯罪学史上,也是绝无仅有的。有学者认为,这个项目"为中国犯罪学奠定了基础"(语见《犯罪学大辞书》)。福建是参与这个项目的省份之一,是分课题,名曰《福建省开放地区犯罪问题研究》。由于福建地处改革开放的前沿,又是国务院批准的综合改革试验区,所以福建省犯罪研究做得如何,直接关系整个项目的质量。福建省公安厅对此十分重视,成立了以党组副书记、副厅长何锋涛、副厅长陈旭和彭瑞良同志为正副主任的课题编委会，彭瑞良同志兼编辑部主任，负责具体操作实施。时任厅党组书记、厅长的黄松禄同志以身作则，亲自布置任务和出席研讨会。我记得，曾在泉州市举行过一次研讨会，黄松禄、何锋涛两位主要厅领导同时出席并讲话，这确实是难能可贵的。厅领导的重视和支持，通过彭瑞良同志认真细致的工作，在许多同志的共同努力下，使福建省的课题研究取得十分显著的成效。我当时是这个国家项目的负责人之一（共2人），是公安部课题编委会副主任兼编辑部主任，负责具体操作实施，所以对实际情况比较了解，也可以说是这段历史的见证人之一。在福建，从1987年公安部编委会下达课题任务，到1994年出版《中国现阶段犯罪问题研究》福建分卷的长达8年的过程中，彭瑞良同志在厅编委会的领导下，是全程负责的，是何锋涛同志的得力助手，这个过程也是彭瑞良同志走向犯罪学研究的过程。他的组织作用和学术带头作用是福建省分课题取得突出成果的一个重要因素，是集体成果中的一个重要成果。

2. 突出的成果

据我所知，福建省份课题除从总体上完成了公安部编委会确定的课题任务外，有些创造性的研究成果至今仍具有现实意义。

（1）提出了“南下北上”的论点。即一方面北方各省的流动人口大军南下沿海地区，犯罪分子混杂其中，增加了沿海地区的犯罪总量，另一方面是南方的黄赌毒和走私贩私等“黄色、黑色污染”迅速蔓延北上，增加了内地的犯罪总量。这种交叉感染的犯罪态势至今仍在延续中。

（2）认真纠正立案不实。真实地反映犯罪现状，是正确估量治安形势的基础。公安部课题编委会和业务局共同决定以大力纠正立案不实（水分）为突破口，并取得相当成效。福建在这一方面曾是做得比较扎实的省份之一。福建最早完成了立案水分调查和刑事个案调查，这同彭瑞良同志的认真组织是分不开的。

其中有的事迹相当感人。我记得原建阳地区公安处的一位领导(可能是刘福根同志)骑着自行车跑遍本地派出所核查立案数字。

(3)以点带面的科学方法。福建分课题确定以福、厦、漳、泉、莆为重点,逐渐辐射到其他一些地、市,这样,既突出了重点,又有面上的情况。在犯罪预测方面,福建以平均比增法和递增法进行了犯罪预测,事后检验,其预测结果是比较符合后来的客观实际的。

以上只是简单地追溯,但已经可以看出,彭瑞良同志的研究成果不是闭门造车的产物,而是深入实际调查研究的硕果。这也许就是彭瑞良同志文集的价值和特点之所在吧!谨以此表示我的衷心祝贺。

2003 年 5 月 15 日于北京

（六）《枫桥经验发展论——兼论中国特色整体预防犯罪模式的构建》序

我对“枫桥经验”缺乏亲历经验，不像老部长吕剑光同志那样；又缺乏深刻研究，不像朱志华、周长康同志那样。奉命作序，实感汗颜。在受之有愧、却之不恭的情况下，我总算找到一个略感宽慰的切入点：多年来我一直主攻预防犯罪研究，而“枫桥经验”正是预防犯罪的一个活生生的典型，一个有代表性的模式，一个切合预防犯罪需要的方向！我曾应周长康同志之约多次到枫桥参加理论研讨和学习，那就从这方面谈点心得体会吧。

1. 预防犯罪，路在何方

在当今全球化背景下，预防犯罪、减少损失、维护稳定越来越成为世界各国人民和政府追求的理想目标，成为职能部门和犯罪学理论研究的焦点和热点问题。然而人们迫切要求回答的，不是它的重要性和迫切性，而是希望指明：预防犯罪，路在何方！诞生于近半个世纪前的“枫桥经验”经过漫长的历史考验，从实践与实证中很好地回答了这个问题。开辟了一条实实在在的、看得见、摸得着、成效显著的预防犯罪之路！而《枫桥经验发展论》一书所揭示的正是这条预防犯罪之路的最本质、最重要的理论概括与发展前景，为更广泛而深入地研究、学习这条预防犯罪之路提供了理论依据和实证。

2. 典型剖析，整体推进

在本书形成过程中，多次听周长康同志谈及对它的构思。我从中体会到，本书在方法论上是颇有创意的。众所周知，解决中国社会治安问题的基本方针、基本途径、基本措施是社会治安综合治理，而综合治理的根本目的是最大限度地预防和减少犯罪，维护社会稳定。所以，“枫桥经验”又是综合治理的典范。本书作者,一方面对“枫桥经验”进行深入剖析,另一方面对它所创造的多样化经验进行综合,取得了既深入细致、又高度概括的理论效果,达到了从整体上推进预防犯罪模式的构建、推进社会治安综合治理发展的目的。

谈到分析与综合的运用,我联想到两个例子:

一是关于分析。曾任联合国犯罪预防和控制委员会中国委员的程味秋教授曾形象地说,“地处大江之南的枫桥,民间喜爱食笋。无论是春笋或冬笋,人们都要耐心地一层一层地剥去浅黄色的笋壳,直到露出白嫩的笋肉,那才鲜美可口,可作佳肴上品。”〔1〕本书正是通过剥层分析,引导人们认识“枫桥经验”的真与美之处。

二是关于综合。据称,我国现代著名哲学家、思想家张岱年先生认为,康德之所以能创造出自己的那一个新的哲学体系,得益于他善于“综合”。“康德综合了经验论和理性论,于是为哲学开了一个新纪元。”〔2〕本书在深入分析的基础上,综合研究了“枫桥经验”诸多功能与价值,证明它是综合治理、预防犯罪的最佳典范与模式。我国著名学者季羡林先生一向认为,西方重分析,东方重综合。从这个意义上讲,本书在方法论上堪称兼收并蓄。我体会,这就是作者在《前言》中说的以辩证整体论来解读“枫桥经验”的整体发展。

3. 立足国情,服务人民

本书是一本理论著作,而不是一般的工作经验总结。列宁指出:“马克思认为理论的符合于现实是理论的唯一标准。”〔3〕有学者认为,理论无国界,但好的理论必须立足国情,服务于广大人民

〔1〕 程味秋:《预防犯罪领域的一部上乘之作——〈论预防犯罪〉一书读后》,载《犯罪与改造研究》2009年第12期。

〔2〕 《张岱年哲学思想研究》,载《光明日报》2009年6月23日,第11版。

〔3〕 《列宁选集》(第1卷),人民出版社1960年版,第30页。

群众的利益。[1] 以此观之，本书有两大意义：一是它作为理论著作是无国界的，它具有国际社会普适性意义；二是也是最重要的，它立足于本土实际，开发从本土实际中提炼出来的理论观点，以服务于广大人民群众期盼人际和谐、社会安定的愿景。

“问渠那得清如许，为有源头活水来。”本书以发展的观点，从源头上、根本上、主要之点上，较为系统地阐述了“枫桥经验”的历史渊源、演化过程、发展脉络、基本价值，极大地丰富了“枫桥经验”的理论内涵，堪称是集长期以来理论研究之大成的佳作。17 年前，我为枫桥写的第一篇短文名曰“枫桥赞”，现仍沿用此名为文，以表达我对“枫桥经验”的崇敬之心和对本书出版的愉悦之情。姑谓之序。

2010 年 7 月 12 日于北京

（原载朱志华、周长康等：《枫桥经验发展论——兼论中国特色整体预防犯罪模式的构建》，浙江人民出版社 2011 年版）

---

〔1〕 李肇星：《史鉴清明　理念温暖——喜读李慎明同志新著〈全球化背景下的中国大党建〉》，载《光明日报》2010 年 6 月 5 日，第 6 版。李慎明同志是中国社科院副院长。

（七）《大融合：和谐共生的社会生态——以永城市社会治安管控为样本（2008～2012）》序

近几年，在中原大地上，在汉高祖刘邦斩白蛇起义的芒砀山下，在淮海战役的发生地，在河南、山东、江苏、安徽四省交界处，一个以黑（无烟煤）、白（面粉）、绿（绿色生态环境）三色经济而著称的中小城市——河南省永城市，在创新社会管理、维护社会稳定中，异军突起，由乱而治，形成经济发展、社会治安环境良好的永城模式，受到从中央到地方各级党委和政府的高度评价，获得各项殊荣，被学界和媒体誉为中小城市社会治安防控体系的典范和新模式。

永城模式经验丰富，内容深刻，给人启示很多。值此将其主要业绩和经验成果即将汇集成册之际，笔者不避挂一漏万之嫌，仅将个人的一点学习体会略陈于下以求正，抛砖引玉，姑谓之序。

1. 2011 年 9 月，国家发布的《2011 年度中国中小城市科学发展评价体系研究成果》指出，全国共 2212 个中小城市，中等城市，是指市区和近郊区非农业人口 20 万以上、不满 50 万的城市；小城市，是指市区和近郊区非农业人口不满 20 万的城市，中小城市是中国经济社会发展的重要支撑，是城市化的主要战场。[1] 这表明，中小城市建设在整个国家建设中占有极其重要的位置，其中社会管理防控体系建设又是中小城市建设不可或缺的重要组成部分。追溯历史，值得一提的是，早在 20 世纪 90 年代，国家立项，由公安部牵头，经过对 20 个省市的实际调查，曾得出一个重要结论："可以试行以中小城市和集镇的犯罪预防为纽带的预防方案。好处是：中小城市和集镇人口、区域比较集中，是一个地区

[1] 载《光明日报》2011 年 9 月 17 日，第 7 版。

的政治、经济、文化、交通中心，只要领导班子得力，各项措施比较容易贯彻落实；据调查，一个县(市)镇所发生的刑事案件约占全县(市)刑事案件的一半，有的高达60%以上。因此，搞好这里的治安，案件就可以压下去，治安形势就可以明显好转；中小城市，特别是县(市)是我国政权建设的关键环节，是城乡的接合部，搞好了，可带动一片，形成地区性治安预防网络。”[1] 如今 20 多年过去了，实践证明，这一结论及其所提供的依据并未过时，而是不断获得证实和发展。从长江以南的“枫桥经验”到中原大地的永城模式，都是这方面的典范。近些年，中央一再强调，政法机关要“重心下移，关口前移，固本强基，源头治理”，这些也都在永城得到了很好的体现。在永城，经济的持续稳定发展，市政建设的日新月异，秀美的山川，良好的治安环境，交相辉映，绘成一幅完美的中小城市建设蓝图，实际上也为中小城市的整体建设提供了一种模式。

近两年来，一批相关学科的学者以中小城市社会治安管控模式研究为主题，深入基层，进行调查研究，这是一件颇有实践和理论意义的学术活动，对此，笔者深表赞许并寄予厚望。

2. 如果与浙江的“枫桥经验”相比较，“枫桥经验”已经风风雨雨近半个世纪(2013 年为 50 周年)，经历了计划经济和市场经济两个历史时期，而永城则是从 2009 年开始由乱而治崛起于中原大地的。换言之，永城是从摸着石头过河打基础开始的，然而它们却有一个共性，即都是从化解矛盾纠纷、做矛盾的良性转化工作入手的。枫桥的工作方法是“发动和依靠群众，坚持矛盾不上交。实现捕人少，治安好”。而永城在始终保持对于严重刑事犯罪分子高压态势的前提下，从一开始就致力于抓早抓小抓苗头，把大量矛盾纠纷化解在萌芽状态、处置在始发阶段。2011 年

---

[1] 冯树梁：《论预防犯罪》，法律出版社 2008 年版，第 21 页。

永城全市命案、群体事件、诉讼性上访均为零，发案率也降至14/100000。短短几年，取得如此成效，实在是难能可贵的。

对此，笔者认为至少有三个方面的意义，第一，符合中国当前时代特征，“当前，我国既处于发展的重要战略机遇期，又处于社会矛盾凸显期，社会管理任务更为艰巨繁重”。第二，可收“不战而屈人之兵”之效。此语原意为，不经过激烈战斗就能使对手屈服，引申为以最小的代价换取最大的胜利。自《孙子兵法》中提出“不战而屈人之兵，善之善者也”这一原理后，成为古今中外各行各业各个领域追求的理想目标。政法公安工作自然也不例外。第三，反映了犯罪心理学原理。奥地利精神分析学家弗洛伊德认为，受挫的心理能量的长期积累而得不到缓解和释放，就会产生“爆炸”，如同地震和瓦斯爆炸一样。人民内部矛盾是个复杂的矛盾体系。有资料表明，目前在我国发生的群体性事件中，利益维护型占80%以上，如不及时调处就会“爆炸”。所以，及时而正确地处理好各种社会矛盾纠纷，是化干戈为玉帛、化险为夷、转危为安的关键环节，是抓“源头治理”，最大限度地增加和谐因素、减少不和谐因素的必由之路。

3. 坚强的领导、过硬的作风是永城之所以成为永城模式的决定性因素。如前所述，20多年前公安部在调查中所提出的，在中小城市“只要领导班子得力，各项措施比较容易贯彻落实”。这种说法如何呢？2011年6月笔者到了永城，才进一步领悟到什么叫“得力”？什么叫“落实”？仅举两个小例子说明之。例子一，有一天，我们参观市容，笔者随意找了两个群众，指着陪同我们的市委书记吴孟铎说，你认识那个人吗？两个人都漫不经心地说，认识，经常见，是市委吴书记。一会儿吴书记同一个骑自行车的老者攀谈起来，陪同者介绍说，吴书记经常这样做。例子二，市公安局局长邵明杰几年来一直坚持把手机号码公之于众，24小时开着手机，随时听取群众意见，及时处置各种应急问题。试想，一个基层公安局局长,工作千头万绪,这么做,需要有多么大的耐力啊!然而,就在这些小事中蕴涵着巨大的精神力量和物质财富。于无声处听惊雷,就在这类小事中,显示了领导班子的得力,使各项措施得以落实。问计于民,问政于民;拼搏创业,创立"六大战法";工作灵活高效,措施应时而变;这支队伍的战斗事迹令人振奋,他们总结出的许多经验令人耳目一新。这就是永城风格。永城模式也为理论研究开辟了广阔的天地。

最近,中宣部部长刘云山同志指出,社科理论界也要"走转改",以解决社科理论工作"从哪里来、到哪里去","为了谁、依靠谁"的问题。[1] 毫无疑问,理论工作者走下去,有助于理论向实践靠拢,实践向理论升华,实现理论与实践的紧密联系和良性互动。

祝永城永远成功!

2012年5月5日于北京

(原载皮艺军、翟英范主编:《大融合:和谐共生的社会生态——以永城市社会治安管控为样本(2008~2012)》,中国人民公安大学出版社2012年版)

---

〔1〕 刘云山:《社科理论界也要"走转改"》,载《光明日报》2012年5月4日,第4版。

（八）《我国刑罚体系研究》序

我虽然从事犯罪问题与犯罪学研究已 30 余年，但对于刑事实体法和程序法均缺乏专门研究。我只是从犯罪学方面，特别是从现实的犯罪动态、趋势方面，去度量刑罚的轻重缓急、利弊得失，以及“世轻世重”“宽严相济”等刑事政策，总的度量标准是看是否有利于寻求预防和减少犯罪的最大公约数。面对这样的刑罚学专论，我是抱着学习的态度，谈点心得体会，故谓之序。

1. 刑罚是刑法的基本内容之一。国内外均有学者将刑罚作为一门单独的学科进行研究，名曰“刑罚学”。而本专论则直挑“刑罚体系”这个核心问题进行研究，实际上也就是把刑罚学作为一个体系进行研究，起点有高度，选题有难度，这是本专论值得点赞的特点之一。

2. 任何体系都是有结构的，结构又是分为层次的。没有千篇一律、一成不变的结构模式，但有结构配置合理、充分反映实际、以中国的理论解读中国实践的体系模式，本专论基本上属于后者。当前把刑罚作为一个体系进行研究的著述不多，从这个意义上讲，本专论有创新之处，这是值得点赞的特点之二。

形成内容体系的过程，是一个思辨与实证交相运用的过程。既进行理论分析，又进行实践验证，从比较研究中辨优劣，鉴得失，并提出了完善建议。思辨与实证，我认为是并蒂莲，不可分割和偏废，本专论在这一点上也是做得比较好的。

3. 本专论作者是犯罪学方向，刑法学专业，有取得“罪刑并研，相得益彰”的效果。这是值得点赞的特点之三。众所周知，犯罪与刑罚是对立的统一，对犯罪现象研究得越深刻，对刑罚的制定、执行、理解就越有把握；反之亦然。例如，对于“严打”问题，议论和歧义最多，本专论则认为：“严打负上反弹之责，不是严打本质属性所导致的结果……严打中的问题主要是执法中产生的问题。”有这样的认识是难能可贵的，我认为也是符合客观实际的，也反映了作者有一定的犯罪学水平，可惜在这方面发挥得还不够。

4. 最后提一点希望。我同作者的硕导、博导都是相交多年的学友，在其间的学术活动中，对于向准博士的好学精神和智慧表现也略有所知，为此提点希望供参考。

（1）古人云：“行之力，则知愈进；知之深，则行愈达。”〔1〕意思是感到行为有效，就越知道应该前进；对事物的了解越深刻，行动起来就越感到四通八达。向准博士有了一个良好的开端，我希望她在此基础上不断前进，使治学路子越走越宽广。

（2）汉朝刘向的两句话，我觉得对我们也很有启示作用：“万物得其本者生，百事得其道者成。”我的理解，这两句话的意思是：世间万物能把握住其“根”和“魂”就能生生不息，茁壮成长；世间的一切事情如能掌握其规律，就一定会成功。

向准博士的论著选题上抓住了构建学科体系这个要害，以刑罚学与犯罪学相融通的手法形成体系结构和内容，基本上做到了以中国的理论解读中国的实践，是一篇有特色的好文章。既然开始就“行之力”，走出了成功的一步，希望继续奋进使“行愈达”，沿着事物的根基和灵魂及其规律性，发挥自己的智慧和力量，借深山名校这块宝地，勇攀学贯中西的大家高峰，为教育事业作出更辉煌的贡献！

祝贺本专论的出版。

2019 年 5 月 6 日

（原载向准：《我国刑罚体系研究》，
中国政法大学出版社 2019 年版）

---

〔1〕［南宋］张栻：《论语解·序》。

三、书 评

（一）上乘佳作 除黑利剑
——读何秉松教授《中国有组织犯罪研究》的心得体会

面对遍及全球的有组织犯罪的严峻挑战，如何准确而深刻地去研究它、认识它，寻求战胜之策，是关乎国家、地区及国际社会安全与稳定的重大研究课题，是法学、犯罪学界理论研究工作者所肩负的紧迫任务。著名刑法学家、犯罪学家何秉松教授继 2001 年推出他的力作《恐怖主义·邪教·黑社会》一书后，又于 2009 年出版了专题研究有组织犯罪的鸿篇巨制两卷本的《中国有组织犯罪研究》（含港澳台），洋洋洒洒 120 余万字。展卷读之，其内容的全面性与系统性，针对性与指导性，分析上的透彻性与资料上的翔实性，在当今的相关论著中，均可谓是当之无愧的集大成的上乘佳作，是对中国乃至国际社会的反黑除恶事业的新奉献。我读后受益匪浅，仅谈几点心得体会。

1.“似曾相识燕归来”——有组织犯罪的历史嬗变

“有组织犯罪”是国际社会统一的专有名词。在中国，人们更熟悉的是“黑社会”一词。何秉松教授入乡随俗，大概也考虑到“概念”的复杂性，书名虽曰《中国有组织犯罪研究》，但在行文上却紧扣“黑社会”这个习惯性称谓，历述其起源与嬗变、历史与现状，笔者认为，这是理论研究话语大众化、民族化、科学化的一个表征。从18世纪中叶清朝的帮会、黑社会直到今天的黑社会性质的犯罪组织，历时200余年，“似曾相识燕归来”，经过作者精辟而详尽的论述，使人们对黑社会的总体发展脉络，及其在不同历史时期、不同历史背景下的特点与规律，都有了十分清晰而具体的了解。书中论述的重点是新中国成立以来特别是改革开放30年来的变化历程，其间，黑社会组织经历了湮灭期、历史空白期、死灰复燃和快速增长期这样的历史转折与发展过程，从过程的阶段性中显现出其特有的特点与规律。书中对其当前特点与规律的概括，有些话语(如“最危险的倾向”)如刀如锋，入木三分，堪称是当代的《警世通言》与《醒世恒言》的一个新版缩略本，振聋发聩，发人深省。助力于增强人们的忧患意识和对黑社会极端危害性的深刻反思。

这些特点主要是：境内外黑社会(性质)组织的相互作用和合流的特点；黑社会组织的发展有四个基本途径(组织化、组织暴力化、扩大经济实力和势力范围)的特点；集多种犯罪于一身的特点；最危险的倾向：官匪勾结或官匪一家的特点。

这些规律主要是：从低级到高级的发展过程的规律；发展的阶段性规律(改革开放30年来分三个发展阶段，每个阶段大体都是10年)；黑社会犯罪与犯罪整体之间存在相互关系的规律。

这些特点与规律表明，黑社会犯罪不断发生质与量的嬗变。这些特点与规律的概括，为从总体上把握有组织犯罪的发展脉络与本质夯实了理论基础。这是本书的重要研究成果之一。

2.“落花时节雨纷纷”——当今有组织犯罪遍及全球

当今之世,国际形势纷纭复杂,在一定程度上助长了有组织犯罪的滋生和蔓延。当前任何国家都不能独善其身,更不能单独应对。加强国际交流与合作,已是众所周知的必然趋势。因此,对有组织犯罪的研究,需要立足本国,展望全球,进行综合性考察。本书以丰富的资料,严谨的论证,从国际社会对“有组织犯罪”概念的不同认识和分歧入手,于概念的深化和精确化中,于合法和非法两种社会的对立和区别中,探索黑社会组织的本质特征。这是本书的研究成果之二。以下略加引述。

本书从一些最基础的概念说起,讲明了什么是社会,什么是黑社会,什么是国家。这是非常正确的。因为这些基本概念和以后需要界定的概念是前后连贯的。什么是社会?“我们认为,所谓社会,是指特定的人群及其相互之间相对稳定的社会关系所组成的有机整体。”(上卷第229页)什么是黑社会?“黑社会是由罪犯和黑社会组织所控制的、非法存在的社会。它存在于合法社会之中并与公开的、合法的社会相对立。”(上卷第228页)什么是国家?书中引用恩格斯的话说:“总之,在全部暴力论中,正确的仅有:到目前为止,一切社会形式为了保存自己都需要暴力,甚至有一部分是通过暴力建立的。这种具有组织形式的暴力叫做国家。”[1]这就是说,国家是一种有组织的暴力。公开的、合法的社会这个有机整体,是国家通过暴力建立和保护的(上卷第229页)。经过严格的论证,本书概括出两个重要而简明的论断:

第一,国家是合法的有组织的暴力。黑社会组织是非法的有组织暴力(上卷第232页)。

第二,事实证明,一切黑社会,无论大小,无论其边界是有形

---

〔1〕 恩格斯:《反杜林论》(欧根·杜林先生在科学中实行的变革),载《马克思恩格斯全集》(第20卷),人民出版社1971年版,第681页。

或无形,都是处在合法社会之中,都是“国中之国”。这种“国中之国”之所以能够存在,就是因为黑社会组织是一种有组织的暴力。正如公开的、合法的社会之所以能够存在,就是因为国家是一种有组织暴力一样。因此,有组织的暴力,是一切黑社会组织包括黑社会性质组织的本质,是一切黑社会组织的根本属性和特征(上卷第231页)。

作者指明,《联合国打击有组织犯罪公约》对于有组织犯罪集团的界定的概念,是以有组织犯罪集团的最低限度为起点界定的概念。简言之,是一个最低限度的概念。这个概念就是根据该公约第2条第(a)款规定,有组织犯罪集团“系指由3人或多人所组成的、在一定时期内存在的、为了实施一项或多项严重犯罪或根据本公约确立的犯罪以直接或间接获得金钱或其他物质利益而一致行动的有组织结构的集团”。

根据这一概念,作者对近20年来有组织犯罪集团在世界各国的发展情况做了战略性分析,并指出:总的来说,近20年来,有组织犯罪集团发展非常迅速,几乎世界各国都有它们的踪迹。由于各个国家的社会政治经济情况以及文化传统存在差异,各个国家的有组织犯罪集团发展不平衡,既有意大利黑手党、美国黑手党、日本暴力团、俄罗斯黑手党那样规模庞大、组织结构严密的有组织犯罪集团,也有牙买加、尼日利亚、爱沙尼亚、墨西哥等国家的规模小、组织结构不是很严密的有组织犯罪集团。为了使这个最低限度的概念能适用于各个国家的不同情况,成为国际上普遍接受的概念,它就只能反映世界各国有组织犯罪集团的一般性特征。这种指导思想是正确的。但是,在具体界定这个概念的特征时,却把一些必不可少的、最本质的特征忽略了,特别是忽略了有组织犯罪集团的暴力性……几乎所有的定义都在一定程度上存在某些缺陷,还需要继续进行研究,使我们的认识进一步深化和精确化(上卷第227页)。这说明,有组织犯罪的组织形式和犯罪手段是多种多样的,是因国因地因时而异的,任何概念都不可能涵盖其全部特征,而只能反映其基本的、主要的特征。事实上,任何时候任何概念都是一个“近似值”,既不可能是永恒的,也不可能是完美无缺的。例如,2012 年 8 月中国和安哥拉(非洲国家)警方联手破获的“福清帮”等犯罪团伙跨国持枪抢劫、绑架人质、敲诈勒索、诱骗妇女卖淫等跨国犯罪案件,就是中国的黑恶势力在国外以中国人为主要作案对象为特征的案件,适应这一犯罪特征创造了警方国际合作的“安哥拉模式”。

何秉松教授关于以“最低限度为起点界定的概念”这一提法是有科学性、包容性的。我国《刑法》第 294 条对“黑社会性质的犯罪”的界定,就是适应我国情况而提出的最低限度的概念,它包括组织结构、经济目的、暴力、势力范围等 4 个方面的特征,何秉松教授认为是“比较全面”“应当充分肯定”的(上卷第 215 页)。同时,何秉松教授也指出,“在我国目前所谓典型的黑社会组织与非典型的黑社会组织并存的情况下,使用‘黑社会性质的组织’这个概念,就不能把全部黑社会组织包括在内。这就是本书为何使用‘黑社会(性质)组织’这个概念的原因”(上卷第 216 页)。也就是说,这可以理解为既然有质的规定性,它就是黑社会组织,没有必要加上“性质”二字。何秉松教授的观点与笔者的观点不谋而合。

3.“花落谁家,鹿死谁手”——寻找战胜有组织犯罪的科学知识

研究有组织犯罪的最终目的是预防和控制有组织犯罪,解决“花落谁家,鹿死谁手”的问题。用联合国文件中的话说,就是“确保那些比较遥远的威胁不要变成眼前的威胁,而那些眼前的威胁不要真正地变成毁灭性威胁”。何秉松教授独具匠心、高屋建瓴,将研究有组织犯罪的目的定位于寻找战胜有组织犯罪的科学知识。他在“序言”中说:“我们追求的目的是共同的:寻找战

胜黑社会组织、黑社会犯罪以及跨国有组织犯罪的科学知识。知识就是力量。”这是一个全新理念,是本书的研究成果之三。

科学时代寻找科学知识是一个以科学的态度去获取、运用、转化和创新科学知识的过程,这一点始终贯穿于本书之中,不断作出新解释,提出新观点,开辟新范畴。现仅举两个理论创新的闪光点说明之。

(1)运用系统科学知识创立一种专门解释有组织犯罪原因的新观点:“自组织原因论”

当代系统论、耗散结构论等新型学科都一再证实马克思主义早已提出过的一个科学论断:客观世界的各种系统(无论是有生命的,还是无生命的)实际上都是与周围环境有相互依存和相互作用的开放系统。这是一个普遍原理,因而可以广泛地运用在各个学科领域。系统就是体系,恩格斯说:“我们所面对着的整个自然界形成一个体系,即各种物体相互联系的总体。”[1]我国经济学家把系统论和耗散结构论运用于经济学领域,创立了“开放系统经济学”。在犯罪学研究领域,虽然也常用系统论、控制论的理论和方法分析犯罪问题,但尚未见有明确提出的某种独立的观点。所以,何秉松教授针对有组织犯罪提出的“自组织原因论”是始创性的新观点。

系统的自组织原理是系统论、耗散结构论中的一个重要原理。何秉松教授引用钱学森在《论系统工程》一书中的话说:“系统自己走上有序结构就可以称为系统自组织”,并作了详细诠释。要点是:一切开放系统都是自组织的。所谓自组织,是指系统的产生和发展是自发地、不受特定外来干预地进行的,其自发运动是以系统内部的矛盾为根据、以系统的环境为条件的系统内部以及系统与环境的交叉作用的结果;系统的自组织过程是一个进化

[1] 《马克思恩格斯选集》(第3卷),人民出版社1972年版,第492页。

和优化过程,也是矛盾双方相互排斥和吸引、竞争和协同的过程;自组织是与他组织相对而言的,所谓系统的他组织,也称为系统的被组织,是指系统的运动和形成组织结构是在外来特定的干预下进行的;系统的自组织和他组织是对立的统一,在对立统一之中来把握系统的子组织;系统的自组织,总是在与其他系统的相互作用之中实现,也总是在一定程度上受其他系统的制约(上卷第470页)。

何秉松教授认为,根据上述原理,我们研究黑社会犯罪(有组织犯罪)的原因,就要研究黑社会组织作为一个社会系统,为何以及如何在系统内外两方面因素的相互作用下,自发组织起来实施犯罪的。由于这种分析在总体框架上是以"系统自组织原理"为主要理论根据的,因此,我们把它称为黑社会组织的"自组织原因论"。这种理论的优越性在于,它不是把各种犯罪原因孤立地逐条并列,而是强调各种原因的相互作用和共同作用,强调它们作为一个系统整体与环境的关系,并且从运动中把握它们的发展过程(上卷第470~471页)。

何秉松教授指出,从总体上说,我国黑社会犯罪的产生与发展,归根结底是我国由计划经济转向市场经济的社会转型时期政治、经济、文化等急剧变化的必然结果。所谓社会转型是整个社会系统由一种结构状态向另一种结构状态的过渡。它是全面的、多层次的、结构性的变化,因此,导致的变化也是多方面、全方位的深刻变化。当前社会的变化,是历史发展的结果,因此不能割断历史,不能否认历史因素的作用。社会内部的发展,不能离开外部的条件,因此不能割断国内外的联系,不能否认国际条件的作用。黑社会组织的产生和发展,既有内在原因,也有外部的原因,内因是根据,外因是条件,它是在内部和外部原因相互作用下产生和发展的。国内的因素包括社会阶层的分化、城乡差别、失业、收入差距扩大等,这些会导致社会系统的结构性变化(上卷第

471、479页)。

变化是系统的变化,变化是自组织的变化,有组织犯罪与各国政府和人民之间的对抗是系统间的抗衡。这一观点的提出体现了最新科学知识的运用。

(2)通过对三种代表性理论的比较研究,提出了“非法社会权力模式论”的新观点

当今世界,美国的社会学理论最为充分,对有组织犯罪的社会学分析也最为充分。美国有三种有代表性的理论模式论:外国人阴谋集团/官僚主义模式论、保护关系模式论、企业模式论。书中经分析后认为,外国人阴谋集团/官僚主义模式论只不过是对有组织犯罪集团的成员和结构作表面现象的描述,说明美国的有组织犯罪集团是由部分意大利裔美国人组成的庞大的、官僚主义的、等级分明的结构化的阴谋集团,而没有进一步说明它们的社会性质;保护关系模式论片面强调有组织犯罪集团内部的个人关系是一种互惠的保护和被保护的关系,忽视有组织犯罪集团的整体功能,而有组织犯罪集团的性质正是由其整体功能决定的;企业模式论的基本错误是将有组织犯罪集团视为企业,从根本上歪曲了有组织犯罪集团的社会性质。总之,三种模式论都没有对有组织犯罪集团的社会性质作出正确的解释。

科学知识需要以科学的态度去获取。书中在认真分析的基础上明确提出了自己的观点,而不是只批评别人却拿不出自己的东西来。根据有组织犯罪集团的基本特征(以获得金钱、物质利益和权力而一致行动,有一定经济实力和势力范围,暴力性,集杀人、抢劫、纵火、爆炸、强奸、绑架、劫持人质、制毒贩毒等严重罪行于一身)所形成的基本概念可知,有组织犯罪集团的社会性质可表述为:凭借非法权力,以有组织的非法暴力为基础,为达到自己的非法目的,无所不用其极,无恶不作。它向合法经济渗透,以合法的外衣,满足非法需求,具有与企业表象上的相似性,但它不是

企业，也不是像企业模式论所说的是“私人保护企业”。它介入市场，但不是市场行为。内部成员之间的关系主要是一种支配与被支配的关系，而不是保护关系模式论所说的那样是保护和被保护者之间的相互依赖关系，只有已成为黑社会“保护伞”的人，才存在保护与被保护的关系。它是一种凌驾于社会之上、对社会实施危害的非法社会权力系统。如果用“模式”一词，我们的观点可以称为：“非法社会权力模式论”。这一观点显然是贴近实际的。

综观全书，观点鲜明，概括力强，论叙有秩，新论迭出，内容丰富。有对中国港澳台地区黑社会独具地域特点的精辟论述，也有对联合国文件的详尽归纳，既有现实的实践和理论意义，又是一部难得的珍贵史料，是对有组织犯罪的全景式研究。

（原载《犯罪与改造研究》2013 年第 2 期）

(二)从实证角度探索犯罪规律的不懈追求

——《当代实证犯罪学新编》评介

周路研究员主编的《当代实证犯罪学》曾于 1995 年出版,作为我国当代实证犯罪研究的首部专著,当时就给犯罪学界一种耳目一新的感觉。时隔 8 年,周路同志又主持撰写了《当代实证犯罪学新编》,这部由周路担任主编、刘文成、王志强担任副主编的专著已于 2004 年 5 月由人民法院出版社出版。两部同属实证犯罪研究的论著,尽管在研究思路与方法上明显地具有传承、发展的联系,但后一部的主旨更集中、资料更全面、理论更深刻;尤其是以跨世纪达 12 年的 5 次大规模犯罪调查作为研究的基础,这是最令人叹服之处,真可谓"十年磨一剑"啊!笔者为周路研究员所率领的实证研究群体多年来的不懈追求、不断创新而欣喜!为他们在当前不乏浮躁之风的学术环境里甘于寂寞、坚持实证的精神而动容!概而论之,这部 60 余万字的《当代实证犯罪学新编》具有 4 个方面的特点。

1. 集中研究犯罪规律

马克思主义认为,科学研究的任务就在于寻找事物的规律性,犯罪学研究也不例外。本书从实证方面为探索犯罪的规律性做了新的贡献。如果说 8 年前的《当代实证犯罪学》还属实证研究的发轫探索,内容尚显稚嫩;而这部《当代实证犯罪学新编》在研究目标与篇章设计上则趋于成熟。全书以犯罪规律为主线展开,由副标题予以强调。内容除第一编作为概论部分,阐释课题指导思想、实证方法和犯罪规律研究的意义与状况等之外,以下的 6 编则分别从犯罪人构成、犯罪动机、犯罪行为、犯罪类型、重新犯罪、犯罪预防等 6 个方面进行犯罪规律的探讨。如此在研究思路上的"删繁就简"以及由此统领的结构安排,在我国犯罪学专著中是不多见的。作者集中研究犯罪规律的思路是大胆而有见地的,因为相对于犯罪现象、原因和对策的研究来说,我国犯罪学界对于犯罪规律尤其是经济转型时期中观、微观犯罪规律的研究,是十分薄弱的。作者在待开垦的处女地上辛勤耕耘,其勇于拓展学术空间的努力是值得称道的。

犯罪作为一种社会现象,其发展与变化无疑有其规律可循。我们观察犯罪现象,分析犯罪原因,更应将二者间的联系升华为一种规律性的认识与把握,唯有此才能更有针对性地提出对策,更有效地治理犯罪;犯罪学研究的实践性、指导性也才能更明显地体现出来,其学科地位也才能得以提升。国外一些犯罪学者如社会环境论、社会解组论等学派,就注意将犯罪原因上升到规律研究,而我国犯罪学界则相对缺乏"规律意识",因而尤其应注重犯罪规律研究。正是基于这样的共识,本书的作者把对犯罪规律的不懈探索,演绎为鸿篇巨制,这种前瞻性思路期望能在学界同人中产生"连锁反应"。

2. 持续的实证犯罪研究

坚持实事求是的态度,通过实证调查来探索犯罪规律,此为本书的第二个特点。早在延安整风期间,毛泽东同志就对"实事求是"作出了精辟的阐释。胡锦涛同志又向全党提出了大力弘扬求真务实精神、大兴求真务实之风的要求。在社会科学研究中贯彻实事求是的思想路线,就应当有"实证"的过程,特别是犯罪学作为一门经验型很强的学科,必须以了解犯罪现实,关注犯罪变化作为研究的逻辑起点。然而这一点,说起来容易,做起来难。它要求研究者具有不唯上、不唯书的求真务实精神,走出书斋转向社会,真正"沉下去",同政法实践部门的同志们合作,从实证中获取真知。

本书作者对犯罪规律的探索依托于 5 次大规模的犯罪调查,从而产生这样的启示,即犯罪规律特别是中观、微观犯罪规律,必须并且只能在实证研究中发现。因为规律是客观存在的,不是臆想出来的,不是那种急功近利、浅尝辄止的坐而论道和空洞的思辨所能得出的。由此笔者觉得,犯罪学理论的突破有赖于其研究方法上的突破,即坚持向实证研究倾斜。方法就是用世界观去指导认识世界和改造世界,任何科学的建立与发展都必须依靠正确的研究方法,而当代犯罪学研究难以取得实质性进展的症结之一就在于研究方法上的因循守旧。鉴于此,周路研究员率领的实证研究群体的不懈追求,是当前应当大力提倡的。

3. 建立大型、科学的数据库

本书的基础资料来自同一地区、同一方法进行的持续性调查,来自同一个调查母体,建成了大型的数据库,因而各项规律的提出及其理论推演,则有了固定的实证依托。书中所有的阐述都是从封闭式数据库中挖掘而出,看起来作者的研究活动是"不自由"的,然而这正体现了在实事中求是、在调查中寻求规律的精神,体现了犯罪规律研究的客观性与系统性。当前有一些"定性与定量相结合"的文章,很多是在提出观点之后,列出一些缺乏内在联系的数据或案例,完全不受时空环境的限制,这实际上还是思想"先入为主""观点加数据"的做法,这样的数据或案例往往成为主观判断的注脚,达不到求实的目的。

4. 运用国际先进的统计软件

信息时代的犯罪学研究,理应在研究手段上有革命性变化。本书作者运用计算机并使用国际先进的"SPSS 社会统计软件包"进行数据处理,这使其 5 次大规模调查所采集的大量数据的统计分析成为可能,使其实证研究的初衷得以实现。此种研究手段突破了传统的研究模式,如同吹进犯罪学界一股清新的风。另外,这样的研究途径也是国外学者普遍采用的,因而也便于国际交流。因此,本书的研究手段值得倡导,作者在运用现代信息技术方面确实走在了时代前列。

总之,《当代实证犯罪学新编》不失为一部颇具特色的论著。当然,实证犯罪研究在我国仍处于初创阶段,本书也存在不足,诸如有些章节对资料挖掘还不够,有些分析论述不够充分,统计手段也相对简单;但总的来说,瑕不掩瑜,它不愧是我国犯罪学研究事业发展道路上的一部力作,具有重要的学术意义和实践意义。

(原载《警察学研究》2004 年第 3 期)

附 录 二

报道、访谈、评论

一、报道、访谈

(一)落实治本安全观再上一层楼

——离休老专家在司法部做学习贯彻党的十九大精神专题报告

2017年12月8日上午,离休老干部,中国犯罪学研究会原副会长、高级学术顾问,司法部预防犯罪研究所原副所长冯树梁研究员应邀到司法部机关就学习贯彻党的十九大精神做专题报告。司法部部长张军出席报告会。

会议室里座无虚席,司法部预防犯罪研究所全体党员干部、部机关各司局部分领导干部前来聆听报告。

冯树梁先生今年85岁,享受国务院政府特殊津贴。离休以后,一直坚持从事犯罪预防领域的学术研究。报告会上,冯老以一名理论研究工作者的身份,畅谈学习贯彻党的十九大精神的心得体会和落实治本安全观、做好司法行政预防犯罪理论研究的思考与实践。

冯老说,党的十九大提出了总体国家安全观等一系列重要论断。司法部提出的"治本安全观”，与党的十九大报告精神和习近平总书记关于哲学社会科学的一系列重要论述是完全一致的，是总体国家安全观的重要组成部分，是总体国家安全观在司法行政工作中的具体落实，深刻指明了预防犯罪研究的方向。学习党的十九大，重在见行动。新时代开展预防犯罪研究，就要切实落实治本安全观，让预防犯罪研究再上一层楼。

冯老精神矍铄，引经据典，侃侃而谈，从治安与安全的关系与发展、治本安全观在总体国家安全观中的地位、如何构建预防犯罪学科体系、发挥研究所研究与智库双重功能等方面，为党员干部上了一堂生动的党课。冯老认为，治本安全观既承接总体国家安全观、全球安全观、人类命运共同体等一系列新思路、新理念，又点出了提高罪犯教育改造质量的关键。实现由“不跑人”的底线安全观向把罪犯改造成为守法公民的治本安全观转变，不仅有深远的政治意义，而且有重要的经济意义。冯老提出，党的十九大报告重视运用体系治理，为我们作出示范，如“全球治理体系”“国家治理体系”“社会治安防控体系”“社区治理体系”“法治体系”“法律体系”等。治本安全观也是一个综合性结构体系，本质特征是最大限度地预防犯罪和预防重新犯罪，需要汇聚多方面的知识、智慧和实践经验作出理论解释，逐渐形成独特的内容体系。

冯老用习近平总书记在世界经济论坛 2017 年年会开幕式上作主旨演讲时引用的一句话作为结束语勉励大家：积力之所举，则无不胜也；众智之所为，则无不成也。

听完冯老的专题报告后，张军颇为感慨地说，冯老先生的专题报告思想开阔，内涵丰富，非常让人敬佩。这样德高望重、才高八斗的老专家为我们作报告，是非常难得的学习机会。司法部机关乃至司法行政系统，要树立良好的学习风气，要学无止境。习近平总书记指出，好学才能上进，好学才有本领。中国共产党人依靠学习走到今天，也必然要依靠学习走向未来。冯老离休以后始终没有停止学习，没有停下思考，没有停下著述，为我们这些在岗的同志树立了榜样。学习没有年龄、岗位、单位、专业的界限。司法行政工作点多、线长、面广，各项工作是互通的，只懂自己的专业，实际上是不懂。要学有灵魂，灵魂就是初心和使命，冯老的报告通篇充分体现了这个灵魂。八十多岁的老人退而不休，科研不止。不看一眼讲稿的报告，古今中外、旁征博引，充满了文化的自信，充满对国家、对人民、对党的无比热爱，这就是冯老学术生命常青的灵魂。要学为使命。学习的目的是履行好岗位职责，把党中央、国务院赋予司法行政机关的使命完成好，创造性地执行好。正如冯老所说，不仅监狱工作有一个“治本”的问题，所有司法行政和公共法律服务工作都有一个“治本”的问题。这就提示我们要从肩负的职责使命出发，从治本上、更深层次加强学习、研究规律、转变观念、更新理念、创新思路，推动司法行政工作发展得更扎实一些，让我们的工作更积极更主动一些。

（原载《法制日报》2017 年 12 月 9 日，第 1、3 版）

(二)中国特色预防犯罪探究之路访谈*

主持人:皮艺军　撰稿人:屈慧君

2020年8月29日下午,北京明光北里,绿荫红墙、蓝天白云,初秋的首都温暖而静好。叩开冯树梁先生的房门,距离课题组上次访谈已过6年,[1]冯先生依然精神矍铄、思路清晰。冯先生将手书的30页讲稿提纲交给我们,只见这份用时近两个月的手稿,字迹工整、笔力刚劲,上书:“既是学术有益活动,就应支持,此稿即为此做的准备,以防口述出现困难,转而用之,毕竟垂垂老矣!”冯先生在米寿之年,仍惜时如金、笔耕不辍、提携后辈,其治学态度、学者本色、长者风范让人叹服。采访开始,冯先生将提纲放在一旁,仅凭记忆,侃侃而谈,新中国犯罪预防研究的历史华章,全部了然于胸。

主持人(以下简称问):冯先生,感谢您对我们的支持。一听到我们搞“中国犯罪学研究口述史”专题访谈,您大加赞许、欣然接受,并对自己的研究成果进行了认真的总结和梳理。从事犯罪学研究三十多年来,您求真务实、孜孜不倦,取得了丰硕的研究成果。尤其令后辈敬佩的是,您致力于预防犯罪研究,至今从未间断。您前不久发表的新作《学习“枫桥经验”探究中国特色预防

---

* 本项目由皮艺军、翟英范、姚丙育策划,皮艺军主持,屈慧君撰稿。项目由中国企业家犯罪预防研究中心郑州工作室提供支持。皮艺军(1950～),男,湖北江陵人,曾任中国政法大学青少年犯罪与少年司法研究中心主任,教授;翟英范(1955～),男,河南荥阳人,曾任河南警察学院学报主编,教授;姚丙育(1954～),男,痕迹检验高级工程师,公安部刑侦专家、河南省公安厅刑侦专家,北京师范大学中国企业家犯罪预防研究中心研究员;屈慧君(1980～),女,河南许昌人,河南警察学院副教授,河南大学法学院访问学者,新闻学博士。

[1] 2014年7月8日,“犯罪学口述史”课题组皮艺军教授、翟英范教授、张超副教授一行,访谈冯树梁先生。访谈内容主要是“高起点、不间断、重实践”的研究历程和心得体会。

犯罪之路》,[1]其核心思想是什么?

冯树梁(以下简称冯):众所周知,预防犯罪的最理想目标和最高标准,是抓早,抓小,抓苗头,抓源头,抓基础。将容易诱发犯罪的矛盾纠纷消灭在萌芽状态和初始阶段,这是预防犯罪的一个世界性难题。我个人的学习体会是,典型剖析法是透视预防犯罪的一个重要路径,"枫桥经验"是反映中国特色预防犯罪之路的可贵典型之一。

"枫桥经验"可贵之处在于在几十年中坚持"小事不出村,大事不出镇,矛盾不上交"。党的十八大以后,根据社会治理现代化的要求,又将这句话提升为"矛盾不上交,平安不出事,服务不缺位"。

我在文章中通过对"枫桥经验"的历史背景、人文环境、重大意义进行综合考察和判断,深入分析"枫桥经验"与预防犯罪的关系,指出"枫桥经验"在基层治理、国家治理和全球治理中独具价值,成功开辟了一条中国特色预防犯罪之路。在总体国家安全观指引下,围绕新时代"枫桥经验"的战略意义,通过在"三农"领域展开,向城镇社区治理延伸,纳入建设美丽中国、平安中国的架构之中,将可能形成新时代的预防犯罪体系。

问:您一生志在促进犯罪学本土化,研究中国犯罪问题、解决中国犯罪问题,建立中国自己的犯罪学理论。在离休 20 年后,您毅然开辟犯罪学研究新领域,以话语方式为切入点,2016 年 4 月您在 84 岁高龄,还出版了专著《中国犯罪学话语体系初探》(以下简称《初探》),这是中国犯罪学界罕见的一种研究路径,能否谈一下您写作本书的动因和框架设计的构思?

冯:我的学术研究起步于搞国家重点哲学社会科学课题《中

---

〔1〕 冯树梁:《学习"枫桥经验"探究中国特色预防犯罪之路》,载《犯罪与改造研究》2020 年第 2 期。

国现阶段犯罪问题研究》,一开始就确定了在母亲的土地上,一步一个脚印,扎扎实实、辛勤耕耘,在自己的土地上结出自己的果实。《初探》一书是响应习近平总书记号召,为构建中国特色学科体系、学术体系、话语体系所作的尝试性研究,也是为我个人所认识到的中国犯罪学发展历程,以及我个人从事犯罪问题研究三十余年心路历程所作的总结,可称为总结性研究。

2012 年以来,中央一再强调要加强话语体系的建设。在马克思主义理论研究和建设工程工作会议上,中央指出,打造具有中国特色、中国风格、中国气派的哲学社会科学学术话语体系,是理论界和学术界面临的重大而紧迫的时代课题。党的十八届三中全会《中共中央关于全面深化改革若干重大问题的决定》也强调,要“加强国际传播能力和对外话语体系建设,推动中华文化走向世界”。

中央的声音和我平日的思考产生共鸣。从事犯罪问题与犯罪学研究三十余年未曾中断,我要将中国同犯罪作斗争的特色、经验和路子进行梳理总结,概括出中国犯罪学的话语体系,这便是《初探》这一主题的由来。但写作过程颇费周折,我甚至觉得“有打无准备之仗”之虞,老干部田守诚 28 年繁育盘锦河蟹的故事让我深受启发。我和这位老同志同岁,他以回报社会大小来衡量生命意义,那么我生命的意义也在于能否迎难而上,完成《初探》这部著作,在有生之年为犯罪学学科发展再做点奉献。

我从 2012 年 6 月到 2015 年 12 月,历经三年半的时间完成了这个一家之言的抛砖引玉之作,奉献于读者面前,等待专家学者的教诲和实践的检验。

《初探》一书的理论框架和内容设计都是前所未有的,我在《我们的研究充满阳光——写作〈中国犯罪学话语体系初探〉的心路历程》[1]一文中有详细介绍。本书的写作模式主要分基础话语和专业话语两部分。一是基础话语由理论基础、实践基础、历史文化基础、语言基础4章构成,强调在大背景、大视野下去考察社会现象。二是综合反映论、综合治理论、犯罪规律论、犯罪预测论、生态犯罪论、超常规犯罪论这6个方面的专业话语,这"六个支点"是我在犯罪学研究中孜孜以求的问题。

问:围绕上述的"六个支点",冯先生在调查研究的基础上厚积薄发,在与时俱进中提出很多富有创见的理论观点,使您的理论研究之树始终保持盎然生机。那么贯穿您犯罪学理论研究的主线是什么?

冯:犯罪成因和犯罪规律是贯穿我整个犯罪学研究生涯的两条主线。犯罪学家证实,源于西方、主要是意大利的各犯罪学学派的共同之点,多以人为什么犯罪,社会为什么存在犯罪现象为研究主题,并提出了许多卓越的见解,至今仍不失其理论价值,值得我们借鉴和学习。我国犯罪学研究起步较晚,但从总体上讲,从未离开关于犯罪成因的探索。改革开放以来,关于为什么一边是经济增长,一边是犯罪大幅度攀升,不仅成为理论界关心的焦点,而且成为国家关注的热点问题。

链接:党的十一届三中全会的胜利召开,在对"文化大革命"进行拨乱反正的同时,中国的经济建设逐步步入正轨。但是,犯罪问题尤其是青少年犯罪问题严重,成为备受社会关注的现象。1982年6月在广西南宁召开的中国青少年犯罪研究学会成立大会,揭开了"大兵团"研究犯罪理论的序幕。[2]

这一时期有关犯罪原因的争议问题及研究成果很多。其主

---

〔1〕 冯树梁:《我们的研究充满阳光——写作〈中国犯罪学话语体系初探〉的心路历程》,载《犯罪与改造研究》2016年第11期。

〔2〕 鞠青、皮艺军:《走向科学的历程(上)——中国青少年犯罪研究20年回顾》,载《山东公安专科学校学报》1998年第4期。

要内容有如下几个方面:(1)关于阶级斗争是不是犯罪产生的唯一原因;(2)关于社会主义制度产不产生犯罪;(3)关于犯罪原因研究中的生物学观点;(4)关于犯罪本源理论;(5)关于经济发展与犯罪关系;(6)关于商品经济与犯罪关系;(7)关于新时期犯罪持续增长的原因;(8)关于犯罪原因的基本理论问题及罪因结构体系;等等[1]。

在20世纪八九十年代出现照着外国本本上的理论观点,用“同步论”“代价论”“阵痛论”解释两者的关系,甚至提出要减少犯罪就要放缓经济发展速度。以我个人亲力亲为的犯罪学研究历程而言,20世纪八九十年代由国家立项的规模和时间跨度空前的犯罪研究课题《中国现阶段犯罪问题研究》(国家“七五”规划重点社科课题,1986~1990年),要回答的核心问题就是为什么在改革开放的形势下犯罪大幅度上升。当时在课题内也出现了“由于改革开放,由于发展商品经济而犯罪不断上升……”一类的说法。

据参加立项委员会的知情者说,当时有30多位专家教授组成的国家课题评委会的一致意见,要把这个课题交由中国人民公安大学承担,因为中国人民公安大学背后是公安部。而公安机关是同犯罪作斗争的前哨部队,掌握几乎全部犯罪信息并负责公布,是最了解犯罪情况的权威部门。果然中国人民公安大学接受这一课题后,立即写报告给公安部党组,批准成立了由主管全国治安工作的俞雷副部长为主任的《中国现阶段犯罪问题研究》课题编委会,下设编辑部,我是主任。随后动员组织全国20个省、市、计划单列市公安机关成立课题编委会和编辑部展开上限始自新中国成立之初、下限预测至2000年的犯罪问题调查研究,经过

---

〔1〕 曹子丹:《中国犯罪原因研究综述》,中国政法大学出版社1993年版,第4~9页。

从1987年至1992年5年多的调查研究,于1993年在公安司法机关内部出版发行了公安部课题总卷和14个省市的分卷,粗略统计加配套资料500余万字。内容分现状特点规律、犯罪成因、犯罪趋势预测、犯罪的基本对策4个部分,核心内容是回答犯罪为什么不断上升的问题。

根据深入调查的数据和案例,我越发认为不能将犯罪增长简单归因于改革开放和经济发展。在1988年、1989年我先后提出要注意原因、条件和相关因素之间的联系和区别,"罪因体系论"的观点,引起学界的关注,也成为《中国现阶段犯罪问题研究》课题的一个重要理论成果。

同时,根据江苏省公安厅对苏南地区,福建省公安厅对沿海经济发达地区的调查,得出了与《中国现阶段犯罪问题研究》课题相一致的结论:经济发展与犯罪有密切联系,但不是必然的因果关系。

从事犯罪学研究三十多年来,围绕着预防犯罪这个大方向,罪因论和规律论始终是我研究的两条主线,这在我写的几本书和论文中均有反映。近两年提出的犯罪预测"杠杆论"的观点,就是在此基础上形成的,即认为把变化多端的犯罪现象的运动及其动因提升到规律性认识,把纷纭复杂的犯罪原因纳入一个体系之中进行剥层分析,是进行犯罪预测的两个杠杆。[1]

我体会到,犯罪成因论和规律论是相互交织的,把成因上升为规律性认识,是深入研究成因的结果。我的犯罪成因研究和规律论研究是并行的,均起步于《中国现阶段犯罪问题研究》这个国家"七五"规划重点课题。我沿着犯罪成因论和规律论这两条主线所要达到的总体目标是探索中国预防犯罪之路。我的理论观点都属于这3个方面的范畴之内。

---

〔1〕 冯树梁:《中国犯罪学话语体系初探》,法律出版社2016年版,第363页。

问:1989年7月,您在山东省第二次犯罪问题研讨会上专门就“经济增长与犯罪的关系”发表了意见,提出“不能轻易地把经济增长与犯罪的联系看成是因果性联系,而是诸多因素相互作用的结果”。1989年,您提出了“罪因体系论”的观点,并于当年10月在西安市举行的全国研讨会上发表《罪因体系刍议》[1]一文,对犯罪原因做了较为全面的分析,迅速被《中国现阶段犯罪问题研究》课题接受,对指导课题总卷和各地分卷的犯罪原因研究起了一定的作用。该文在1990年司法部全国优秀论文评选中,获得很高的评价,以无记名投票方式,全票通过获一等奖。请为我们介绍一下“罪因体系”的提出、内涵和应用吧。

冯:根据国家重点社科课题《中国现阶段犯罪问题研究》罪因研究中的需要、针对存在的问题,我提出《罪因体系刍议》一文。该文在犯罪学界产生一定影响,成为从综合反映论过渡到体系论的一个重要标志,并在罪因分层次有序研究中发挥了一定作用。记得1990年第三季度开始,《青少年犯罪研究》杂志编辑部曾举办“当代中国犯罪学罪因论”笔会。你(皮艺军)和张潘仕同志曾致函和打电话约我写稿。于是我就把《罪因体系刍议》一文成文过程和基本内涵写了一篇短文《关于犯罪成因体系的管见》[2]加以表述。回想起来,你举办这个笔会是有远见卓识的。中外许多犯罪学家都有这样一个共识:对付犯罪,如同治病,不了解病因,怎么下处方呢?对这样一个简单的道理,却有不同的声音,尽管学术问题允许有不同意见,但在这个简单的道理上浪费笔墨,我觉得是徒劳无益的。至于对于人为什么犯罪、社会为什么存在犯罪现象持何种观点?那是应该争论的,真理越辩越明。但应以调查研究为基础,有根有据,防止从理论到理

---

〔1〕 转引自《青少年犯罪研究》1989年第10期;《犯罪与改造研究》1991年第1期。

〔2〕 冯树梁:《关于犯罪成因体系的管见》,载《青少年犯罪研究》1990年第10期。

论,空口说白话。

罪因体系的内涵包括4个方面。一是提出罪因体系的依据。一切体系论的哲学依据都是恩格斯的那段经典名言:“我们所面对着的整个自然界形成一个体系,即各种物体相互联系的总体……”[1]当代的新型学科,无论是“老三论”(信息论、控制论、系统论),还是“新三论”(耗散结构论、协同论、突变论),都无一例外地证明和补充着一个真理:宇宙间一切事物都处于相互联系、相互渗透、相互作用、相互制约、互为条件、彼此消长、矛盾斗争的体系和整体之中。产生和形成犯罪的各种因素也毫不例外,也是处于一个相互联系和相互作用的体系之中。我国改革开放后,面对纷纭复杂、形形色色的致罪因素,把它概括为“犯罪是各种社会矛盾和消极因素的综合反映”,这里说的“综合”就是一个综合体、一个体系。

二是罪因体系的层次结构和基本特征。其结构层次,从哲学的角度划分,可分为原因层次(含“根源”)、条件层次、相关因素层次;从犯罪学的角度划分,可分为犯罪个体层次、犯罪类型层次、犯罪现象层次。各个层次之间,是相对稳定的,又是相互交叉联系和相互转换的。它们有分有合,循环往复,处于动态发展之中。从分的方面说,犯罪个体、犯罪类型、犯罪现象都各有自己特定的原因、条件和相关因素,要分门别类地进行具体的分析研究,不可打混战。从合的方面说,它们均属于犯罪现象,对每个犯罪层次和成因层次的研究,都是为另两个层次的研究创造条件,打下基础,相辅相成,不可孤立视之。有分有合反映了现代科学一个最突出的特征:科学知识的整体化是在知识领域继续细分化过程相互作用的情况下发生的。

三是罪因体系内的相互作用,强调从各种因素的相互作用中

[1] 《马克思恩格斯选集》(第3卷),人民出版社1972年版,第492页。

寻找犯罪原因,在相互作用中内因是变化的根据,因果性相互作用是研究的核心。刑事犯罪作为一个结果有着多种原因,有主观原因和客观原因,主要原因和次要原因,有产生犯罪的原因和使犯罪率在一定时期内升降的原因,有长期起作用的根本性原因和暂时起作用的原因等。不管什么原因,必须肯定的是:各种原因都是在一定条件下,在相互联系中起作用的;犯罪研究的过程始终是一个从结果(犯罪)分析原因的过程;内因是主要的。

四是研究罪因体系的意义,强调清晰地分析罪因体系是制定预防犯罪体系的前提和基础,也是改造罪犯的前提。

总的来说,公安部课题总卷和各省市分卷对犯罪原因的表述基本上是按照罪因体系的框架结构形成的。"罪因体系"的提出主要有两个特点:一是建立在调查研究的基础上,是以较为充分的全国性的数据资料为依托的,而不是凭主观臆想设计出来的;二是适应课题的实际需要,而又应用于课题的犯罪成因研究和犯罪预测实践之后,接受课题实践的检验。罪因体系的应用大体表现在3个方面:第一,使总卷关于犯罪成因的表述,观点更鲜明、层次更清晰、论叙更有序;第二,犯罪现状分析的系统性和犯罪成因分析的体系化为寻求犯罪规律提供了现实可能性;第三,犯罪状况的系统化研究和犯罪成因的体系化研究也为犯罪预测提供了前提条件。应用反馈的结果,在课题最后总结中做了这样的评价:"在罪因体系研究上有了突破性认识"〔1〕"是本课题研究的一个重要理论成果。"〔2〕

通过研究实践,我有两点体会。一是以预防犯罪为目的的罪因研究、规律研究、预测研究是紧密联系、互为支撑的逻辑思维链

〔1〕 俞雷主编:《中国现阶段犯罪问题研究(总卷)》,中国人民公安大学出版社1993年版,第590页。

〔2〕 俞雷主编:《中国现阶段犯罪问题研究(总卷)》,中国人民公安大学出版社1993年版,第568页。

条和客观存在,在研究过程中可以有所侧重,但认识上不能割裂开来。二是研究方法上可以各有侧重,但不能"碎片化","预防犯罪要系统化,不能零敲碎打"(联合国文件中语)。我在1991年就曾发表论文《试论理论研究之系列化发展》。概言之,体系化思想在我的思考和实践中始终是一条基准线。

问:您从事犯罪问题和犯罪学研究30多年来,一直没有中断对犯罪规律的探索:1991年在《中国现阶段犯罪问题研究》课题进程中归纳总结出《关于刑事犯罪规律》一文,2002年又发表了《论犯罪规律》一文,在2003年出版的《中外预防犯罪比较研究》一书中又提出了预防犯罪的指导规律的概念,在2010年出版的《中国刑事犯罪发展十论》一书中,对犯罪规律进行再认识,提出了两个"规律链"的概念,即指刑事犯罪发生与发展的规律和预防犯罪的指导规律是两个相互联系的规律链条,缺一不可。从中可以看出您对犯罪规律的归纳、充实与发展的脉络。您能否详细为我们介绍一下?

冯:首先谈一下归纳。大家知道,在中外以往的犯罪学论著中只见有犯罪的"时空规律"(或称"季节时日规律"),不见有其他犯罪规律。21世纪初天津的周路教授曾在对天津市犯罪状况连续调查的基础上,以寻求犯罪规律为主线,以定量分析与定性分析相结合的方法,对犯罪人构成规律、犯罪动机规律、犯罪行为规律、犯罪类型规律、重新犯罪规律、预防犯罪规律进行了别开生面的有益探讨。在当前我国一些犯罪学论著中引用的刑事犯罪规律,是源于我在《中国现阶段犯罪问题研究》课题中提出的"四大刑事犯罪规律"——起伏律、消长律、因果律、辐射律。这不是个人的创作,而是我根据课题的大量数据调查分析和各省市提出的一些规律性认识归纳概括而成的。

链接:《中国现阶段犯罪问题研究》课题组梳理了自新中国成立以来几十年间犯罪起伏变化的规律,课题提出了"犯罪高峰论”的概念,认为从新中国成立到20世纪90年代共有5次犯罪高峰,有高峰必有低谷,形成一起一伏波浪式发展变化的规律。各地公安课题组也大都总结出一起一伏的变化规律。这就是犯罪起伏律的主要依据。犯罪为什么总是一起一伏地发展变化呢?总的来说,是两种因素、两种力量对立统一斗争的结果,也就是积极因素与消极因素、和谐因素与不和谐因素、稳定力量与不稳定力量、建设力量与破坏力量彼长此消、此消彼长的结果。课题总卷的现状部分具体分析了这种情况:发生在新中国成立初期的第一次犯罪高峰主要是以新旧两种政权的斗争为背景;发生在20世纪60年代的第二次犯罪高峰主要是三年困难时期造成的;发生在“文化大革命”期间第三次犯罪高峰主要是一场非正常的政治运动带来的;发生在改革开放后的第四、五次犯罪高峰主要是以社会转型、经济转轨,整个社会发生深刻动荡与变革为背景的,这就诞生了犯罪的消长律。有的省、市公安课题组,如上海市课题组在报给公安部课题编辑部的系列化简报材料中也曾提出“犯罪消长律”的概念,但在1993年正式出版的上海分卷中未再出现“犯罪消长律”一词,说明有认识上的变化。以上说明,犯罪起伏律的背后必然是犯罪消长律。关于犯罪辐射律,主要是当时全国犯罪走向与分布上出现了“南下北上”现象和“东南倾斜”现象。所谓“南下北上”现象,主要指北方各地人口为南方经济发展信息所吸引,流动人口大军蜂拥南下到东南沿海各省、市打工,淘金,而“黄、赌、毒”等社会丑恶现象则由东南沿海各省、市向北方各省、市传播蔓延辐射。由于南方是祖国的南大门,是改革开放的前沿阵地,加上流动人口的南下,出现了犯罪集中于东南沿海地区的现象,这就是所谓“东南倾斜”现象。广东、福建的课题组首先提出了这方面的问题,浙江等省课题组也总结出了犯罪波及律、感染律等概念。这就是犯罪辐射律的依据。犯罪因果律,按照辩证唯物主义的规律观,实际上是一个普遍规律,即各种事物和现象包括犯罪现象,都受因果关系规律的制约,引起犯罪现象的现象就是犯罪原因,被某种或某些犯罪原因引起的犯罪现象就是犯罪结果,所以,因果规律是各种规律的核心,也是科学研究任务的核心。自古以来,中外哲人都十分重视因果规律的研究,老子研究规律问题,也主要是研究因果关系规律;古希腊唯物主义哲学家德谟克利特斯(Democritus)曾有一句名言:"宁可找到一个因果的解释,不愿获得一个波斯王位。"辩证唯物主义的三大基本规律,即对立统一规律、质量互变规律、否定之否定规律,都反映在因果关系的变化上,因果规律是因果关系的提升。犯罪原因研究与犯罪规律研究有不可分割的密切联系。我对因果规律的认识也是从研究和提出"罪因体系"开始的。[1]

以公安部自新中国成立以来几十年的犯罪统计和当时的现实调查为依据,四大刑事犯罪规律的客观性、必然性和重复有效性是毋庸置疑的,也就是说,算得上是规律,是没有问题的。但不能只是干巴巴的几条,需要充实内容和加以简单界定,这在当时是较为困难的。

我根据对当时犯罪状况的较为全面的了解,总结出四大刑事犯罪规律的基本特征。(1)犯罪起伏律的特征是:反映事物发展的不平衡性;大幅度的犯罪起伏对于社会大变革、大动荡的依存性;潜伏的周期性和时间上的持续性。(2)犯罪消长律的特征是:派生性、转化性、突发性。"派生性"是指一个积极的主体事务中可能派生出诱发犯罪的因素,如经济体制改革在一定时间内会增加不安定因素,助长犯罪的增加;"转化性"就是矛盾的良性或恶性转化;"突发性"是指在积极因素与消极因素彼长此消、此消彼长的过程中,总有一个有量的积累到质的变化过程,而且一

---

〔1〕 冯树梁:《中国犯罪学话语体系初探》,法律出版社 2016 年版,第 331 ~ 332 页。

旦量的积累达到一定程度就往往会以突然爆发的形式表现出来。(3)犯罪的“辐射律”当时思之再三也未能概括出具体特征。在2003年出版的《中外预防犯罪比较研究》一书中归纳出了三条：无疆界性、穿透性和诱惑性。无疆界性指辐射面不受省界、国界和地域的限制。穿透性指辐射不仅是线下的传播而且腐蚀思想、浸入人心。诱惑性指犯罪信息常常以伪装的面纱掩盖其坑蒙拐骗的本质，具有精神麻痹、精神控制的作用。(4)犯罪因果律，它实际上是一个普遍规律，具有各种事物或现象的因果律所共有的特征：因果位置的互换性，一因多果和一果多因性，潜伏性指有一定的隐蔽性周期。

四大刑事犯罪规律本质上都是关于宏观犯罪现象的几个规律。掌握犯罪规律的基本特征，对于研究犯罪成因是颇有帮助的。

接下来谈一下预防犯罪指导规律的提出。我在2002年发表的《论犯罪规律》一文和在2003年出版的《中外预防犯罪比较研究》一书中提出了一个新的观点。我认为，上述刑事犯罪规律讲的是犯罪发生与发展的规律，这只是犯罪规律的一半，而另一半应是如何预防和减少犯罪的规律，即预防犯罪的指导规律。如同研究战争规律一样，有战争的发生、发展与扩大的规律和指导战争如何取得胜利的规律。历代兵书战策上所表达的规律通常是侧重于后者。“知己知彼，百战不殆”，我认为，研究犯罪规律也应是两个方面：一个方面是犯罪自身发生与发展的规律，即前面说过的犯罪的“起伏律”“消长律”“辐射律”“因果律”，这些规律是说明犯罪起伏升降的形态及其原因，可据以分析犯罪态势、趋势及其形成原因，但它们本身不是对付犯罪应掌握的指导规律，而必定有另外一些规律是指导预防和减少犯罪工作的。另一个方面的规律在哪里？我的研究路子是从犯罪之发生与发展的规律找起：犯罪的起伏是表象，积极和消极两种因素的变化是依据，其中直接导致犯罪这个结果的因素是核心，辐射而来的是客观存在形式，而所有这些综合起来，就是“犯罪是各种社会矛盾和消极因素的综合反映”，即“矛盾”的变化。从“矛盾”入手分析，可引申出另一个规律链条，大概情形是：掌握矛盾的变化规律是根基；矛盾的载体和解决矛盾的主体是人，做人的工作是根本；矛盾和人的空间在基层；形成“合力”在综合；综合治理的中心在德与法并用。把这些环节上升为规律性的认识就是：关于如何调查排查调处矛盾纠纷，防止转化为犯罪案件的规律；关于如何调动人的积极因素和动员社会各方面的力量，以人为本，加强社会治安防控和平安建设的规律；关于强根固本、本固邦宁，加强基层基础建设的规律；关于综合运用各种手段、力量和措施形成预防犯罪合力的规律；关于如何有效地运用法律手段和道德手段标本兼治、德法兼治的规律。这些都是自新中国成立以来长期同犯罪作斗争的实践经验的积累，特别是改革开放以来对社会治安实行综合治理的经验总结，并有深厚的历史渊源，一些国家也有类似的经验和做法，具有客观性、必然性和重复有效性等特征。简言之，可称为矛盾规律、人本规律、基础规律、综合规律、兼治规律五个预防犯罪指导规律。由于这些规律是着眼于宏观性全局性战略性的思考，所以它们是全局性指导规律。

概言之，我对犯罪成因和犯罪规律两条主线的研究主要成果是：较早提出了经济发展与犯罪增长并非因果关系的观点和罪因体系论的观点；归纳、补充了关于刑事犯罪发生与发展的四大规律，并提出了指导预防犯罪的五大规律，在此基础上又提出了深入的犯罪成因研究和犯罪规律研究是犯罪预测的两个杠杆的观点——特别明显地表现在趋势外推法和因素分析法两个预测方法上。

然而犯罪成因和犯罪规律研究并不是目的，而是在于寻求中国特色的预防犯罪体系和预防犯罪之路。所以，我提出了什么是中国特色的预防体系，并从几个方面探究中国预防犯罪之路。

问：学者关于预防犯罪体系有多种表达，这在许多综述性论著中已有所反映。您认为，“预防犯罪体系就是有关预防犯罪的各种力量、各种手段、各种措施围绕着预防犯罪这个共同目标而相互联系、协调运行的工作体系”，[1] 并进一步指出，“我国的预防犯罪体系实质上就是社会治安综合治理的工作体系”。请介绍一下您关于中国特色预防犯罪体系的基本观点吧。

冯：我国的预防犯罪体系就其基本内容可分为九个层次：群众预防、专业预防和技术预防；一般预防、重点预防和特殊预防；家庭预防、学校预防和社会预防。针对其研究对象可分为犯罪个体、犯罪类型和犯罪现象三个层次，为叙述方便，叫作犯罪学层次。从犯罪的形成和发展上可分为原因、条件、相关因素三个层次，也为叙述方便，我称之为哲学层次。各个层次相互交叉、相互作用、互为条件、互相补充，所以具有整体性、结合性、动态性、战略性等特征。

任何大的体系首先是一个战略体系。没有合理的战略体系，便不可能有全局性的胜利。在我国实行社会综合治理的进程中，逐渐将“打防结合，预防为主”的战略方针常态化，将打、防、控整合为一体，使之更加整体化、系统化、具体化，并在此基础上创新出了许多因地制宜的做法，特别是 2015 年 4 月中办国办印发《关于加强社会治安防控体系建设的意见》，在总结以往实践经验的基础上，更加系统而具体地映射出系统治理、依法治理、综合治理、源头治理的新要求，把“打防结合、预防为主”的战略方针推向一个新的发展阶段，丰富了社会治安综合治理的内容。

---

〔1〕 冯树梁：《中国预防犯罪方略》，法律出版社 1994 年版，第 151 页。

当前在各种竞争与斗争中,都是体系之间的较量,学术理论和研究领域也不例外。体系并无固定模式、标准、范本。我的意见,只要能反映中国实践,解决中国的实际问题,就算合格产品,所以,我提出的罪因体系和预防犯罪体系,也是以这两句话为目的和方向,当然都是一家之言。

社会治安综合治理的理论基础是一个有待探讨的重要理论课题。我于1994年中央综治办在广州市举行的全国33城市社会治安综合治理的理论研讨会上,抛砖引玉,提交了一篇论文《社会治安综合治理的五大理论基础》,现在看来是较为肤浅的,20多年过去了,未见有类似新作问世,拙作竟成了开先河之作。

我总的观点是,社会治安综合治理是系统的综合和综合的系统。也就是说,以系统的思想去综合各种相关元素从而形成综合性系统,即体系。因此需要围绕"系统"与"综合"这两个关键词去寻找它的支撑力量,即力量基础。循着这样的思路,我提出了五大理论基础的梗概。

一是一系列"两手抓,两手都要硬"的理论。"一手抓改革开放,一手抓打击犯罪"等本身就是以综合性思维指导综合性实践,是指导中国特色社会主义建设的战略方针,也是社会治安综合治理必须遵循的理论基础之一。二是科学的边缘性综合性理论。当今科学发展的总趋势是分工越来越细、边缘性综合性越来越强。以犯罪学领域为例,也进入了"综合"时代。三是矛盾的综合性理论。社会治安问题是各种社会矛盾和消极因素的综合反映,社会矛盾的多样性决定了综合治理的必然性。四是系统间抗衡的理论。当今的犯罪与反犯罪的斗争的主要特点已不是个别行为,而是两个系统间的抗衡。"综合"有两大标志:追求"1+1>2"的效果,这正是系统论的基本原理;追求综合性安全,即整体的安全,所以要形成合力,形成系统工程,才能达到这样的目的。五是事物的规律性理论。犯罪现象是可测可控的,关键是要寻找出它的规律性。犯罪的规律性决定了综合治理的必要性。这五点都对实行社会治安综合治理提供了理论上的支撑,故名曰理论基础。

问:您在《中国预防犯罪研究回眸与前瞻——为纪念改革开放40周年而作》一文[1]中指出,“所谓问道于路,就是从走过和正在走的路子中探索规律性认识,即‘道’。所谓‘三路’,预防之路主要指实践,研究之路主要指理论,发展之路主要指实践与理论统一的全过程和总趋势”。从“预防犯罪体系”到“预防犯罪之路”,其内涵有何变化?

冯:“预防犯罪之路”和前面所说的“预防犯罪体系”是两个不同的概念。道路是党的生命,预防犯罪之路是中国特色社会主义道路的一个组成部分。所以,我在注重研究预防犯罪体系的同时,也注重中国特色预防犯罪之路探究。早在2010年10月初出版的专著《中国刑事犯罪发展十论》第十章“犯罪发展论”中,我就提出了一个“三路”的概念:预防之路、研究之路、发展之路,并在2018年为纪念改革开放40周年而作的文章中做了进一步的解释。三者是密切相联系的,分类是为了更好地研究。

预防犯罪之路同样没有固定模式和样本,不是一成不变的,而是因时因地制宜,与时俱进的。我的观点主要反映在以下几篇论文中:一是2008年写的《预防犯罪的中国之路——为纪念改革开放30周年而作》[2];二是2009年写的《探索犯罪与预防犯罪研究之路——为庆祝新中国成立60周年而作》[3];三是2018年

---

〔1〕 冯树梁:《中国预防犯罪研究回眸与前瞻——为纪念改革开放40周年而作》,载《犯罪与改造研究》2019年第2期。

〔2〕 冯树梁:《预防犯罪的中国之路——为纪念改革开放30周年而作》,载《犯罪与改造研究》2009年第4期。

〔3〕 冯树梁:《探索犯罪与预防犯罪研究之路——为庆祝新中国成立60周年而作》,载《犯罪与改造研究》2009年第10期。

写的《中国预防犯罪研究回眸与前瞻——为纪念改革开放40周年而作》；四是2019年写的《学习"枫桥经验"探究中国特色预防犯罪之路》。[1] 有些观点在2016年出版的专著《中国犯罪学话语体系初探》一书中也有所反映，特别是对超常规犯罪的发展，如恐怖主义和极端组织的发展，以及对它们的斗争可比喻为准军事斗争、系统间抗衡、"和平时期的战争"的观点，做了较为系统的表述。

我简单表达一下关于"三路"的观点。

1. 关于预防犯罪之路。一是用典型剖析法，通过"枫桥经验"等典型透视中国特色预防犯罪之路。我们一开始就谈到这个话题，在此不再赘述。二是用概括归纳法把中国特色预防犯罪之路概括为"八个三"，(1)中国预防犯罪的三大理论支点：关于犯罪增长与经济增长并非因果关系的理论，关于犯罪是各种社会矛盾和消极因素的综合反映的理论，关于社会治安必须走综合之路的理论。(2)"三级预防"的内涵指防患于未然、防患于将然、防患于已然。具体来说，"防患于未然"指针对犯罪的原因、条件和相关因素作超前思考和安排，通过增加犯罪的风险和投入，减少诱发犯罪的相关因素。"防患于未然"，这是明察潜在的犯罪危险性因素和突发事件的苗头，做好矛盾的良性转化工作，将其消灭在萌芽状态和处置在始发阶段。在当今各种致罪因素比较集中、各种矛盾比较复杂、潜在的闹事苗头较多、暴恐犯罪蠢蠢欲动的形势下，居安思危、安不忘危显得尤为突出和重要。"防患于未然"，就是惩罚和教育改造犯罪人，预防和减少重新犯罪。(3)预防犯罪的三大领域包括常规犯罪、超常规犯罪、生态犯罪，三者相互联系又相互转化。"常规犯罪"即传统多发性犯罪，"超常规犯

---

[1] 冯树梁：《学习"枫桥经验"探究中国特色预防犯罪之路》，载《犯罪与改造研究》2020年第2期。

罪”被称为“和平时期的战争”,其突出特点在于有组织犯罪。“生态犯罪”则是一种危害生态平衡的新型犯罪,与以往犯罪学主要研究人与人、人与社会关系上的犯罪不同,生态犯罪则是危害更为严重、关乎人类及一切生命之存亡的犯罪形态。(4)预防犯罪中必须法律、纪律和约律三律并举。(5)注重基层组织建设、基层基础工作建设、基层治安防范网络建设这“三基”建设,才能守住社会治安综合治理的第一道防线,有效堵住许多犯罪的源头。(6)从而达到各种社会矛盾良性转化、治安环境净化、打防控一体化的“三化”效果。(7)预防犯罪中要注重探索犯罪发生与发展的规律、指导预防犯罪的规律以及其他经验性规律。(8)重视战略、战术、战役研究,才能构成中国特色预防犯罪之路的宏观理论框架。

2. 关于研究之路。研究工作的基本原则是,理论联系实际,贴近实际,从实际中提炼出自己的理论观点,所以它与预防之路是联系在一起的,但作为专业的研究工作,毕竟有自己的研究路子。我把新中国成立以来,主要是改革开放以来的犯罪与预防犯罪研究之路分为三个发展阶段:初期阶段主要是“破冰”,打破了犯罪学上的“外来论”“残留论”以及社会主义或社会主义制度下是否产生犯罪的理论禁区。这一阶段大量吸收借鉴苏联和西方的犯罪学著作。中期阶段为中国特色犯罪学和预防犯罪研究的蓬勃发展阶段,也可以说是黄金时期,主要标志是 20 世纪 80 年代中期到 90 年代初期,由国家立项的三个国家社科重点研究课题的出现。“六五”期间的《中国青少年犯罪学》[1]研究课题,“七五”期间的《中国社会治安综合治理的理论与实践》[2]研究

〔1〕 曹漫之主编:《中国青少年犯罪学》,群众出版社 1987 年版。

〔2〕 王仲方主编:《中国社会治安综合治理的理论与实践》,群众出版社 1989 年版。

课题,以及《中国现阶段犯罪问题研究》[1]课题。如果说前两个课题主要是由一批学者完成的,则后一课题,即《中国现阶段犯罪问题研究》,则主要是由公安部牵头,组织20个省市公安机关的基层工作者经过大量调查与统计完成的。其规模是空前的,数据的可信度和权威性迄今仍是无法比拟的。曾有社科院的一位学者说,这个课题的一组数据可以改变一个观点。我作为这个课题的具体组织实施者,一直在追忆总结其研究成果,使其能量最大限度地释放出来,以便社会共享。2010年我编著出版的《中国刑事犯罪发展十论》一书就是这个课题基本成果的一个缩略本。

后期发展阶段以20世纪90年代出版的3部预防犯罪专著[2]为标志,出现了预防犯罪研究的高峰。其中,司法部部级项目《中国预防犯罪方略》一书是在《中国现阶段犯罪问题研究》课题基础上组织编写的,高铭暄先生评价:"本书是当前我国法学界关于预防犯罪的一部有分量、有深度、有深意的大型专著。"魏平雄、欧阳涛两位教授向我表示,《中国预防犯罪通鉴》是受《中国预防犯罪方略》的启发而创作的。

岁月流逝,随着参加上述国家课题的完成,一大批学者教授逐渐老龄化,离职甚至离世,再加上两个专业学术团体——中国青少年犯罪研究会和中国犯罪学学会的改制和人事变迁,集体攻关、集中力量研究大课题的热乎劲也黯淡下来。不少学者认为,目前整个犯罪学研究现状处于"低谷"和"困境"之中。令人欣慰的是一批中青年学者近些年来深入中小城市调查研究,并以高峰论坛等多种形式,推进犯罪学的发展。犯罪学口述史和理论研究

---

〔1〕 俞雷主编:《中国现阶段犯罪问题研究》,中国人民公安大学出版社1993年版。

〔2〕 李均仁主编:《中国重新犯罪研究》,法律出版社1992年版;冯树梁主编:《中国预防犯罪方略》,法律出版社1994年版;魏平雄、欧阳涛等主编:《中国预防犯罪通鉴》,人民法院出版社1998年版。

口述史的启动,更是开辟了新篇章。随着平安中国建设和社会治理的现代化,犯罪与预防犯罪研究相信还会出现新高潮。

3. 关于发展之路。预防犯罪研究的发展之路更注重于前瞻性和对未来的推估。在这方面,我的主要观点是,一是治未罪,正像国际医学界早已预言的那样,21 世纪是由头痛医头的临床医学向防患于未然的预防医学迈进的时代。2020 年年初,新冠肺炎病毒在全球的大流行,更昭示了预防医学的意义。我国和美国两种截然不同的做法,对于我们研究预防犯罪也启示良多。

目前犯罪学面临的研究形势是,犯罪研究领域日益扩大,研究对象更趋复杂,预防犯罪的任务更加任重道远。总体犯罪态势表明,犯罪学研究的宏观战略方向,比任何时候更应强调定位于:将隐患消灭在萌芽状态,将矛盾处置在始发阶段,最大限度地防止纠纷变为冲突,小问题变为大问题,一般问题变为政治问题,个别问题变为群体问题,治安案件变为刑事案件,努力防止给“三股势力”留下可乘之机。与此同时,一条重要经验不能丢:始终保持对于严重刑事犯罪的高压态势,适时予以严厉打击。

中国应坚守一个底线,决不能让恐怖主义泛滥,绝不能让极端组织在我们的国土上出现。这是国家安全的底线,也是预防犯罪的底线。

二是关于同有组织犯罪与超常规犯罪的斗争是准军事斗争、系统间抗衡、“和平时期的战争”的观点。这一提法有多大正确性,尚待专家学者指正和实践的检验。我只作探讨性的一家之言。这是我于 1994 年 11 月参加由中央综治办在广州举行的全国 33 城市社会治安综合治理的理论研讨会上提交的论文《社会治安综合治理的五大理论基础》[1]中提出的观点:犯罪与反犯罪

〔1〕 1994 年 11 月,冯树梁参加由中央综治办在广州举行的全国 33 城市社会治安综合治理的理论研讨会,提交论文《社会治安综合治理的五大理论基础》并作重点发言。

的斗争就是系统间的抗衡,实质上是“和平时期的战争”。有组织犯罪日益严重化,危及一个地区、一个国家甚至国际社会的安宁,就是犯罪系统化的一个重要标志。社会治安综合治理就是一个反犯罪的最新系统,历史将会表明,维护社会安定将是整个综合治理系统的胜利,而不是单个方面的胜利。

从1994年到2009年20多年间,我先后6次在发表的文章中表述和补充这一观点的内涵,并同《孙子兵法》中关于军事斗争的观点作了9个方面的对比。[1]

链接:第一次是1995年在第十四届亚太法协大会(北京)上的专题发言,题目是《有组织犯罪的预防和地区合作》,发言的英译稿载美国《有组织犯罪》杂志1996年秋季版。在这次发言和形成的论文中,笔者认为:在当代,打击有组织犯罪可以被称作是“和平时期的战争”,国际社会应像对待战争一样去对付这种犯罪。用打击有组织犯罪是“和平时期的战争”这样的概念来动员整个社会,指导同犯罪作斗争,必将产生极大的动员力、号召力和战斗力。所以,国际社会如能像对待战争一样去对付犯罪之日,就是犯罪得到最有效的控制之日。

第二次是1996年参加在成都举行的全国33城市社会治安综合治理研讨会所提交的论文《二十世纪末社会治安趋势预测》一文中所作的表述。笔者认为,从20世纪下半叶特别是20世纪90年代的犯罪情况看,随着科学技术的迅猛发展,犯罪与反犯罪的斗争已成为系统间的抗衡,这种抗衡的态势不仅在一国之内,而且是国际性的。从犯罪的组织化军事化程度上和造成的巨大损失上都可以与一场战争相比拟,实际上可以称作“和平时期的战争”。

---

〔1〕 冯树梁:《中国犯罪学话语体系初探》,法律出版社2016年版,第403~406页。

第三次是笔者在1997年写的书评《孙子兵法与犯罪对策——对蔡杨蒙同志〈刑事侦察大视野〉一书的孙子学评析》一文中的阐述：同刑事犯罪作斗争，是同军事斗争极为趋近的一个领域。经过对两者的对比，笔者提出了同严重刑事犯罪作斗争可比喻为“和平时期的战争”的观点。接着笔者用《孙子兵法》的观点提出了4点犯罪对策：“最大”和“最小”的权衡；料敌制胜与出奇制胜；因敌制变与兵贵神速；先胜而后求战与先战而后求胜。

第四次是1998年10月笔者在参加第四届孙子兵法国际研讨会提交的论文《孙子兵法与社会治安综合治理战略策略研究》中所作的阐释。这次阐释的一个特点是用孙子兵法的观点对军事斗争和同刑事犯罪斗争作了9个方面的对比，最后得出了这样的结论：从比较结果中，我们可以得出这样的启示：兵战（战争）是军事行动，而同刑事犯罪斗争堪称为准军事行动；战争是战时的军事行动，而同当代的刑事犯罪斗争可比喻为“和平时期的战争”——这一点将会特别明显地表现在21世纪同有组织犯罪的斗争上……

第五次是2000年为第五届孙子兵法国际学术研讨会所提交的论文《孙子战略观与21世纪预防犯罪战略》，这篇论文的突出特点是将当今国际化暴力恐怖犯罪的特点归纳5条，认为其大规模杀伤如战争，故可比喻为“和平时期的战争”。

第六次是2009年10月笔者应邀参加“首届全球化时代犯罪与刑法国际论坛”所提交的论文《关于深刻认识有组织犯罪的几个观点》，会议的主题是“有组织犯罪的趋势与联合国打击跨国有组织犯罪公约的刑事定罪”。这实际上是一篇综合性文章，将笔者历来关于准军事斗争、系统间的抗衡、“和平时期的战争”这3句话的观点和9个方面的对比加以归纳，是总结性的。[1]

---

〔1〕 冯树梁：《中国犯罪学话语体系初探》，法律出版社2016年版，第400～402页。

三是我认为，预防犯罪理论研究的发展方向是向体系化进展，也就是习近平总书记提出的学科体系、学术体系、话语体系。只有把事物作为一个相互联系的体系进行研究，才能揭示出事物的本质，而零散的研究只能反映事物的现象或个别本质。1991年发表的《试论理论研究之系列化发展》[1]一文，我提出三点认识：理论研究要逐步从零散的位点上向体系化发展；分层整体研究是系列化研究的一个重要方法；探求事物的因果联系是系列化研究的一个核心内容。直到今天，我仍在多篇论文中提出体系化问题，我发表的《罪因体系刍议》，提出预防犯罪体系，以及《中国犯罪学话语体系的初探》一书的出版，都是我对研究工作系统化、体系化思想的具体表现。

我有两点体会：一是要重视理论研究的基础性、根基性，正确认识和处理基础理论研究和应用研究的关系。举例来说，这如同基座与塔尖的关系，只有奠定扎实的理论基础，预防为主的这个塔尖才能稳定；又如同绿叶和根的对话，根深才能叶茂，才能丰富、创新发展预防为主的内容，推进和完善预防犯罪体系。二是要重视理论研究的战略性、前瞻性，登高才能望远，只有站在全局性、战略性的高度，才能实现系统化、体系化研究的目标，才能把各方面的战役性、战术性研究成果串联起来，像一串珍珠一样，在理论与实践的结合上，在国内外理论研究领域，取得话语权，焕发出中国特色的理论光芒！总之，我主要是致力于探究中国特色预防犯罪之路，我的理论观点，皆由此而发并服务之！

问：先生在20世纪80年代步入犯罪学研究领域时已年过半百了，用您自己的话说，暮年才算静下来读书写文章，所以要最大限度地挽回失去的时光，抱着"未到晓钟犹是春""不信东风唤不

---

〔1〕 冯树梁所写《试论理论研究之系列化发展》一文，原载安徽省蚌埠市法学会刊物《法制广角镜》1991年创刊号，收入2008年出版的论文集《论预防犯罪》一书。

回”的决心,争取“老有所为”,在学术理论上做最后的贡献。正是抱着这份执着的职业使命感、求真务实的科学精神和勤勉严谨的治学态度,您“离而不休”,走出了一条合乎研究规律的中国特色预防犯罪探究路子。您有什么心得和后辈学人分享吗?

冯:您谬赞了。面对新时代的召唤,我想到了为“两弹一星”作出卓越贡献的钱学森、邓稼先等知识分子,前辈崇高的爱国精神和执着的科学态度值得学习和实践。在治学上,有 4 点思考与青年人共勉,一是坚持独立思考、独立写作。我的文章,都是自己一支笔独力独行,从不借助外力,都代表我自己的思想和水平,所以不存在署名权、成果归属权之类问题。二是会上发言或讲课,脱稿讲要点,从不照本宣科。三是重视写总结性概括性文章。当年搞公安课题 5 年,写了 3 篇综述文章,康树华先生称之“有重要史料价值”。在一些重要的历史时刻,如改革开放 30 周年(2009 年)、40 周年(2019 年),新中国成立 60 周年(2009 年),中国共产党成立 90 周年(2011 年)等,我都写了纪念性文章,这也有助于学术思想的整理和系统化。四是重视从实践中提炼出自己的理论观点,当年我关于犯罪原因是一个体系的观点,关于刑事犯罪规律的概括,就是在实际调查中诞生的。

我认为,犯罪学总体研究的终极目标可归纳为两句话:“寻求战胜犯罪的最大公约数,寻求减少犯罪、减少受害、减少损失的最小公倍数。”犯罪学研究任重道远,如循环之无端,孰能穷之!江山代有人才出,再创辉煌待未来!

二、评　论

（一）一部新犯罪学的问世
——评冯树梁先生的《中国犯罪学话语体系初探》

周长康*

2016年的我国犯罪学研究领域，冯树梁先生的《中国犯罪学话语体系初探》专著问世，令人以耳目一新，值得静心细读和咀嚼。

1988年，笔者与冯树梁先生在课题研究中相识。我们承担公安部《中国现阶段犯罪问题研究（浙江省分卷）》课题任务后，在冯先生的组织指导下，经过几年努力，完成了课题任务，并获得了浙江省人民政府哲学社会科学优秀成果一等奖；随后冯先生又组织《中国预防犯罪方略》课题，笔者任副主编，很快完成了任务。我与冯先生通过课题研究、实地调查、理论研讨、

---

* 周长康，曾任浙江省公安厅治安处处长，浙江省青少年犯罪研究会副会长，浙江省社会科学院社会发展研究中心特邀研究员。

论文评奖等活动研究犯罪学长达二十余年,平时差不多每隔半个月或一个月电话联系一次,探讨的还是犯罪学问题,对他的犯罪学研究思路也比较了解,得益匪浅。先谈谈笔者读他新著的认知和体会。

1. 一部我国犯罪学研究方面极为重要的学术作品

冯树梁先生在“自序”中写道:“改革开放带来了科学的春天,在党的解放思想、实事求是的思想路线指引下,中国犯罪学同其他许多学科一样,进入了一个繁荣发展的新时期。”几十年来中国犯罪学研究取得了累累成果。冯先生提到了一位中国犯罪学研究的领军人物——张黎群。他精确地描述道:“1982 年,以德高望重的革命老前辈张黎群先生为领军人物,凝聚了一大批专家学者创建了中国青少年犯罪研究会,开整体推进中国犯罪学研究之先河,成为中国犯罪学发展史上具有划时代意义的标志性事件。”

任何科学的创造、重大战略工程的建设和重要学科的构建,都需要创造者或带头人引领团队刻苦攻关。中国犯罪学的创建,张黎群就是当之无愧的领军人物。笔者作为中国青少年犯罪研究会副会长,在与张老接触中了解到,张黎群奉中央之命,从浙江大学党委第二书记兼副校长调任中国社会科学院青少年研究所所长、党组书记。在党中央的关怀和中国社科院的领导下,1982 年在广西南宁中国青少年犯罪研究会成立时,张老被近 200 位来自全国各地的代表选举为会长。直到他去世时的 20 多年,他组织、带领、引导专家学者就青少年犯罪问题进行调查研究、开展理论研讨。他在历次会议上就青少年犯罪学理论体系的构建,讲了一系列的理念和方法,他说“为什么我国的犯罪学研究一开始就从青少年犯罪入手?一是党和国家对青少年一代十分关心,二是青少年犯罪成为社会犯罪的主体。我国的犯罪学研究主要集中体现在青少年犯罪方面”。他说中国青少年犯罪研究会的成立,目的是"组织起来,开展科研""治理社会,安定国家、教育下一代、填补理论空白等,是社会需要所决定的,是历史进程的必然性。"他将重要的科研成果及时提供给党委、政府和人大作决策之依据。张老带领的团队,创建了中国青少年犯罪学和犯罪学,填补了理论空白。冯先生为张黎群在中国犯罪学领军人物的定位是客观的、中肯的、准确的。尤其是究竟谁是中国犯罪学创始人,学界众说纷纭之时,他力排众议,作出精确、科学定位尤为可贵。作为中国犯罪学家观察事物必须客观、公正、实事求是,符合辩证唯物主义的基本原理。

张老曾任中国青年报社社长兼总编辑,一辈子做青年工作,积累了丰富的经验,对理论研究有很深的造诣。张老创建中国青少年犯罪研究会,研究中国犯罪学完全是无私奉献。他为学会筹集经费到处奔波,如召开研讨会、重点课题的调研、优秀论文和著作的评奖、出版《中国青少年犯罪研究年鉴》一、二卷等多部著作等的费用,都是张老去募集的。据张老对我说,他拥有一支全国性的研究队伍,有 300 位研究青少年犯罪问题的专家学者。正如冯先生所说"凝聚了一大批专家学者"。张老掌握学会的大方向,集中力量研究青少年犯罪问题,禁止利用学会搞沽名钓誉的活动,不允许赚钱赢利,也不搞行政管理这一套,而是倾听大家意见,充分发扬民主,使专家学者思想活跃,各种学术观点纷呈,然后博采众家之长,综合各方面的研究成果。早在 1988 年,在张老领导下,由曹漫之主编的《中国青少年犯罪学》出版了,这是中国第一部犯罪学著作的问世,以后陆续出版了多部犯罪学著作。张老在 1990 年发表的《青少年犯罪研究十年总结与 90 年代学科建设理论体系的构想》,[1]提出了青少年犯罪学理论体系的构想及

〔1〕 参见《中国青少年犯罪研究年鉴 2001》(第 2 卷),中国方正出版社 2002 年版,第 31 页。

研究机构的建设，设计是科学的，是构建中国特色犯罪学的指导思想，并列出了详细提纲，至今仍是我们遵循的范本。冯树梁先生虽然没有参加中国青少年犯罪研究会，但是经常与张老交流学术观点，公安部召开国家哲学社会科学“七五”规划重点项目《中国现阶段犯罪问题研究（总卷）》专家鉴定会，邀请了张老参加。冯先生对张老很了解也很尊重。

2. 犯罪活动的升级和犯罪学研究有待突破

冯先生撰写新著的背景和动因是什么？据他所述，一是中央关于话语权的指示，二是他有撰写犯罪学的心愿。据我分析，冯先生撰写犯罪学的背景和动因还有以下几个因素。

（1）犯罪学研究有待突破。目前，我国犯罪学研究者的论著发表多系法学研究，真正有突破创新的理论不多。20 世纪 30 年代，严景耀先生为了研究犯罪，化装成罪犯到监狱调查，获得数据，撰写了《中国的犯罪问题与社会变迁的关系》专著，非常值得现今犯罪学研究者借鉴。而冯树梁先生于 1989 年 10 月发表的《罪因体系刍议》论文，对犯罪成因进行系统论述后，至今尚未发现有更加超越的新观点论著问世。犯罪原因是极其复杂的，犯罪动机则会因时因地转化，而且随着社会变迁、矛盾形成原因的变化而变化。而现在出版的犯罪学研究成果中，有的东抄西摘拼凑而成，缺乏实证却洋洋万言；有的是西方犯罪学的框架或翻版，当然介绍、借鉴西方犯罪学是需要的；有的叫学生起草、略加修改就署名出版，甚至在别人的书稿上署自己的名字。这类犯罪学研究成果的质量可想而知，不必多加赘述。在此情景下，冯先生撰写《中国犯罪学话语体系初探》，显然属于提供正能量。

（2）复杂多变的国际环境引发新型犯罪。中国在国际上的话语权，就是发言权、自主权、主导权，引领时代和世界的话语权。中国在国际上的话语权正在加强，如构建新型大国关系，“不冲突不对抗、相互尊重、合作共赢”。中国提出的“构建人类命运共同体”,被联合国安理会全票通过。这就是国际话语权。那么犯罪学的话语权有多少?例如,暴力恐怖或煽动骚乱,西方媒体和敌对势力坚持双重标准。复杂的国际形势,引发国内外敌对势力和犯罪集团的勾连作案,如“维权律师”案,热衷于挑战中国根本政治制度,表面上以司法不公正为由,蛊惑对社会不满人员上访闹事,实际上系敌对势力煽动群体性事件,其真实意图是从政治思想渗透入手,颠覆社会主义制度,施展“颜色革命”的伎俩。他们经过西方国家某些组织的专业训练,领取活动经费,如违法犯罪受法律制裁,则由掌握话语权的西方媒体出面辩解,以“自由、民主、人权”为名要求释放。被蛊惑的这类不满人员在敌对势力挑拨下闹事制造动乱,是当前复杂的犯罪新动向。

(3)互联网成为犯罪升级的平台。随着互联网的发展和普及,网络成为犯罪思维、犯罪结构、犯罪方式、犯罪手段快速演变的平台。正在向经济、政治、文化、科技、军事等各个领域和整个社会生活渗透,致使犯罪频现新动向。鼠标一按或手指触摸,犯罪信息瞬间传遍全球各个角落,犯罪已无国界可言,国外指挥,国内作案,远距离、快速度、大面积作案迅即得逞,盗窃、抢劫、诈骗、走私、绑架、爆炸、凶杀和严重经济犯罪、邪教犯罪、黑社会性质组织犯罪、暴力恐怖犯罪等各类犯罪,通过网络实现犯罪方式、犯罪手段更为隐蔽、诡谲、凶残,使犯罪进入智能化阶段,如不及时采取有效举措,将给社会带来更大的危害,给预防、控制和打击犯罪增加困难。今后与犯罪作斗争就是与网络犯罪作斗争,与高智能、高科技犯罪作斗争。鉴于此,犯罪现象、犯罪原因和犯罪规律须重新研究,犯罪对策必须相应改革。党的十八大后,习近平总书记一系列重要讲话,为构建中国特色犯罪学理论体系提供了新的理念和方法,如总体国家安全观、国家治理体系和治理能力现代化等。因此,中国特色的犯罪学理论体系必须重新构建。

(4)犯罪问题研究经验和知识的积累。公安部课题组经过5

年多的努力,完成了《中国现阶段犯罪问题研究》国家重点项目。冯先生等与实际部门的通力合作,深入实际,调查研究,理论探讨,组织一批资深警官和学者,收集与核实了新中国成立以来的刑事案件立案等数据和典型案例,系统总结了预防和控制犯罪的实践经验,获得了得天独厚的宝贵资料,为构建中国犯罪学理论体系提供了完整可靠的素材,这是一块未开垦的处女地。

3. 犯罪学内容的选择极具创新

冯先生构建中国犯罪学话语体系是坚持理论联系实际,运用哲学人文社会科学各学科理念和方法,以全球化视角,设计犯罪学写作方案和选择内容。

(1)以中国犯罪学话语体系为主题,这是犯罪学的创新。话语权是意识形态的工具,是舆论的权力,掌握话语权可影响社会发展方向。我们要建设中国特色社会主义制度,就要宣传党和政府的方针政策。敌对势力则利用话语权作为“和平演变”的工具,为了颠覆社会主义制度,大肆宣传西方的价值观念、政治主张、生活方式,形成强大的政治攻势,引诱、蛊惑、教唆某些对社会不满的人犯罪。这既是意识形态的博弈,又是“心理作战”的一种形式,切不可掉以轻心。

(2)以全球化视角观察犯罪问题,构建中国犯罪学话语体系。冯先生以综合反映论,综合治理论,犯罪规律论,犯罪预测论、生态犯罪论、超常规犯罪论为支撑点,从整体上观察犯罪现象的复杂性、分析犯罪多因素和研究犯罪对策的多元化和战略性。

(3)以多学科理论研究犯罪学,构建中国犯罪学话语体系。冯先生以政治学、经济学、文化学、生态学、社会学、历史学、语言学、刑法学、军事学(孙子兵法)等哲学人文社会科学和自然科学的最新理念研究犯罪问题,避免以法学或社会学单一学科研究犯罪学的局限性。当然其研究成果可为犯罪学理论体系提供新的元素。犯罪是整个社会的一部分,处于与社会相互联系的多层次的关系中，采取单一学科研究犯罪问题，难以得出科学结论，以多学科交叉的复合学科为宜。

(4)夯实研究中国犯罪学话语体系的基础。冯先生通过研究理论基础、实践基础、历史文化基础、语言基础，使话语体系有扎实牢固的理论基础作支撑。其中，核心基础应是辩证唯物主义和历史唯物主义的基本观点。只有坚持马克思主义哲学的立场、观点和方法观察分析犯罪问题，才有可能正确认识犯罪现象，分析犯罪成因，掌握犯罪规律，预测犯罪趋势，提出科学的犯罪对策。

(5)构建中国犯罪学话语体系的基本方法和要求。理论与实践相统一，历史与现实相统一，形式与内容相统一；科学化、大众化、国际化；重点论、两点论、综合论；多做调查研究，多做总结性研究，多做比较研究；结合借鉴、结合传承、结合创新。这一系列方法是冯先生在犯罪问题课题研究中总结出来的经验，是撰写《中国犯罪学话语体系初探》采用的方法，值得我们借鉴和探索。

(6)"枫桥经验"蕴涵的犯罪学理念。冯先生对"枫桥经验"情有独钟，特地浓墨重彩。"枫桥经验"具有强大的生命力，它不仅是预防犯罪、维护稳定的典型，党中央在推广过程中赋予了党治理社会的一系列方针政策，如党委领导，群众路线，调解矛盾，综合治理，社区警务，教育、感化、挽救违法青少年等，核心是做好群众工作，依靠群众预防犯罪、维护治安。习近平总书记批示要坚持和发展"枫桥经验"。专家学者悉心研究枫桥新经验，正步入大数据时代发展"枫桥经验"的新阶段。

4.《中国犯罪学话语体系初探》蕴涵丰富的理论与实践内容

冯先生的《中国犯罪学话语体系初探》是一部创新之作，它蕴涵丰富的理论与实践内容，若浓缩和概括。简言之：

它是理论犯罪学。是将哲学人文社会科学和自然科学各学科先进理念作为犯罪学的理论基础，而不是以单一学科作为理论基础。

它是实证犯罪学。是在全国14个省市区调查研究基础上，获得的准确、系统的数据、典型案例和实践经验提炼出来的犯罪学，而不是关在象牙塔里想象出来的。

它是政治犯罪学。犯罪学本身具有强烈的政治性，须从整个资本主义制度寻找犯罪根源，涉及传统安全威胁和非传统安全威胁。冯先生的犯罪学是预防普通刑事犯罪学，也是预防危害国家安全和维护政治稳定的犯罪学。

它是预防犯罪学。习近平总书记提出总体国家安全观，谋求的正是集政治安全、国土安全、军事安全、经济安全、文化安全、社会安全、科技安全、信息安全、生态安全、资源安全、核安全等于一体的国家安全体系，回应的正是当下错综复杂的各类安全挑战，而不是单纯以打击为主。

它是综治犯罪学。在经济、政治、文化、社会、生态各领域，实行系统治理、综合治理、依法治理、源头治理。实现国家治理体系和治理能力现代化，而不是“头痛医头，脚痛医脚”单一的治标措施。

（原载《犯罪与改造研究》2017年第6期）

（二）如何做到犯罪预测的科学性

——再评《中国犯罪学话语体系初探》

周长康

冯树梁先生的《中国犯罪学话语体系初探》第八章是“犯罪预测论”，通过公安部《中国现阶段犯罪问题研究》课题中各地中、长期犯罪预测的差异，总结了犯罪预测的经验，对犯罪预测的概念、预测的溯源、预测的内容、预测的范围与预测的方法做了系统研究。

预测是科学决策的前提，没有犯罪预测就很难预防和控制犯罪，只能在案发后严厉打击，虽然暂时案件数量下降，但很快就反弹，犯罪又会猖獗，甚至变本加厉、顶风作案，使案件大幅度上升，造成越打越多的怪圈，这是在历史上反复出现过的现象。其原因就是对复杂多变的犯罪现象缺乏周密调查和科学分析，缺乏对犯罪动向和犯罪发展趋势进行短期、中期和长期预测。简言之，犯罪预测是预警、预防的前提，犯罪预测是犯罪学的核心内容。

1. 开创了将预测学应用于犯罪研究的先河

公安部课题组将预测犯罪趋势作为《中国现阶段犯罪问题研究》的重要组成部分，开创了将预测学应用于犯罪研究的先河。我们浙江省课题组采取了以下举措：

一是集中了一批处在与犯罪作斗争的第一线、积累了丰富的实践经验，又有一定理论研究能力的资深警官，和在公安院校的教授组成课题组，共同研究，取长补短，做到理论与实践相结合。

二是抽查了21个县42个派出所的原始案件登记数据，作为核实全省刑事案件统计数据的依据，同时搜集新中国成立以来各类重大典型案例，研究各类犯罪人员的犯罪动机和作案技能，为犯罪预测提供可靠的素材。

三是系统总结新中国成立以来的预防和控制犯罪经验。研究了土地改革、抗美援朝、“三反五反”、镇反肃反运动，为什么能在短时期内肃清了国民党残留在我国大陆的100多万党政军警宪特和惯匪恶霸，取缔了走私贩毒、卖淫嫖娼、赌头赌棍和反动会道门等社会渣滓，使处于政治混乱、经济崩溃的中国社会治安稳定、秩序井然，为社会主义改造和社会主义建设创造了安定的社会环境。可见这一时期应对猖獗的犯罪活动的方针、政策和法规是正确的、成功的、先进的。

四是收集浙江省各个历史阶段的经济、政治、文化、社会、人口等各类数据，厘清经济社会发展过程中产生的主要社会矛盾，查清如何激化为犯罪的复杂关系。

在调查研究、掌握数据的基础上，运用唯物的、辩证的、历史的观点和方法进行研究，对今后5～10年的犯罪趋势作出预测，争取达到准确或接近准确的程度。

2. 浙江犯罪预测为何比较准确

冯树梁先生在《中国犯罪学话语体系初探》一书中唯一举了浙江犯罪预测比较准确的例子，他写道：“浙江省课题组1990年预测，到20世纪末刑事发案可能在50万起上下浮动，犯罪率将达80～100起/万人。据统计，浙江省2005年刑事立案即达512,001起，发案率为111.25起/万人，2008年刑事立案473,683起，发案率为103.04起/万人。与预测结果几乎完全一致。”

其实，浙江预测不仅是犯罪数量和犯罪率的预测，还有犯罪大趋势的预测，犯罪类型的预测，犯罪活动方式及手段的预测，犯罪成员的预测及受害者的预测。宏观预测有：诱发犯罪因素与社会控制力的预测。所有这些预测都比较准确，符合客观实际，主要原因是坚持理论与实际相结合的原则，使犯罪预测达到准确的预期,又创新了预测理论。

犯罪预测准确与否,关键是处在与犯罪作斗争第一线警官的实践经验。实际上,警官们在长期斗争中经常调查研究犯罪新动向,他们定期总结治安管理、侦查破案的经验,叫作“业务工作研究”,掌握了犯罪活动的动向和一些规律,如节假日、敏感日子和季节性犯罪,什么犯罪类型,在什么时间、地点、部位、对象等进行犯罪,因此能够及时打击现行犯罪,只是未系统总结经验并提炼成预测犯罪的理论而已。我们承担公安部《中国现阶段犯罪问题研究》课题后,开始调查研究、系统总结经验,从理论上进行概括。我们认为,研究犯罪就是研究社会,研究社会问题和社会矛盾,研究人为什么会犯罪,研究犯罪动机,研究犯罪心理,研究矛盾如何激化为犯罪。例如,从研究犯罪动机和犯罪原因,可发现社会问题和社会矛盾的症结,了解群众最关心和最担心的问题,为研究犯罪预测的准确性,研究犯罪如何预防提供依据。又如,通过依法治安管理和侦查破案对违法犯罪人员进行教育和帮助,从中了解人为什么会违法犯罪,掌握违法犯罪的规律,无论对个体或群体的违法犯罪预测,对犯罪类型和作案手段的预测,从违法犯罪现状、违法犯罪历史,预测违法犯罪的未来,进行短期的或长期的预测,都会比较准确,可以叫作趋势外推法或定性定量预测法。

犯罪预测的思路决定预测方法。我们运用辩证唯物主义和历史唯物主义的基本观点,结合长期积累的公安工作经验,从实际出发采取新的预测方法,可以达到基本准确。按公安部要求预测 10 年时间,我们将其分为短期(1 年、3 年)、近期(3 年、5 年)、长期(10 年)的犯罪趋势预测。我们在 1991 年 10 月完成的《中国现阶段犯罪问题研究(浙江省分卷)》,专门写了“犯罪预测篇”,因篇幅较长,现摘录如下:

“对犯罪趋势的预测,是一门新兴的综合科学,属于未来学的范畴。它必须以丰富的客观的犯罪活动的资料和数据作基础,通过定量、定性和其他科学方法，分析现状，回忆过去，预测未来，从现象到本质，系统地研究未来犯罪的规模和形态变化，在揭示犯罪规律的基础上，展望未来犯罪发展趋势，预测尚未发生，而又必然发生的犯罪现象。

预测未来犯罪，首先，研究社会发展的模式，科学技术对社会的影响，人口增长的趋势，城市化的进程，生活方式和环境的变迁，社会机构职能和管理方式的改革，公共事业的规划与发展，及时预测各种社会现象、社会问题的发展趋势。其次，研究经济发展和经济增长的模式，预测科学技术对经济的影响，研究自然资源和劳动资源的现状和未来，预测再生产的社会条件，预测财政、信贷、价格、税收对生产和供求的影响等。最后，研究文化发展与冲突，价值观念的变化，社会主义新文化的构成过程中对人们的影响与刺激以及对犯罪的诱发等。在预测社会、预测经济和预测文化的基础上，再对未来犯罪进行预测。因为，社会、经济和文化对犯罪的影响、刺激、诱发和控制是极为重要的因素。”

“犯罪预测又要求我们从犯罪主体内部去观察研究，它是外部环境刺激犯罪主体感官，由于犯罪主体的世界观、信息、需求结构、动机、情绪、情感和意志、能力结构、气质中的不良因素与社会规范发生冲突，就诱发犯罪动机的产生，并发展为犯罪行为。它是不以人们的意志为转移的客观规律。在社会的政治、经济、文化、人口等种种社会矛盾作用下，犯罪按其自身发展规律演变，这样就为犯罪发展趋势的预测提供了条件。如果社会对犯罪的控制能力强，犯罪活动就可以控制在一定范围之内。每当社会总体矛盾减少或缓解，犯罪即平缓稳定，每当社会矛盾激增和爆发，犯罪即增多和恶化，并且随着社会治安形势的变化支配着犯罪活动的变化。因此，犯罪活动是时起时伏、波浪式地演变发展的。所以犯罪总的趋势预测是可能的，也是可以达到基本正确的。所谓宏观预测是从犯罪的整体，即在未来一定时期内犯罪活动会呈现何种发展趋势的预测。所谓微观预测，即对某个犯罪主体的预测，经过长期观察，掌握其性格、特征、心理变化规律进行预测。这两者都是可能达到科学预测的目的。"

由此可见，犯罪预测是科学决策的前提。没有对犯罪现象从本质内部去掌握其客观规律，没有对犯罪成因的整体分析，没有以辩证唯物主义和历史唯物主义的基本观点进行科学预测，其犯罪对策也不会是科学有效的。可见运用预测学的科学方法预测犯罪趋势的重要性。

3. 创新犯罪预测的理念和方法

冯树梁先生的《中国犯罪学话语体系初探》，在研究犯罪现状、犯罪历史、犯罪规律、犯罪成因的基础上，进行犯罪预测，而且是在15个省市区犯罪预测的理念和方法中优选，总结了犯罪预测的实践经验，历经二十余年的历史检验而写成的实证性犯罪预测理论，探索与创新了犯罪预测的理念和方法。

犯罪预测比较复杂，预测今后10年犯罪发展趋势更为困难。按照公安部《中国现阶段犯罪问题研究》编辑部的要求，我们浙江研究了犯罪预测的方法：

原来运用预测学对犯罪进行预测，但是一经联系犯罪现状与犯罪历史的客观实际，发现预测理论太原则、太笼统、太单薄，需要创新预测理念、调整预测项目、细化预测内容、改进预测方法。

(1)掌握犯罪预测的大数据

犯罪预测须认清和掌握犯罪现状、犯罪历史的大数据，大数据包括犯罪数量、犯罪性质、犯罪类型、犯罪方式、犯罪手段、犯罪工具和侵害对象及社会危害等内容。数据的统计一定要准确，将可能产生的"水分"挤干净，即应具备准确可靠的素材和大数据。

我们总结犯罪预测的公式是：治安管理(侦查破案)—经验总结—调查犯罪—数据收集—掌握规律—理论探索—预测未来，

从感性认识达到科学预测，涉及10方面的预测内容：

①准确分析犯罪现状，精心研究犯罪历史，不被虚假的犯罪现象所迷惑，透过犯罪现象深入犯罪本质，研究每一历史阶段的传统犯罪向现代犯罪活动的演变，预测犯罪发展趋势。

②研究和掌握犯罪特点规律，犯罪活动无论在宏观和微观、时间和空间、集团和个体，每一历史阶段犯罪活动都有标志性特征和客观规律，是不以人的意志为转移的，从把握犯罪特点和犯罪规律上预测犯罪未来。

③研究犯罪原因和结果，犯罪的产生、演变和结果都是由客观环境刺激和犯罪主体素质所致，从犯罪原因可探知犯罪的产生和结果（对社会的危害），从犯罪的产生追溯犯罪原因，无论研究个体萌生犯罪动机，还是探索社会犯罪根源，都可以从因果关系预测犯罪未来发展趋势。

④系统总结依法维护治安秩序、社会稳定和群众安居乐业的经验，系统总结依法对罪犯的监管、教育、改造和预防重新犯罪的经验，从中预测犯罪发展趋势。

⑤研究经济、政治、文化、社会、生态发展不平衡而引起的突出矛盾，依据社会矛盾的产生、激化或缓解的规律，研究犯罪发展趋势的预测。

⑥密切注视科技发展与普及对犯罪的影响，一项新的科技发明和普及，犯罪人员和犯罪集团必然要利用，如互联网的快速发展与普及，预测犯罪必然有新的发展变化，这是当前重大课题。

⑦新的政策和法规出台，由于宣传教育不够深入，可能影响某些人利益而形成矛盾，甚至引发某些人犯罪。

⑧国内发生重大事件引发连锁反应，或者发生动向性、苗头性案件，可能会迅速大面积蔓延，这是犯罪预测的重要内容。

⑨国际犯罪集团的渗透和勾连，跨国犯罪的内外勾结，或国际发生重大事件引发的连锁反应，美国“9·11”恐怖袭击事件发

生后,世界各国连续发生暴力恐怖事件,致使犯罪活动骤然升级,发生了质的变化,是预测犯罪必须考虑的因素。

⑩研究国际政治、经济、文化、军事、科技形势和发展,研究国际格局的变化和全球化趋势,犯罪分子必然要乘机利用和作案,促使犯罪全球化的演变。

(2)犯罪预测的基本原理和方法是辩证唯物主义和历史唯物主义

必须坚持理论和实践相结合的原则,收集准确的统计数据,经过实践检验的预防和控制犯罪经验,掌握犯罪发生的因果关系和特点规律,国内经济、政治、文化、社会、生态领域的矛盾分析,社会环境对人的影响而形成的舆论和思潮,重大突发事件对犯罪的刺激和反应,国际格局的变动和形势发展对犯罪的诱发等。这些大数据是死的,如何正确运用大有讲究,不能只看现象不看本质,不能只顾结果不查原因,不能孤立地看问题而不顾与其他事物的联系,不能只顾犯罪现状而不从历史的发展看问题,不能仅凭个人的感情而不站在广大群众根本利益的立场观察和分析问题。运用大数据预测犯罪需要掌握的基本观点:

①实践的观点。实践经验是犯罪预测的基础,没有实践就没有预测,务必从客观实际出发,对数据的不实部分进行核实纠正,实事求是地进行分析,而且从纷繁复杂的犯罪现象深入犯罪本质,从犯罪数量和犯罪性质上预测犯罪发展,才有可能达到准确预测的把握。

②发展的观点。任何事物都是发展的,犯罪有蛰伏和抬头的变化,有渐进和飞跃之别,从量变到质变的发展。因此犯罪发展具有阶段性,犯罪的发展又随着社会的发展和社会控制力的强弱而具有阶段性,预测犯罪就有短期与长期之分。

③历史的观点。犯罪的产生、发展和消灭是一个历史发展过程,要研究犯罪的发展历史,从研究过去,分析现状,预测未来,顺

着犯罪历史轨迹，掌握其发展规律，预测犯罪就有客观依据。

④联系的观点。凡是事物都是互相联系的，不能孤立地观察和处理问题，如犯罪的发生、发展与经济、政治、文化、社会、生态相联系，与国际格局的变动和形势发展相联系，要抓住矛盾的焦点，又要抓住激化犯罪的触发点，犯罪预测才能击中要害。

⑤全局的观点。在改革开放和社会主义市场经济条件下预测犯罪发展演变，要从全局考量，系统研究，整体把握，辩证分析，明确重点，瞻望未来，才能正确观察和评估犯罪发展趋势，预测犯罪的动向和未来。

⑥群众的观点。历史是人民群众创造的，犯罪预测必须依靠群众，到群众中去调查犯罪发展趋势，包括犯罪个体、犯罪集团和整个社会犯罪的未来趋势，提炼犯罪预测理念和方法，“枫桥经验”是一个很好的例证。

冯树梁先生的《中国犯罪学话语体系初探》，实际上是一部中国犯罪预测学著作，他的犯罪预测论是在研究犯罪现状、犯罪历史、犯罪规律、犯罪原因的基础上写成，又为制定犯罪战略对策提供了思路和方法。由此启示我们必须高度重视犯罪预测。犯罪是千变万化的，它随着时代的发展而发展，随着社会的变迁而演变，特别在“严打”高压态势下犯罪的瞬息万变，只有运用辩证唯物主义和历史唯物主义的理念，坚持理论与实践相结合的原则，驾驭犯罪活动规律，厘清犯罪的复杂原因，创新犯罪预测理念和方法，才是唯一可靠的科学预测方法。

（原载《犯罪与改造研究》2017 年第 11 期）

（三）枫桥学派是怎么形成的

——三评冯树梁先生新著《中国犯罪学话语体系初探》

周长康

冯树梁先生在《中国犯罪学话语体系初探》中写道："'枫桥经验'诞生于计划经济时期的1963年，半个世纪过去了，它所创造的'依靠群众，矛盾不上交'的基本经验始终'不变色'，而是与时俱进地发展，在市场经济时期，它依然是'矛盾少、治安好、发展快、社会文明进步'的社会治安综合治理在基层的典范。2013年10月9日，为纪念毛泽东同志批示'枫桥经验'50周年，习近平总书记指示：'50年前，浙江枫桥干部群众创造了"依靠群众就地化解矛盾"的"枫桥经验"，并根据形势变化不断赋予其新的内涵，成为全国政法综治战线的一面旗帜。浙江省各级党委和政府高度重视和学习推广"枫桥经验"，紧紧抓住做好群众工作这条主线，为经济社会发展提供了重要保障。各级党委和政府要充分认识"枫桥经验"的重大意义，发扬优良作风，适应时代要求，创新群众工作方法，善于用法治思想和法治方式解决涉及群众切身利益的矛盾和问题，把"枫桥经验"坚持好、发展好，把党的群众路线坚持好、贯彻好。'习近平总书记的指示实际上是对'枫桥经验'50年的系统总结并指明了发展方向。"

冯树梁先生长期研究"枫桥经验"，发表了多篇论文，如他认为"枫桥经验"的本质特征"是中国矛盾论和群众观在社会治安综合治理中的集中反映和具体体现，其要义都在于依靠和发动群众把容易导致违法犯罪的矛盾纠纷解决在基层、解决在内部、解决在萌芽状态，从源头上预防和减少违法犯罪的发生，维护社会安全与稳定”。[1] 他对“枫桥经验”的理论概括,自然成为枫桥学派的代表人物之一。

1. 枫桥学派的形成

冯树梁先生在论述枫桥学派的形成时指出:枫桥学派是“政府部门的不断总结,理论界的不断研讨,形成了系统化的理论升华,几近形成一个独立的理论体系和学派,即‘枫桥学派’”。[2] “枫桥经验”延续了半个多世纪仍然是人们学习的典型。为什么它的生命力如此持久?究其原因:群众实践是创新之源泉,以群众安全需要为总结经验的出发点,凝聚公众意愿之精华,从现象深入本质,过滤、概括、提炼,善于抓住时代脉搏,预测安全问题找对策。随着“枫桥经验”的推广普及,社会治理和控制力的加强,各地干部群众在实践中又创造了新的经验,适应了社会治安形势的变化。如此不断总结、发展、创新,经过资深警官和专家学者的追踪调查和理论研讨,提升为预防犯罪的理论,使“枫桥经验”成为“枫桥理论”的代名词,从而保持了强大的生命力。

鉴于我国犯罪学研究现状,概括起来存在两个方面的问题,一是缺乏科学的理论指导,单纯以打击为主,忽略犯罪预防,易使犯罪反弹,甚至形成打击、反弹、打击、反弹的怪圈;二是缺乏调查研究,脱离客观实际,关在书斋里搞“基础理论”研究,其成果很难进入领导决策机制,指导预防和控制犯罪的实践,禁不起实践的检验。我们按“实践是检验真理的唯一标准”,对我国犯罪学研究现状划分为3个学派。

划分犯罪学派的方法有两类:一是按学科分类,如犯罪心理学派、犯罪社会学派、犯罪生物学派等;二是按科研成果的应用价值和学术价值分类,如重打轻防学派、“基础理论”研究学派、预

---

〔1〕 冯树梁:《中国犯罪学话语体系初探》,法律出版社2016年版,第289页。

〔2〕 冯树梁:《中国犯罪学话语体系初探》,法律出版社2016年版,第294页。

防和控制犯罪学派。从我国研究犯罪学的状况分析,大体可划分为3个学派,即应用实战学派,或称重打轻防学派;"基础理论"学派,或称学院派;枫桥学派,或称预防犯罪学派。

枫桥学派由一批来自浙江、北京、上海、天津等地的资深警官和专家学者,历经数十年多次赴枫桥调查考察和理论研讨,运用哲学、法学、社会学、心理学、经济学、统计学、犯罪学等各学科的先进理念和方法,在研究"枫桥经验"过程中,将感性知识升华为理性知识,逐步形成在党委领导下,依靠群众、调解矛盾、预防犯罪的中国特色犯罪学派。

我们对犯罪学派的划分,是出于推动和促进犯罪学发展的良好愿望。枫桥学派的形成,是中国特色犯罪学研究达到一定深度和规范的标志,又是学术交流和学术争鸣的平台,也是推动犯罪学研究向更深层次发展的动力。

2. 枫桥学派代表人物的涌现

冯树梁先生在书中多次论述了"枫桥经验"的典型意义,"枫桥经验"在社会治理中的功能和作用,而且从1993年至2003年多次赴枫桥镇考察和参加理论研讨:1993年第一次研讨的主题为"当代中国小城镇社区犯罪控制",他发表了《"枫桥经验"赞》的论文;[1] 1998年第二次研讨的主题为"预防和控制犯罪战略",他发表了《"枫桥经验"生命力的源泉》论文;[2] 2003年第三次研讨的主题为"人权保障与文明执法",他发表了《"枫桥经验"的时代特征》的论文。[3] 每次研讨会冯树梁先生都发表新的论

〔1〕 应勇、周长康主编:《当代中国小城镇社区犯罪控制》,中国发展出版社1995年版,第246页。

〔2〕 周长康、金伯中主编:《走向21世纪的"枫桥经验"——预防犯罪实证研究》,群众出版社2000年版,第68页。

〔3〕 周长康、张锦敏主编:《枫桥经验的科学发展》,西泠印社2004年版,第39页。

文,提出新的见解。2008 年第四次研讨的主题为“枫桥经验与和谐社会的关系”。2011 年第五次研讨的主题为“枫桥经验发展论”。后两次他虽然没有参加研讨会,但他经常给我打电话,讨论“枫桥经验”的理论化问题。他又将多篇论文编入他撰写的犯罪学著作。冯树梁先生为什么如此重视“枫桥经验”? 他研究犯罪学与众不同的特点是总结实践经验上升为理论,构建中国特色犯罪学的理论体系。

枫桥学派从实际出发,坚持理论联系实际,运用哲学、法学、社会学、心理学、犯罪学等社会科学各学科的理念和方法研究犯罪问题、研究“枫桥经验”,涌现了数十位热心研究“枫桥经验”的资深警官和专家学者,成为枫桥学派的代表人物。枫桥学派提出的理论观点是从群众实践经验概括出来的,既接地气又充满活力,可操作性强。诸如:(1)调解矛盾纠纷,消除犯罪诱因;(2)强根固本,夯实长治久安基石;(3)社区警务建设与社会“安全阀”的建立;(4)民主与法治建设,群众是维护社会治安的主体;(5)以人为本,人权保障;(6)“枫桥经验”体现了刑事政策的理念;(7)“枫桥经验”代表国际社会预防犯罪的一个发展方向;(8)“枫桥经验”体现了人类文明的发展趋势;(9)经济社会协调发展,从根本上预防社会矛盾的发生;(10)“枫桥经验”是探索中国整体预防犯罪新模式。每一个主题都有系统论述,积累了构建中国特色犯罪学的理论元素。[1]

冯树梁先生抓住“枫桥经验”这个典型,深入枫桥调查研讨,总结经验,提炼理念,认为:“从理论的高度看,‘枫桥经验’在许多方面都具有中国特色的预防犯罪理论的缩影。马克思主义的矛盾论与群众观,我们党关于改革、发展与稳定关系的论点,关于

---

〔1〕 朱志华、周长康等:《枫桥经验发展论》,浙江人民出版社 2011 年版,第 221 页。

‘打防结合，预防为主’的战略方针，枫桥人都从与时俱进的角度出发，具体化为工作实践，并不断取得实践效果，这是‘枫桥经验’具有永久生命力的又一个重要原因。”〔1〕冯树梁先生就是从“枫桥经验”汲取犯罪学的理论基础，构建中国特色犯罪学理论体系。

3. 枫桥学派是在与犯罪活动作斗争中形成的

西方犯罪学各种流派的形成，是在资本主义社会发展的各个阶段，在研究犯罪问题过程中，出现了古典犯罪学派、实证主义犯罪学派、犯罪社会学派、犯罪心理学派、芝加哥学派等，各有各的理论观点和研究方法，各学派都有代表人物，对我们了解发达资本主义国家的犯罪演化，研究西方犯罪学的产生与发展，有一定参考价值。但是其研究成果缺乏社会效果，对于预防和控制犯罪难见成效，至今发达资本主义国家的犯罪率普遍较高。

中国是个大国，处在社会主义初级阶段，经济社会快速发展和急剧转型，而发展不平衡不充分，各类矛盾交叉重叠，犯罪的升级与复杂前所未有，既有本土的传统犯罪，又有西方传入的现代犯罪。西方各种敌对势力和各类犯罪集团运用暴力威胁和思想渗透软硬两手对我国进行捣乱和破坏，手段无所不用其极，斗争极其尖锐复杂。在中国共产党的领导下，公安机关依靠广大群众的支持和参与，预防、控制和打击了各类犯罪活动，巩固了人民民主政权，维护了国家的安全和社会稳定，积累了举世无双的经验，为构建中国特色犯罪学创造了条件。“枫桥经验”是个典型，解剖其内涵是：党委领导，政府主管，依靠群众，调解矛盾，综合治理，严格执法，保障人权，帮教违法青少年等，经过浙江各级干部精心培育和总结，又经过浙江、上海、北京、

〔1〕 冯树梁：《枫桥经验的时代特征》，载周长康、张锦敏主编：《枫桥经验的科学发展》，西泠印社2004年版，第42页。

天津等地资深警官和专家学者的定期理论研讨,逐步将"枫桥经验"升华为理论,为构建中国特色犯罪学理论体系创造了一系列新的理念和方法,是独特的、卓越的、先进的,既可指导预防和控制犯罪的实践,又蕴含着犯罪学的基础理论元素,逐步形成了中国唯一的枫桥学派。

4. 枫桥学派的历史渊源

研究犯罪问题必须坚持辩证唯物主义和历史唯物主义的立场、观点、方法,才有可能正确反映犯罪活动的客观事实,分析犯罪原因,掌握犯罪规律,预测犯罪趋势,提出科学犯罪对策。我国研究犯罪问题始于新中国成立初期,鉴于帝国主义和"蒋帮"操纵下,间谍特务反革命的疯狂复辟活动,土匪恶霸、地痞流氓、惯盗惯窃、赌头赌棍和老鸨毒贩等社会渣滓的捣乱和破坏,社会治安一度混乱,人民政权亟待巩固。为了肃清无孔不入、狡诈凶残的敌对势力、犯罪人员、犯罪集团和反动帮派组织,公安机关在党委领导下,紧紧依靠群众,从调查研究、客观实际出发,边侦查破案边研究对策方法,其社会效果极为显著,肃清了上百万的敌人残余势力和形形色色的犯罪人员等社会渣滓,使新中国成为世界上最安全稳定的国家之一。

在生产资料社会主义改造完成后,消灭了阶级剥削,除了极少数妄图颠覆社会主义制度,推翻人民民主政权的间谍特务和敌对分子属于敌我矛盾外,绝大多数违法犯罪人员属于人民内部矛盾。"枫桥经验"就是在这个历史背景下涌现出来预防犯罪、维护社会治安的典型。它从改造"四类分子"到帮教违法犯罪人员,正确处理了两类不同性质的矛盾。枫桥学派是时代的产物,随着犯罪活动的演变而发展。"枫桥经验"用党的政策和国家法律武装群众,理论研究历经改造"四类分子"成为新人、小城镇社区犯罪控制、帮助教育感化失足青少年、维护和保障人权、文明执法、调解矛盾、综合治理等发展进程,涌现了一批热心研究"枫桥经验”的资深警官和专家学者,通过研讨积累了一系列犯罪学理论观点,逐步形成了枫桥学派,或称预防犯罪学派。它是标本兼治、重在治本的犯罪学派,不是就事论事、就案办案的重打轻防派;它是扎根于群众创造的理论联系实际的犯罪学派,不是脱离实际的空头理论派;它是中国特色犯罪学派的正能量,不是西方犯罪学的照搬或翻版。

枫桥学派是在 20 世纪 80 年代青少年犯罪理论研究基础上形成的,在中国青少年犯罪研究会会长张黎群教授的带领下,创立了青少年犯罪学科和犯罪学学科,填补了社会科学的空白,涌现了一批犯罪学专家学者,为枫桥学派提供了人才基础。张黎群教授于 1999 年 9 月为“枫桥经验”作了精辟的点评,他写道:“枫桥经验是社会主义市场经济的社会背景下预防犯罪的重要科研成果,它将预防犯罪的思想理论同司法实践紧密结合创造出如何实现良好的社会治安环境的科学方法。”

5. 枫桥学派独特的研究思路与研究方法

坚持党委领导,尊重群众创造,重视实践经验,实行追踪调查,坚持理论与实践结合,组织哲学人文社会科学各学科专家学者通力合作,加强社会问题研究,重视社会思潮动向,定期排查矛盾纠纷,开展犯罪心理研究,掌握犯罪活动规律,探索犯罪原因,预测犯罪发展趋势,制定预防和控制犯罪战略。既要发挥各学科的特长,又要综合各学科的先进理念,创造性地发展“枫桥经验”,这里指的“枫桥经验”实际上早已概括为枫桥理论,治理犯罪的理论,构建中国特色犯罪学的理论体系。时代在发展,社会在进步,矛盾层出不穷,犯罪活动瞬息万变,犯罪学也应因时而变,创造新的犯罪学理论体系。坚持辩证唯物主义和历史唯物主义的基本原理和方法,研究“枫桥经验”的创新和发展。这就是“枫桥经验”半个多世纪的生命力所存!“枫桥经验”的研究方法综合起来约有 10 种:(1)实地观察法;(2)追踪调查法;(3)情报信息法;(4)矛盾分析法;(5)社区控制法;(6)统计分析法;(7)科学实验法;(8)文献研究法;(9)理论研讨法;(10)辩证综合法。笔者有幸跟随浙江省公安厅领导赴枫桥,从1963年开始调查总结"枫桥经验",以后每年都派工作组赴枫桥调查,即使在"文化大革命"中被林彪反革命集团"砸烂反动公检法"时砸烂,枫桥的治保干部和群众仍在坚持。粉碎"四人帮"后,在省委、公安部领导下,在深入调查的基础上,绍兴市公安局于1993年11月开始邀请专家学者和资深警官赴枫桥实地考察和理论研讨,每隔5年召开一次。半个多世纪来的追踪调查和研讨,至今仍在延续。2017年年初,笔者与同事和教授一起赴枫桥调查,撰写了一篇题为《大数据时代发展"枫桥经验"的探索》的调查报告,刊登在《浙江警学》2017年第3期。追踪调查能洞察事物发展脉络,了解事物发展规律,获得系统知识,更重要的是熟悉群众的创造,是研究犯罪学的好方法。

6. 中国形成枫桥学派的重大意义

冯树梁先生认为"枫桥经验"的意义是巨大而深刻的。如果有更多的地方能像枫桥一样做到依靠群众就地化解矛盾,那么全国的治安形势将会如何是不言而喻的;从代价论上,搞好预防犯罪,不仅有深远的政治意义,也有重要的经济意义;"枫桥经验"是与时俱进的,适合于任何年代发展的需要;综合治理,消除危害治安的因素。"枫桥经验"对研究"枫桥经验"的枫桥学派也富有意义。枫桥学派的论著将起到导向和引领作用,为实际工作者的应用研究提供预防和控制犯罪的新思路、新方案,为理论工作者的基础理论研究提供新理念和新方法。

中国特色犯罪学总结群众创造的预防犯罪的经验,"枫桥经验"具有发动和依靠群众,调解矛盾,综合治理,社区警务,帮助、教育、感化失足者等理念;北京的朝阳群众创造性地从治安巡逻拓展为发现毒品犯罪嫌疑人,甚至发现间谍特务的蛛丝马迹,这都是中国特色犯罪学的基因。枫桥学派是独特的新型犯罪学派，它的新理念、新方法对维护新时代的国家安全、社会稳定、治理社会、调解国际矛盾、构建人类命运共同体具有创新价值。

党的十九大胜利召开，习近平总书记提出推进和构建人类命运共同体，许多国家看到中国经济的快速发展，社会稳定，治安良好，都想学习和借鉴中国的经验，"枫桥经验"就有参考价值，枫桥学派的理论观点和研究方法也可供借鉴，国际犯罪学协会原主席卡尔纳亲临枫桥参观访问，曾深表赞赏。有的国家如美国早在学习调解矛盾、帮助教育、综合治理等做法，但是他们很难做到，几经反复，将调解改为多元化纠纷解决机制，将帮教改为矫正。只是不愿公开承认学习中国的"枫桥经验"，其社会效果远不如中国枫桥，美国的社会主要矛盾永远也解决不了。枫桥学派就是中国特色预防犯罪学派，它愿意给世界上希望社会稳定、公众安全的国家，提供理论借鉴。"枫桥经验"提供预防犯罪的典型样板，枫桥学派提供研究犯罪问题的先进理念和研究方法。

7. 枫桥学派在新时代的创新任务

中国特色社会主义进入新时代，我国社会主要矛盾已经转化为人民日益增长的美好生活需要和不平衡不充分的发展之间的矛盾。新时代的中国正在伟大崛起，经济、政治、文化、社会、生态文明蓬勃发展，综合国力快速提升，国际威望日益提高，话语权正在扩大。人民对安全和稳定期望要求越来越高，我国已成为世界上最安全的国家之一。但是，随着互联网的普及，人工智能化的发展，国内外敌对势力和各类犯罪集团利用网络平台，作案范围瞬间遍及国内外，大面积地侵害被害者；更为恶劣的是，敌对势力施展和平演变和军事暴力威胁两手，无孔不入地进行渗透、捣乱和破坏，极力阻碍和遏制中华民族的伟大复兴，这是我们面临的最大风险。习近平总书记在党的十九大报告中强调："坚持总体国家安全观。统筹发展和安全，增强忧患意识，做到居安思危，是我们党治国理政的一个重大原则。"我们应牢记习近平总书记的指示,把"枫桥经验"坚持好、发展好,把党的群众路线坚持好、发展好。运用大数据、云计算、智能化发展"枫桥经验",打造基层治理体系和治理能力现代化、法治化的新典型,创建"互联网+"新的犯罪学理论平台,精心研究国际国内犯罪活动新思维、新方式和新规律,在与各类犯罪活动作斗争中提炼新理念、新方法,努力构建新时代中国特色犯罪学的理论体系,为实现中华民族伟大复兴的中国梦构筑安全屏障。

(原载《犯罪与改造研究》2018 年第 2 期)

(四)犯罪学研究之重点在于预防犯罪

——评冯树梁的《中国刑事犯罪发展十论》

高　文*

冯树梁先生是我敬重的老领导、老前辈,更是我从事犯罪学研究的专业老师。他担任着中国犯罪学研究会的高级学术顾问,经常性地参加全国各种犯罪学的高层次理论研讨会,每次会议以后,他都会详细向我介绍会议所讨论的关于犯罪学研究的最新成果和动态,同时,将他本人关于预防犯罪的思考告诉我,让我受益匪浅。冯先生最近出版的著作《中国刑事犯罪发展十论》,我阅读以后感触很深。几十年来,冯先生一直为探究我国刑事犯罪的发展规律及预防犯罪的方略笔耕不辍,已经形成了具有自己鲜明特点的预防犯罪思想,特别是冯先生在本书中强调的犯罪学研究之重点在于预防犯罪的观点,本人以为堪称我国犯罪学领域的真知灼见,真正抓住了我国犯罪学研究的灵魂。

冯先生的《中国刑事犯罪发展十论》立论依据的基础,是我国"七五"规划期间(1986～1990年)国家立项的重点哲学社会科学研究项目——《中国现阶段犯罪问题研究》课题。这是一项由公安部负责组织领导,15个省、市和5个计划单列市公安机关共同参与完成的大型集体课题。此课题对我国犯罪问题所展开的调查研究活动上限始自新中国成立初期,下限预测至2000年。此课题关于犯罪状况的调查统计数据,是迄今我国犯罪学实证研究所获得的最全面可信的成果。冯先生是这一课题的负责人之一,担任着公安部课题编委会副主任兼编辑部主任,具体组织实施这一课题的整个过程,既对这一课题的最终成果做出了很大的

---

* 系本刊主编、研究员。

贡献，又通过这一课题对我国刑事犯罪总体的若干规律进行了科学的总结。尽管这些规律总结所依据的是10年前甚或20余年前的调查材料，但是，宏观环境中犯罪情况的演变本身就是一个漫长的发展过程，在绝大多数情况下，发生变化的只是犯罪的表现形式，而对犯罪现象起作用的犯罪规律却具有长期性、稳固性的特点，因而，冯先生这本书的立论对于新时期我国总体预防犯罪的方略具有重要的参考价值。

1. 该书树立了一个从事犯罪学研究的样板

目前，我国犯罪学研究存在的重大问题就是缺乏具有指导实践价值的实证研究。许多犯罪学的研究成果是出于成果结项和科研考核而做出来的，其调查问卷的设计过于主观，导致许多调查研究成为伪实证，这就造成了我国每年的犯罪学研究成果丰硕，成果却罕见有重大研究价值的现象。

那么，如何才能从事对社会实践有指导意义的犯罪学实证研究呢？冯先生的《中国刑事犯罪发展十论》给我们树立了一个非常好的样板。冯先生在书中提到，《中国现阶段犯罪问题研究》课题的最终成果被犯罪学界评价“为中国犯罪学研究奠定了基础”。[1] 笔者通观全书后，以为这项成果之所以能够取得如此高的成就，有以下三个经验可以供学习借鉴：

其一，高效而有力的组织保证。《中国现阶段犯罪问题研究》课题立项以后，立即得到当时公安部党组的高度重视，迅速成立了以主管全国治安工作的俞雷副部长为主任，中国人民公安大学、公安部各有关业务局和部属研究所领导为副主任或者编委的公安部课题编委会，参加课题的各省市及计划单列城市的公安机关都安排主要负责人挂帅落实课题任务的具体执行，从而使《中国现阶段犯罪问题研究》课题无论是在经费保障、调查研究、会议

---

〔1〕 冯树梁编著：《中国刑事犯罪发展十论》，法律出版社2010年版，第2页。

研讨、数据分析、犯罪预测等方面都得到了人财物极大的支持,从而保证了课题的整体研究得以迅速而有效地开展。对于绝大多数的犯罪学研究者来说,虽然不可能获得如《中国现阶段犯罪问题研究》课题这般的组织保证,但是,在选择犯罪学研究项目的时候,最大可能地争取相关领域里的组织保证,却是该研究是否得以顺利开展的重要前提条件,值得研究者高度重视。

其二,团结而无私的研究集体。《中国现阶段犯罪问题研究》课题研究长达 5 年的时间,组织建立的数据库收集了上百万的数据,有上千人为课题成果作出了贡献。在这一过程中,让冯先生感怀的是所有参与该课题研究的人员,都能够不计名利,认真负责地对待所承担的任务,全身心地投入到课题的工作中,从而保证了课题研究所收集数据的真实、研究成果的可信及研究过程的高效。其实,不单《中国现阶段犯罪问题研究》课题,对于任何一个有价值的犯罪学研究项目而言,研究所需要的第一手资料,都必须经过一定时间的调查、跟踪、总结和统计等工作,研究获得的成果也需要一定时间的检验,因而,从事犯罪学的研究需要很多人的互相协助、共同努力,因此,对于犯罪学研究者而言,其开展犯罪学研究的集体成员之间的合作态度和方式是该研究项目能否成功的关键。

其三,科学而完整的研究过程。《中国现阶段犯罪问题研究》课题研究计划缜密,实施步骤得当,在各个研究环节上都以发言或者撰写论文的形式,导引课题研究进程和总结研究成果,组织建立调查数据库,并召开 8 次课题研讨会。对调研数据和材料进行理论分析,在此基础上对犯罪趋势作出大胆预测,并提出了相应的犯罪应对策略,整个研究过程科学而完整,而其后我国的犯罪发展状况使该课题的成果得到了准确的验证。对于犯罪学研究而言,有价值的犯罪实证研究不仅仅是一种方法,更是一个科学而完整的研究过程。而恰恰在我国当下的很多犯罪学研究中,把实证研究简单地等同于调查研究、甚或拼凑实践数据搞伪实证的现象却时有出现,从而影响了成果的真实可信性。因此,注重科学而完整的研究过程,应该是每一个从事犯罪学研究者具备的学术态度。

2. 该书是对我国预防犯罪理论与实践的科学性总结

冯先生的《中国刑事犯罪发展十论》是由犯罪高峰论、犯罪规律论、犯罪主体论、犯罪类型论、犯罪地域论、犯罪成因论、犯罪预测论、犯罪对策论、犯罪比较论和犯罪发展论 10 个部分组成。而全书立论的主要依据是我国从新中国成立初期到 1990 年 40 年间犯罪的起伏变化状况的调查研究,并基于对犯罪规律的认识和把握,作出了已经得到实践验证的“1991 ~ 1995 年和 1996 ~ 2000 年”我国中长期犯罪发展趋势的预测。因而,该书的主要观点其实就是在对我国预防犯罪理论与实践进行科学的总结。

(1)关于犯罪高峰。犯罪高峰论的意义在于当犯罪达到一定数量和质量高峰的时候,会带来社会公众极大的不安全感,并由此影响到国家的刑事政策。因而,对犯罪高峰的准确把握,是有效预防和控制犯罪发展的必要前提。冯先生客观地从正确认识新中国 60 年的历史出发,认为共和国的 60 年,统一于社会主义,研究犯罪高峰不能够人为地将前后 30 年隔离开来认识,并以此为根据对我国几十年来犯罪起伏变化现象的系统分析研究,提出了在 20 世纪 90 年代初期以前我国有 5 次犯罪高峰的论点,而且,在这以后,又有连续几年的高峰期,到今天,这个高峰期仍然未能过去,且峰顶还会更高。从目前我国犯罪的发展状况看,冯先生的这一观点无疑是正确的。

(2)关于犯罪规律。冯先生在对犯罪规律进行全面总结的基础上，开创性地提出了两个"一半"和两个"规律链"的思考，[1]即关于犯罪学的研究存在主要研究人自身、人与人、人与社会关系中的犯罪问题，很少研究人与自然关系中的犯罪问题；关于犯罪规律问题研究，存在只注重研究犯罪发生和发展规律，忽视如何指导预防犯罪的规律。正确的做法是不仅要注重研究犯罪规律和指导预防犯罪的规律，而且还要进一步研究每一个方面的规律本身是有着本质之间的联系的链条，因为这些链条是在相互关联中起作用，而不是孤立地起作用。冯先生的这一思考丰富了我国犯罪学关于犯罪规律的理论。

(3)关于犯罪主体。冯先生根据《中国现阶段犯罪问题研究》课题总卷和各省市分卷对犯罪主体的分类分析中独特地提炼出"犯罪主体双增论"和"犯罪主体漂移论"的观点。[2] 冯先生认为，犯罪成员增多和犯罪成员犯罪活动增加是推动刑事案件上升的主要因素，前一增加重在数量，后一增加重在质量，即同一个犯罪主体重新犯罪的质量更高，危害更大。"犯罪主体双增论"的意义在于提示我们充分认识预防重新犯罪对维护社会治安稳定的重要意义。与西方犯罪学的"漂移理论"有所不同，"犯罪主体漂移论"是冯先生借用"漂移"一词，描述改革开放以后出现的流动漂移动态变化着的犯罪主体的理论。冯先生认为，随着全国流动人口的快速增长，犯罪主体漂移现象将会越发严重。这一认识目前已经为现实中发生的越来越多的流窜犯罪案件所证实。因此，对于混迹在流动人口中的漂移犯罪者，需要及早采取措施加以防范。

(4)关于犯罪类型。冯先生的贡献在于对我国犯罪类型做多层次分析的过程中，提出应将犯罪现象划分为三大类型：常规犯

---

〔1〕 冯树梁编著：《中国刑事犯罪发展十论》，法律出版社2010年版，第94～96页。

〔2〕 冯树梁编著：《中国刑事犯罪发展十论》，法律出版社2010年版，第110～112页。

罪或传统犯罪;超常规犯罪或曰非传统犯罪;生态犯罪。[1] 这种划分有利于分别立法和采取有针对性的防治措施。他这一观点与当今最新的犯罪类型理论是相一致的。

(5)关于犯罪地域。冯先生依据《中国现阶段犯罪问题研究》课题根据1985~1990年5年的公安部门统计,对30个省市的犯罪分布的地域特点的分析,概括出我国犯罪地域的基本观点:一是犯罪地域分布具有规律性,即犯罪活动具有区域性规律,表现为犯罪活动形成高发区、高发点、高发线,并双向交流,这种区域性规律主要由各地区的经济状况、地理环境、自然资源、交通便利等条件决定的;二是不同的地域环境有不同的犯罪特点,即不同的地域环境会形成不同的文化、风俗、习惯等,而这些差异会对犯罪现象施以不同的影响;三是不同地域有不同的犯罪分布。[2] 冯先生的这些基本观点准确地反映出了东西部地域环境差异巨大的我国犯罪分布的现状,为我们根据不同的地域特点采取相应的防控犯罪的措施提供了理论依据。

(6)关于犯罪成因。冯先生依据《中国现阶段犯罪问题研究》课题对25,368个刑事个案发案原因的调查分析,形成了自己的"罪因体系"观点。[3] 冯先生认为,犯罪是各种社会矛盾和消极因素的综合反映,因而是一个体系,这个体系是分层次有结构的,表现在犯罪个体、犯罪类型和犯罪现象等三个层次,各层次之间相对稳定,又相互交叉、相互联系和相互转换,由此产生了各种因素间的相互作用机制,而其中的核心就是因果性的相互作用,

---

[1] 冯树梁编著:《中国刑事犯罪发展十论》,法律出版社2010年版,第130~131页。

[2] 冯树梁编著:《中国刑事犯罪发展十论》,法律出版社2010年版,第141~148页。

[3] 冯树梁编著:《中国刑事犯罪发展十论》,法律出版社2010年版,第156~160页。

因为只有因果关系才产生犯罪,条件和相关因素是不直接产生犯罪的。由此,冯先生得出一条重要经验,研究犯罪成因需要深入实际解决问题的调查研究。而深入实际解决问题的调查研究恰恰是我们现在许多从事犯罪学研究的人员所缺乏的态度和行为。

(7)关于犯罪预测。冯先生重点介绍了《中国现阶段犯罪问题研究》课题所作的犯罪中期预测和犯罪长期预测:[1]一是从改革开放后社会上诱发犯罪的各种消极因素与抑制犯罪的各种积极因素此消彼长的关系中推估犯罪的总趋势;二是从发案总量上推估犯罪的总趋势;三是从犯罪质的方面推估犯罪的总趋势;四是从地区分布上推估犯罪的总趋势;五是从案件类型上推估犯罪的总趋势;六是从犯罪成员及其作案方式上推估犯罪的总趋势。由于掌握的资料量多,调查面广,因而无论是对 1991 ~ 1995 年的中期犯罪预测,还是对 1996 ~ 2000 年的长期犯罪预测,预测的结果都为犯罪现实所验证。冯先生坚信,犯罪是可知、可测的,但需要根据渐变和突变的因素随时调整预测结果,这样才能够制定出正确的政策措施。犯罪预测一直是犯罪学研究的薄弱环节,冯先生的介绍正可以为犯罪预测的进一步研究提供有益的经验。

(8)关于犯罪对策。冯先生着重介绍了《中国现阶段犯罪问题研究》课题总体战略构想:[2]一是变静态性对策为动态性对策;二是变消极控制为积极控制,即预防控制于作案之前或者预谋之中;三是变单一控制为综合控制。对浙江省课题组分卷概括的"三级模式""三道防线""五个规律"的对策,广东省课题组的"以严治乱""以组织制流动"的对策思路,加以较为细致的介绍。冯先生介绍的这些预防与控制犯罪的总体和具体对策,直到今天

---

〔1〕 冯树梁编著:《中国刑事犯罪发展十论》,法律出版社 2010 年版,第 166 ~ 174 页。

〔2〕 冯树梁编著:《中国刑事犯罪发展十论》,法律出版社 2010 年版,第 175 ~ 182 页。

依然发挥着重要的作用，如现在为全国预防与控制犯罪的典型——浙江省的“枫桥经验”，几十年来，一直很好地运用“三级模式”“三道防线”“五个规律”来预防和控制犯罪。

（9）关于犯罪比较。尽管《中国现阶段犯罪问题研究》课题开展研究的时候，与同时期相关国家的犯罪学研究水平相比还比较落后，但冯先生通过关于犯罪研究的组织形式、方向选择和漏立案件调查的比较；关于犯罪成因和对策研究的比较；刑事发案率比较；刑事发案绝对数比较；刑事案件分类比较；犯罪趋势推估比较，吸收借鉴了许多有益的东西。诸如，通过对漏立案件调查，在全国范围内开展了大规模地纠正立案不实的问题。[1] 冯先生认为，犯罪学研究的宗旨在于立足本土，着眼于解决本土的问题，但是，研究的视野一定要放眼全球，通过比较研究，鉴别研究得失，才能够看清楚研究方向，取得良好的研究成果。事实上，正如冯先生的观点所说，近些年来，我国犯罪学的研究出现了快速发展的趋势，其中一个重要的原因，就在于我们绝大多数的犯罪学研究者能够较好地借鉴相关国家的犯罪学研究的方式方法，使研究成果的理论性、思想性和创新性大大加强，从而提高了我国犯罪学的学术地位。

（10）关于犯罪发展。冯先生基本观点是，犯罪是一个永无止境的发展变化过程，只要有犯罪存在，发展就不会结束。因此，人们对犯罪的认识，也是一个永无止境的发展变化过程，且又是传承的。冯先生经过梳理，为我国的犯罪学研究提供几点基本经验，主要是立足本土、放眼全球的经验；职能部门与大专院校、科研机构相结合的组织形式的经验；坚持调查研究、凭数据说话的经验；合理布局的经验；上下互动、资源共享的经验。同时，提出

---

〔1〕 冯树梁编著：《中国刑事犯罪发展十论》，法律出版社2010年版，第183～189页。

5个思考:究竟什么是预防犯罪的中国之路?中国犯罪研究之路的特点是什么?如何深刻认识有组织犯罪?为什么提出“拾起犯罪学的另一半”?什么是犯罪的“规律链”?[1]笔者以为,这虽然是冯先生的个人思考,但是这是冯先生毕生从事犯罪学研究几十年取得丰硕成果基础上的思考,因而就不单单是他个人的思考,值得更多有志于犯罪学研究者去思考。

3.该书的核心思想是预防犯罪在于“治未罪”

《中国刑事犯罪发展十论》一书,通过对《中国现阶段犯罪问题研究》课题成果的再研究,提出了许多非常有价值的犯罪学理论观点,如关于犯罪增长与经济增长关系的理论、关于犯罪是各种社会矛盾和消极因素的综合反映的理论、关于社会治安必须走综合治理之路的理论应是中国预防犯罪的三大理论支点的观点;对预防犯罪应该防患于未然、防患于将然、防患于已然的“三级预防”观点;犯罪应当划分为“常规犯罪”“超常规犯罪”“生态犯罪”“三大领域”的观点;预防犯罪要充分发挥法律、纪律和约律的“三律预防”作用的观点;要以化解矛盾为核心实现将矛盾转化、环境净化和“打防控一体化”的“三化”观点;加强基层组织建设、基层基础工作建设和基层治安防范网络建设的“三基”观点;刑事犯罪规律具有犯罪的起伏律、犯罪的消长率、犯罪的辐射律和犯罪的因果律的观点;指导预防犯罪的矛盾律、人本律、基础律、综治律和兼治律的观点等。其中,最重要也是最具价值的是“治未罪”观点的提出。所谓“治未罪”,其最基本的要求是:将犯罪隐患消灭在萌芽状态,将矛盾处置在始发阶段,最大限度地防止纠纷变为冲突,小问题变为大问题,一般问题变为政治问题,个别问题变为群体问题,治安案件变为刑事案件。冯先生通过“扁

---

[1] 冯树梁编著:《中国刑事犯罪发展十论》,法律出版社2010年版,第190~196页。

鹊见蔡桓公”的历史故事，形象地说明“治未罪”与医学中“治未病”相通的道理：都具有事先看不见、摸不着、不易检查和衡量的“隐性”特征和不知道从何处着手的“泛性”特征，都需要有一个被认识、被接受、被重视的过程。冯先生认为，“治未罪”与“治未病”一样，将成为21世纪的一种发展潮流。

笔者认为，冯先生的这一重要观点，真正揭示出了犯罪学研究的核心价值。因为，“治未罪”是犯罪学研究的最高理想，也是党和政府以及社会大众对预防和控制犯罪工作的期盼，尽可能地实现“治未罪”，就能够更多地挽救即将失足者，更有力地保障人民群众的生命财产安全，更好地维护社会团结稳定、促进社会主义的经济建设，意义非常重大。因此说，在我国，“治未罪”更能够清楚地体现党和政府从源头上、苗头上抓预防和控制犯罪的战略目标，从长远看，“治未罪”应该是“犯罪与预防犯罪未来研究之路的一个新特点”。[1]

（原载《犯罪与改造研究》2011年第4期）

---

〔1〕 冯树梁编著：《中国刑事犯罪发展十论》，法律出版社2010年版，第263页。

（五）预防犯罪是中国犯罪学研究的必由之路
——读冯树梁教授《中国刑事犯罪发展十论》一书

李晓明*

近日拜读了由我国著名犯罪学家、司法部预防犯罪研究所前副所长、中国犯罪学研究会前副会长、高级学术顾问冯树梁教授（以下尊称冯先生，以表亲切和敬意）编著的《中国刑事犯罪发展十论》（以下简称《十论》）。《十论》（中国犯罪研究十个方面的论述）高度概括了自1950年至21世纪头10年60年间我国刑事犯罪发展的基本脉络和阶段性特点，以及犯罪学研究的简况。资料翔实，内容简洁，观点鲜明，令人眼界开阔，读后感触颇深。

认识冯先生还要从20世纪80年代末90年代初谈起，那时的我是一个初生牛犊、不知深浅的小生（当时才20多岁）。虽出身茅庐，但喜欢读书，更喜欢思考一些社会时弊与中国的犯罪问题。一日偶然得知司法部在全国范围内评选“预防犯罪和劳动改造”方面的论文，故将我的一篇习作《我国预防犯罪工作的宏观战略研究》寄发给评委会，并十分幸运地获得二等奖。当然，那个时候的冯先生已是我国著名的犯罪学专家，也是当然的评委之一。正如冯先生后来谈到的，时隔数年才在中国犯罪学年会上不期而遇，冯先生原以为我或许是一位白发双鬓的老者，但没想到竟是一位涉世不深的青年。接下来的接触，使我受益匪浅，可以说我从冯先生那里学到了许多真知灼见，甚至许多是不可多得的传世经验和根本无法从书本中获得的宝贵知识和做人道理，以至于我许多年以来一直在心里默默地尊认他为我的老师和十分崇敬的长者（但至今还没来得及获得冯先生亲口的诺许）。

---

* 系苏州大学法学院教授、博士生导师、刑事法研究中心主任。

在我看来,冯先生早就形成了自身颇具鲜明特色的“犯罪哲学”思想和预防犯罪的系统观点,《十论》也可堪称是探索我国刑事犯罪发展规律和研究我国预防犯罪理论的高尖端学术产品,更是他老人家凭借自身智慧和高专业艺术对我国犯罪学研究领域和预防犯罪基础理论与规律性认识的真知灼见,以及为我国犯罪学研究事业作出的杰出贡献。实质上,该书也为我国今后的犯罪学研究尤其是预防犯罪研究指明了方向和思路。其主要特点是:

1. 体现了思辨与实证的马克思主义“犯罪哲学”观的中国价值

在目前情况下,尤其是如今学界的功利与浮躁,使犯罪学的许多研究成果也大都是为了应付科研立项和所谓的成果转化,而在书斋里苦思冥想做出来的。其所谓的调查过程也往往过于主观或赋予形式,调查研究囿于时间和其他方面的原因更是蜻蜓点水(尤其像犯罪这么复杂的社会现象,而且调查起来工程浩大,绝非一般的财力、物力所能够承受,除非国家和政府进行大量投入),其往往并不是对实际情况的全部提炼和总结,而是孤舟一片或以偏概全,更谈不上对现实具有多大的指导意义。客观上也就造成了我国每年的犯罪学研究成果丰硕,但是少有对现实有重大指导意义和参考价值的成果出现。

然而,冯先生的《十论》却给了我一个非同一般的触动,读罢全书,感觉不仅基础理论雄厚,而且数据翔实,理论体系完整,简直称得上是我国犯罪学理论与实践的科学总结。我认为,《十论》之所以在理论论证功底上扎实有力,而且在研究轨迹上系统完整,究其原因主要是《十论》依托的是国家“七五”哲学社会科学研究规划《中国现阶段犯罪问题研究》这一重点课题的原始资料,再加上冯先生在犯罪学基础理论研究上的雄厚实力和通晓国内外犯罪学研究发展历程及丰富的实践经验与阅历,以及中国公安部带领的全国 20 个省、市及计划单列市公安机关对该项国家课题的共同参与,包括其中完成的各大型集体调研的子项目课题及其高效而有力的组织保证与丰硕的调研数据等,使《十论》既有着丰富的中国犯罪学高屋建瓴的理论建树又占据极具说服力的不可多得的翔实资料。可以说,《十论》从纵向上展现了六十多年来我国犯罪问题的发展演变过程及每一个阶段的突出特点,从横向上概括了我国在犯罪问题上的诸多社会矛盾、问题与"瓶颈",而且以其独特的研究视角和敏捷的专业思维,实事求是地阐述了其观点和看法。在研究方法上的突出特点是,以思辨看实证,以实证求思辨,以数据论观点,以观点出结论,充分体现了"犯罪哲学"层面上的马克思主义思辨和实证的价值与意义。

应当说,这样一本既颇有学术价值更具有实践指导意义的犯罪学论著,不仅其第一手数据与资料十分珍贵(因为其大都是经过几十年的实际调查、跟踪研究、科学总结、翔实统计逐渐凝结而成的),而且其对于犯罪学理论研究和"犯罪哲学"层面的思考也是冯先生几十年的学术积累和智慧的结晶。其再一次证明了,只有从实践中得来的真实素材和数据才能最终保证其研究成果和科学结论的正确与可靠,并以此真正发挥其对我国社会实践的指导意义与价值。

2. 总结了预防犯罪理论与实践的中国轨迹及发展道路

综上所述,冯先生的《十论》是对我国长期以来犯罪学基础理论和预防犯罪理论与实践的科学总结,其阐述的学术观点及研究轨迹简直称得上是对我国犯罪及犯罪研究发展史的生动描述,看得出这些理论与实践是一步步扎扎实实发展而来的。《十论》通篇以我国犯罪学的基础理论为体系,较完整地描述了犯罪高峰论、犯罪规律论、犯罪主体论、犯罪类型论、犯罪地域论、犯罪成因论、犯罪预测论、犯罪对策论、犯罪比较论和犯罪发展论等10个大的犯罪学理论与实践部分。书的论点与核心正是用我国犯罪学的基础理论和马克思主义的"犯罪哲学"思维,全面深入地分析了我国的现实犯罪问题及预防犯罪的诸多理论与实践。书中的立论依据一开始主要是从新中国成立初期到20世纪90年代几十年间我国犯罪的动态、变化及实际调研成果,尤其是对我国犯罪预防问题进行了规律性的认识,紧接着在此基础上大胆预测了21世纪前10年我国的犯罪发展趋势,且今天这一预测结论显然已得到近十年来我国犯罪发展实践的最终检验,结论基本上是正确的。

在《十论》中,我们看到了冯先生对犯罪规律论、犯罪成因论和犯罪发展论等十分独到的看法和学术观点。

关于犯罪规律论,冯先生在对犯罪规律进行全面总结的基础上,开创性地提出了两个"一半"和两个"规律链"的思考,即关于犯罪学的研究存在主要研究人自身、人与人、人与社会关系中的犯罪问题,很少研究人与自然中的犯罪问题。强调指出,关于犯罪规律问题研究,存在只注重研究犯罪发生和发展规律,忽视如何预防犯罪规律性的认识。他指出,正确的做法应当是,不仅要注重研究总体性的犯罪规律及预防犯罪的规律,而且还要进一步研究每一个方面的规律,尤其是相互之间的本质联系。因为,在这些联系中某些链条起着根本和关键性的相互联系的作用,而不是各自孤立地在起作用。显然,冯先生的这一深层次思考丰富了长期以来我国犯罪学关于犯罪规律的理论发展,并且在该方面始终起着学术大家应起的关键和不可或缺的重要历史作用。

关于犯罪成因论,冯先生依据《中国现阶段犯罪问题研究》重点课题对25,368个刑事个案发案原因的调查数据分析,形成了自己的"罪因体系"理论。他认为,犯罪是各种社会矛盾和消极因素的综合反映,因而是一个体系。这个体系是分层次有结构的,表现在犯罪个体、犯罪类型和犯罪现象等三个层次,各层次之间相互稳定,又相互交叉、相互联系和相互转换,由此产生了各种因素间的相互作用机制。而其中的核心就是因果性的相互作用,因为只有因果关系才产生犯罪,条件和相关因素是不直接产生犯罪的。由此冯先生得出一条重要经验,即研究犯罪成因需要深入实际解决问题的调查研究,而深入实际解决问题的调查研究恰恰是我们现在很多从事犯罪学研究的人员所缺乏的态度和行为。

关于犯罪发展论,冯先生的基本观点是,犯罪是一个永无止境的发展变化过程,只要有犯罪存在,发展就不会结束。因此,人们对犯罪的认识,也是一个永无止境的发展变化过程,且又是传承的。冯先生经过整理归纳,为我国的犯罪学研究提供几点基本理论与经验,主要是立足本土、放眼全球的经验;职能部门与大专院校、科研机构相结合的组织形式的经验;坚持调查研究、凭数据说话的经验;合理布局的经验;上下互动、资源共享的经验等。同时,他也进一步强调了5个思考:究竟什么是预防犯罪的中国之路?中国犯罪研究之路的特点是什么?如何深刻认识有组织犯罪?为什么提出“拾起犯罪学的另一半”?什么是犯罪的“规律链”?显然,这些观点对于我国犯罪学的研究和预防犯罪的具体方案操作具有开拓性的价值。我以为,冯先生的个人思考是建立在他从事犯罪学研究几十年取得丰硕成果基础上得出的,这对于广大犯罪学的研究者们有着深刻的启发意义和积极的导向作用。

3. 展望了犯罪学理论及预防犯罪实践的中国方式与根本出路

冯先生认为,在改革开放三十多年来所形成的关于犯罪增长与经济增长关系理论中,“同步论”未必就是切合中国实际的。这是因为犯罪是社会各种矛盾和消极因素的综合反映,包括中国社会治安甚至世界各国的预防犯罪等都必须走“综合治理”之路。应当说,这才是中国乃至世界各国从根本上解决社会治安和预防犯罪问题的重要理论支点。

用他的话来讲,预防犯罪是一个由“隐”到“显”的过程,一圈圈地缩小范围,可称为“三级预防”或“三圈预防”,用我国简洁的语言来表述就是“防患于未然”“防患于将然”“防患于已然”。其中“防患于未然”就是防止犯罪的发生,是严格意义上的预防;

“防患于将然”就是将危险性苗头解决在萌芽状态或将突发性事件处置在始发阶段，化险为夷，转危为安；“防患于已然”就是打击惩罚已经发生的犯罪，震慑犯罪，以刑去刑，改造矫正犯罪者，预防其重新犯罪。冯先生尤其强调了，这三个层次上的预防是相互联系、互为条件的，三个层次上的预防都处理好，才是完整意义上的预防犯罪，才是全程预防犯罪。

显然，冯先生的这些观点真正揭示了我国犯罪学及预防犯罪理论的核心价值，也是国家和人民对控制犯罪工作的重要方法和希望所在，充分体现了从源头上预防和控制犯罪的宏伟战略目标，其意义十分重大而深远。

冯先生是我十分崇拜和尊敬的我国犯罪学研究的大家和前辈之一，作为晚辈其实根本没有能力和资格来评价他老人家的著作和理论观点。尤其是本人性情愚笨，始终担心由于专业知识的欠缺和学术功底所限，万一曲解和误读了冯先生的重要学术观点和理论建树，那将是一件多么遗憾和悔恨之事。而我倒是作为学生或是晚辈从与他老人家接触和求教过程中受益匪浅，这次通读他老人家的宏论权当是一次拜师求教的绝好机会，更是一次系统温习和学习他老人家犯罪学和预防犯罪基础理论的再一次的经历与尝试。在我的心目中，他是我国专攻预防犯罪理论与实践为数不多的著名专家与学者，他留学苏联的研究经历鲜为人知，但他介绍的世界各国尤其是苏联等社会主义国家的犯罪学理论与著作颇多，其本人有关社会主义国家犯罪学的理论建树也颇丰。可以说，他对我国社会主义犯罪学体系的理论建构，尤其是对我国预防犯罪的理论与实践作出了巨大贡献，这些成就连同他的人格魅力值得我一生追求、崇拜和敬重。

（原载《犯罪与改造研究》2012 年第 4 期）

附录三

作者研究成果表

作者研究成果表

类别	书名	出版单位	出版时间	备注
(一)专著类	《当代国外犯罪学研究》	中国人民公安大学出版社	1991年10月	审定人,参加撰稿
	《预防犯罪与劳改劳教优秀论文集》	中国人民公安大学出版社	1991年12月	副主编之一,参加撰稿
	《当代中国犯罪问题研究》	中国人民公安大学出版社	1993年2月	主编,参加撰稿
	《中国现阶段犯罪问题研究》	中国人民公安大学出版社	1993年9月	副主编之一,参加撰稿、统稿
	《中国预防犯罪方略》	法律出版社	1994年5月	主编,参加撰稿
	《犯罪学大辞书》	甘肃人民出版社	1995年4月	主编和分科主编之一,参加撰稿、定稿

续表

类别	书名	出版单位	出版时间	备注
	《中国预防犯罪通鉴》	人民法院出版社	1998年5月	执行编委，分科主编，参加撰稿、定稿
	《迈向21世纪的犯罪预防与控制》	警官教育出版社	1998年11月	主编之一，参加撰稿
	《大变革时期中国社会的犯罪与控制》（英文版）	GREENWOOD-PRESS［英］伦敦	2001年	参加撰稿
	《中外预防犯罪比较研究》	中国人民公安大学出版社	2003年10月	专著
	《论预防犯罪》	法律出版社	2008年3月	专著
	《中国刑事犯罪发展十论》	法律出版社	2010年10月	专著
	《中国犯罪学话语体系初探》	法律出版社	2016年5月	专著
（二）译著类	《史记·酷吏列传》	群众出版社	1982年10月	今译
	《预审中讯问的科学基础》	群众出版社	1985年1月	译者
	《未成年人犯罪的侦查和预防》	群众出版社	1986年11月	译者
	《法医鉴定在侦查中的应用》	中国人民公安大学出版社	1988年9月	二人合译
	[波兰]布·霍维斯特著:《犯罪学的基本问题》	国际文化出版公司	1989年2月	三人合译
	[俄]阿·伊·道尔戈娃著:《犯罪学》	群众出版社	2000年1月	参与翻译